磅 礴 为 一

通 才 型 学 者 的 风 范

La vie et les œuvres des savants universels

曹则贤 著

外语教学与研究出版社
北京

献　给

那些苍白的求学岁月

文若文正可讲武
武如武穆始谈文

　　　　　——2004年2月19日

智慧的花，

开在抽象的悬崖上。

Toile, lege!

—Augustinus

拿起来，读！

——奥古斯丁

We are all in the gutter, but some of us are looking at the stars.

—Oscar Wilde

我们都深陷阴沟，但有人在仰望星空。

——王尔德

… I, who have been long muddling at the bottom of the well, have persuaded myself that I have got the mud to subside, and have been trying to distinguish how much of the stuff comes from the clear spring of intellect, and how much is taken up from the base mud of the material world.

—Sir William Rowan Hamilton

我，一个久在井底泥泞里的挣扎者，确信我已经让淤泥退后，一直在努力辨别多少（我捞起来的）料是来自智识的清泉，多少是来自物质世界的泥泞底色。

——哈密顿

目录

序

L'œuvre doit rédimer une âme passionnée.

—Gaston Bachelard[*]

关于是英雄还是民众创造历史的问题，历来有不同的观点。虽然英雄创造历史的说法人们未必信服，但英雄崇拜却是世界各地各民族免不了的习俗，甚至如笔者这样普通到泥地里的俗人还偶尔有点儿英雄情结呢。既然崇拜英雄，那首要的问题就是要弄清楚什么样的人物才算是英雄，这可能就取决于你的阅历还有眼界了。张三眼里的英雄，或许在李四眼里不过是一只草鸡。有道是：

说英雄谁是英雄？

乌眼鸡岐山鸣凤，

两头蛇南阳卧龙，

三脚猫渭水飞熊。

——[元] 张鸣善《水仙子·讥时》

* 作品要拯救被激情折磨的灵魂。——加斯东·巴什拉

看看，连斩将封神的渭水飞熊姜子牙姜相爷在有些人眼里也不过是个三脚猫的角色而已！不过，一个人若是才疏学浅还敢睥睨天下，就有点儿不妥了。《南史·谢灵运传》载谢灵运曾云："天下才共一石，曹子建独得八斗，我得一斗，自古及今共用一斗。"倘若谢灵运老先生生活在当下，有机会读读莱布尼茨（Gottfried Wilhelm Leibniz，1646—1716）或者狄德罗（Denis Diderot，1713—1784）们的著作，他要是还能说得出这话，那算他硬气。

我一直想写点儿科学家的事迹。说英雄谁是英雄？说科学家谁是科学家？某日笔者偶然想到一条，或可为判据：受到敌国尊重的科学家应该可以算是科学家。来自敌人的认可总比自家上司、委员会或者二舅妈的标榜多少更可信一点儿。兹举两例。1760年，俄国士兵洗劫了欧拉在柏林夏洛滕堡的家产，俄军将领闻讯后赶紧登门道歉赔偿，后来俄国女皇伊丽莎白（Елизавéта Петрóвна，1709—1762）又追加赔偿了4000卢布，这在当时可是一笔巨款。约在1806年，当拿破仑的大军攻破布伦瑞克的时候，前线将领奉拿破仑之命去保护29岁的高斯（Carl Friedrich Gauss，1777—1855）周全，而拿破仑是受法国女数学爱好者热尔曼（Sophie Germain，1776—1831）的请求发布这道命令的。生活、工作在普鲁士的数学家欧拉和高斯，在东西两面的宿敌那里赢得了格外的尊重，这让我这不懂数学的人也敢相信他们俩是数学家。从另一个角度来看，法国人、俄罗斯人知道什么样的人是数学家，这也让我们明白为什么法国、俄罗斯都是数学强国了。

我们的国家迫切需要产生更多的世界级大学者。为此，要让我们的少年人的头脑里早点儿预装一些什么样的人才是大科学家的印象。这是笔者撰写"曹则贤科学教育'一'字系列"的初衷。《帝范》有句云"夫取法于上，仅得为中"，咱们要培养大科学家范儿的少年那就要引导他们早一日将目光瞄到那些真正的大科学家身上。笔者注意到，有一类学者，俗称百科全书型学者，encyclopaedic scholar，以法国人狄德罗为代表，值得膜拜甚至进而步其后尘。encyclopaedia，enkyklos + paedia，即general + education或bringing up a child，本义是通识教育、全面培养。当encyclopedia用于指代书时，它既是全书（set of books），也是专书（in a particular field of knowledge），如an encyclopaedia of philosophy就是哲学专辑。百科全书型学者不仅仅是知识全面，关键是在这全面之上他们的学问还都特别精深，横断山脉那种，有高峰入云还绵延千里的感觉。笔者多年来一直在不同的场合申明自己的主张："所谓专业，是深厚背景上的格外突出。"我瞎猜哈，所谓"不谋全局者，不足谋一隅"，那些能够在某些方向上成就深刻的人一定得益于其能力与知识之背景的广袤。这正如局限于无限深势阱里的，或者被谐振子模型化了的电子，其动量（动能）涨落越大，则其位置涨落也越大。马里亚纳海沟的深，是由太平洋水面的广阔成就的，难怪前人谈论学问之大时用的是渊博一词而不是渊深。人类思想具有统一性、完整性，这些百科全书式人才还会被称为theorist of integrity。我觉得这字面上的意思不是说他们啥都懂，而是说他们懂的地方是个有机的整体，不似我等的学问——如果有的话——跟筛子似的到处都是漏洞。筛子型学者的学识，支离破碎、挂一漏万，其实是当不得事儿的。

与百科全书型学者类似的还有通才型学者（polymath，Πολυμαθής，savant universel）的说法。关于通才型学者，笔者没曾交往过，也不知道该如何正确地描述他们，只好寻章摘句，借他人之口来拼凑通才型学者的形象。一般来说，他们会展现一套完备无偏颇的能力（exercer un pouvoir sans partage），故也常被称为全面型的专家（universal specialist），富有深见卓识（riche en révélations étonnantes），有能力在不同领域间搭建联系、概括一个甚至数个领域之全部（be able to bridge different areas，to epitomize the unity of one or a few fields），能于精致的和谐中看到一门学问是如何融合的（coalesce in such refined harmony），能统合一领域之不同文化（to bring together different cultures in a field），等等。他们对学问还会表现出广泛的带有哲思与诗意的兴趣（a wide range of philosophical and poetic interest）。他们会有多方位的杰出成就，自然也会留下几多荡气回肠的篇章，其为文也，妥妥的玉唾银钩十万行。翻阅他们的著作时笔者甚至想到，一个数学家（物理学家）如果不能把专业文章写成优美的散文，可能唯一的原因是他的数学（物理）还相当地不专业。有意思的是，真正的大科学家都不装神弄鬼，他们纯粹要表述自然的本质，他们耐心清晰地表达力求普通人也能够理解、明白、懂——如果不辞艰深则他们的著作会是绝佳的启蒙教材。越是学究天人的人，其学问就越发会表现出思维与灵魂的深度，每每令人惊叹不已。生命若得如此璀璨，短暂也是永恒。若是非要把通才型学者塑造成卡通形象，那大概就是天资聪颖、才高八斗、学富五车（能读各种文字的文献）且典籍淹通（熟练掌握多领域的经典）、妙辩无碍（具有批判精神）吧？

愚作此书，就是想让乡亲们知道什么是通才型的学界巨擘——当然仅限于我这狭窄眼界曾于文献中识见过的学界巨擘。通才型学者是从前的传统存在，数理技艺不分家，甚至很多我们误以为是作家的人也都是顶级的科学家。比如歌德（Johann Wolfgang von Goethe，1749—1832）是名满天下的德国大文豪，写下过《少年维特之烦恼》和《玛丽温泉哀歌》这等哀怨篇章的文艺人士，但歌德研究过植物变态以及颜色等问题，1790年发表专著 *Versuch die Metamorphose der Pflanzen zu erklären*（解释植物变态的尝试），1810年发表专著 *Zur Farbenlehre*（颜色学），显然认为其也是个大科学家一点儿都不过分。本书涉及的通才型学者，包括伽利略、帕斯卡、欧拉、杨、格拉斯曼、哈密顿、克利福德、勒庞、庞加莱、薛定谔、外尔和彭罗斯等人，他们大体上是文化学者、数学家间或物理学家（天文学家）、哲学家的某种组合，内容涵盖个人生平与教育历程、重大成就以及有影响的著作等。因了笔者个人能力的局限，试图完整地再现这些通才型学者的博学多才那是绝对的妄想，能让乡亲们知道这个世界上的学术巨擘大体上是个什么样子已是勉为其难了。读者可能已经注意到，本书的选题还是围绕物理学家进行的，因此确切地说，本书关注的角色是具有物理学家底色的通才型学者。也许没有比物理学家更有必要是通才型的科学家了，碎片化的物理学很可能不是正确的物理学。物理学是一个宽泛的主题，众多的人在其不同领域中忙碌着，但针对的都是那同一个存在。物理学是一个不可分割的整体，是一个生命力仰赖其部分如何连接的有机体，如何将其不同部分连接为一个有机的整体，这对物理学的健康发展太重要了。

另一方面，通才型学者也给社会带来了一些理解上的困扰。因为他们的存在，如何评价专业vs.跨领域、灵感vs.汗水以及天分vs.浅薄涉猎，便显得进退失据。那些只会一种技艺的三脚猫理解不了polymath，他们不仅欣赏不来甚至还会不惜花费大量精力热情地去诋毁——托马斯·杨这样的全面型天才也被同时代人讥为浅尝辄止的半吊子。那些全面型的天才，类似的还有英国的胡克（Robert Hooke，1635—1703）、德国的洪堡（Alexander von Humboldt，1769—1859）等，因为一般人理解不了他们的思想与成就，这让他们的名声也大打折扣——多少人的心目中胡克不过是牛顿（Isaac Newton，1643—1727）揶揄的那个矮子。实际上，因为学问大而声名不显是非常科学的现象，哈密顿、庞加莱、希尔伯特（David Hilbert，1862—1943）、诺特（Emmy Noether，1882—1935）、外尔等人都是因为学问太过艰深而未能广为人知的案例。当然了，即便是牛顿、莱布尼茨和爱因斯坦（Albert Einstein，1879—1955）这样广为人知的人物，其学问之海之被反复提及处也不过是刚刚没过脚脖子的深度。比如牛顿的万有引力下行星绕太阳的轨道是椭圆和抛物线的欧几里得几何证明，原文固然不易看懂，那好心的钱德拉塞卡（Subrahmanyan Chandrasekhar，1910—1995）为大家准备的普及说明版，又有几人愿意读得来？至于有水井处皆有人谈论的爱因斯坦的狭义相对论和广义相对论，其见学问的地方在一般的专著里其实也都不会被提及。

强调一下，本书中用到"科学家"一词时，指的是科学的创造者，即science-maker，而不是科学的使用者，science-user。那些使用科学哪怕由此创造了知识的人，其与科学的创造者也不是一路人。作为科学的后发国度，认真研究一下science-maker是如何成长的，避免（刻意地）混淆science-maker与science-user，可能是有益的。

针对本书的每一个主角我都罗列了他们的重要著作，西文著作的名称会被翻译成汉语，以方便读者选读。这些经典名著一般来说都有英译本，有些还有中译。我个人对这些外国学者著作的态度是，但凡能翻着字典看原文就绝不看译文。只有看原文，那文字才和作者那个人是浑然一体的。译文，终究是译者的文字、另一种文字，此一事实与译者的水平、态度无关。如果真心敬佩那门学问，不妨花点儿时间去认识那个学者表述那门学问所用的那种语言。高斯曾到处去找莎特莱侯爵夫人（Émilie du Châtelet，1706—1749）的 *Institutions de physique*（物理学的建构）一书，他对友人说，如果我找到的是俄文版，我就马上去学俄文。笔者读到这个传说时，对高斯的敬佩之情陡然倍增。他真是一个值得学习的伟大榜样。

撰写本书的过程中，我关注的一个重点是通才型学者们所受到的教育，尤其是早期教育，心中颇多感慨。**天才不过是受到了合格教育的普通人。在这个世界上，合格的老师比天才还少。**天才是因为早早地遇到了合格的老师才得以摆脱普通人的命运的——比如黎曼（Bernhard Riemann，1826—1866）在哥廷恩大学遇到了高斯。天才的人生，多是执着的人生、孤独的人生。人啊，如果没有一点点儿捍卫自己人生的疯狂与执着，也就只剩下平凡这不是选择的结果了。

笔者撰写此书其实也没啥特殊的目的。英国数学家哈代（G. H. Hardy，1877—1947）曾写道："Exposition, criticism, appreciation, is work for second-rate minds.（阐述、批评、赞美，那是二流头脑干的活儿。）"诚哉斯言！著书人著书一般是因为没有别的本事，那些有能力从著书过渡到立说层次的才见好处。这本书显然无意立说。我只是将我的笔记与思考写下来，想勾起人们了解这些通才型学者如何读书工作、怎样为人做事的愿望，说不定还能勾起大家阅读这些巨擘之著述的兴趣也未可知。往大里说，笔者是想在这个知识日益碎片化、快餐化的时代为人类社会的文明留一脉集大成的念想。我用我浅薄的理解来述说我内心深处的感受，不为有人分享，也不求能为历史长河点缀点儿什么，我只是想说出来我的感受。我真怕未来再也没有通才型学者了。

明眼人早已看出，这是一本仓促完成的草率之作。一个明显的败笔是文章后面罗列的参考文献太少，且作者显然还未能逐一详细研读。to provide a copious bibliography是对本书这类著述的基本要求。笔者所能完成的文献阅读量不足以支撑本书所宣称的目的，即试图呈现那些影响人类文明进程的通才型学者是如何得以成就的。然而，这绝非因为作者慵懒而只是因为确实力有不逮，透彻理解本书中的任何一个角色于作者都是mission impossible。我们当然不必知道和理解一个伟人的全部细节，他的一个闪光处便足以让我们有荡气回肠的感觉。然而，若你愿意汲取一股激励的力量去涵养一种特殊的气质，不妨针对一种特殊的气质选取一个特定的伟大对象加以深入了解，比如爱因斯坦之于一个物理学教授，希尔伯特之于一个数学教授，或者普吕多姆（Sully Prudhomme，1839—1907）之于一个多情诗人。因此，我建议读者，若你有特别膜拜的对象，不妨深度阅读该人的全部著作和关于该人的多数名篇。就我个人而言，当我沉浸在这些巨擘们的著作中时，时常会兴奋不已作抓耳挠腮状。如果有读者也愿意让这些人的头脑风暴为自己带来欣喜，那敢情好啦。

本书撰写过程中一直掌控我身心的是那种深深的无力感。对于本书涉及的几位巨擘级的通才型学者，我能读到的不过是他们思想冰山的一角，也只是艰难地读过一些而已（我会偶尔摘录三两句原文以证明我确实读过），谈不上理解。但我确实又急着想同乡亲们分享我所感知到的通才型学者构象，故而硬撑着敷衍了几篇急就章，典型的明知不可为而为之。我再一次提请大家注意，这个世界上80%以上的数学和物理，可能从未被我们引入过。本书采取开放的结构，未来若对本书中提及的各个人物有新的认识，我会随时补充，也许还会添加新的篇章。读者们熟悉的茨威格（Stefan Zweig，1881—1942）的 *Sternstunden der Menschheit*（人类群星闪耀时）一书就值得效法，其一开始不过5篇，后来增加到了14篇。读者们会注意到，论通才型学者，德国的莱布尼茨、法国百科全书学派学者狄德罗才是Ace of Aces（王牌中的王牌），此外还有达·芬奇。达·芬奇（Leonardo da Vinci，1452—1519），来自威尼斯旁边芬奇镇上的"小狮子"，是最著名的画家，他的《蒙娜丽莎》和《最后的晚餐》是艺术史上的标志性作品。达·芬奇还是大师级工程师、发明家和科学家，一个充满原初想象力（inventive imagination）的人物，能用左手写镜像字，其研究领域包括物理、天文、数学、化学、解剖，等等。然而，这些超级多面手却不在本书考虑之列。不是我故意无视他们的博学，实在是力有不逮，思虑再三，终不敢涉及。憾甚！

亲爱的读者，若你从这些通才型学者身上得了一些启示，或者从心里冒出哪怕一刻钟要去创造科学的雄心，那这本书便有了它的价值。在这个科学昌明的时代，一些地方还是真希望能生长出几个真有点儿学问的科学家的，一些少年也是真憧憬着有一天能成为有学问的科学家的。录一首英国诗人蒲柏（Alexander Pope）的诗权当一碗给你，也给我自己，鼓舞士气的酒：

Go, wondrous creature!

Mount where Science guides;

Go measure earth, weigh air, and state the tides;

Instruct the planets in what orbs to run,

Correct old Time, and regulate the sun;

去吧，你这神奇的造物！

去攀登科学指引的高峰，

去丈量大地，称衡空气，标定潮汐，

去分派行星的轨道，

去校验日影，修正老旧时标。

是为序。

曹则贤

2021年6月9日于北京

引子

庄周与李白——兼论学者的气象

Nihil ut meditantibus obstet.

—Horace[*]

在中国杰出古代文化人物中，我最喜欢庄子和李白。

我喜欢庄子，不是因为和他是乡亲因而读他的文字有亲切感，而是因为其在著作中所体现的磅礴大气于我心有戚戚焉。庄子的那种大气度前无古人后无来者，深刻地影响了其后两千多年中国人的精神。本书的书名《磅礴为一》即取自《庄子·逍遥游》"将旁礴万物以为一"之句。

庄子（约公元前369年—公元前286年或者275年），名周，战国时期宋国蒙人。庄子为道家的代表人物，与前辈老子（老聃，俗名李耳）并称"老庄"。庄周是个了不起的思想家，其思想体现在流传至今的《庄子》一书。《庄子》约成书于先秦时期，收录庄周及其门人的一些论述，现存33篇。

---

*　思考者周遭无碍。——贺拉斯

《庄子》记录了庄周对宇宙、人生的哲思，其为文灵活多变、纵横捭阖，故长期以来《庄子》一书享有"哲学的文学，文学的哲学"的美誉。

庄周为人崇尚自由、思维敏捷、想象力丰富，这些特征都体现在《庄子》的章句中。然而，更加不可思议也更加令人万分敬仰的是他的文字所表现出的那种大气象，后人对此皆不吝溢美之词。所谓"其学无所不窥""（其文）汪洋辟阖，仪态万方"这样的谀辞施之于庄周，我觉得尚有无力之感。展现庄周精神世界之气象宏大的文字，在《庄子》一书中俯拾皆是，或为孤句，或为短章。兹摘录几例，以为证。"北冥有鱼，其名为鲲。鲲之大，不知其几千里也。化而为鸟，其名为鹏。鹏之背，不知其几千里也，怒而飞，其翼若垂天之云。""鹏之徙于南冥也，水击三千里，抟扶摇而上者九万里。""渊渊乎其若海，魏魏乎其终则复始也。运量万物而不匮。""夫天无不覆，地无不载。""天地有大美而不言，四时有明法而不议，万物有成理而不说。圣人者，原天地之美而达万物之理，是故至人无为，大圣不作，观于天地之谓也。""凡物无成与毁，复通为一。唯达者知通为一……""无谓有谓，有谓无谓，而游乎尘垢之外。""自其异者视之，肝胆楚越也；自其同者视之，万物皆一也。""至人无己，神人无功，圣人无名。""通天下一气耳。""其一也一，其不一也一。……今一以天地为大炉，以造化为大冶，恶乎往而不可哉！""小知不及大知，小年不及大年。*""不知深矣，知之浅矣；弗知内矣，知之外矣。**""任公子为大钩巨缁，五十犗以为饵，蹲乎会稽，投竿东海，旦旦而钓，期年不得鱼。……（普通人）夫揭竿累，趣灌渎，守鲵鲋，其于得大鱼难矣……"等等。庄周论空间、时间都依大尺度，论万物则强调通天下一气，论知与求知

---

* 请参校天体力学中的secular motion（久期运动）加以理解。
** 请参校Zeno's circle of knowledge（芝诺的知识之圆）加以理解。

则深明知之深浅内外，论事业远大则反复申述当有求大、求远之筹备（"为大钩巨缁，五十犗以为饵"，以及"适千里者，三月聚粮"）。诵读几遍这样的句子，吾等俗人纵不能做到习惯性地涵养浩然，也难免渐有减却蝇营狗苟之心的自觉。

当然，庄周的"旁礴万物以为一"，是关照万物而又不凝滞于物才得来的境界，不然不会有"天下莫大于秋毫之末"的识见。"臣之所好者道也，进乎技矣。始臣之解牛之时，所见无非全牛者。三年之后，未尝见全牛也。方今之时，臣以神遇而不以目视，官知止而神欲行。……提刀而立，为之四顾，为之踌躇满志，善刀而藏之。"我觉得，庄周笔下的庖丁，是那种用哲学、数学和物理理论武装到牙齿的实验物理学家该有的自信模样。庄周的《庖丁解牛》篇应该纳入吾国的实验科学教程。

庄子为我们展现了哲学家式的大气磅礴，而诗人李白作品里的那种排山倒海、一泻千里的大气势则别具浪漫主义的色彩，他的很多诗句读起来都有令人血脉偾张的感觉。

李白（701—762），字太白，号青莲居士，唐朝诗人。据史书载，李白骨骼清奇，为人豪迈洒脱、浪荡不羁，有飘然出世之表。其精通书史，好剑术，还通晓番邦文字，可见是个多面型人才。关于李白的传奇，明朝冯梦龙《警世通言》有一章《李谪仙醉草吓蛮书》，可资参考。据说当年渤海国大可毒发来战书，其中全是番邦文字，"皆是如鸟兽之迹"，满朝文武无人能识，这让玄宗皇帝很是恼火。贺知章举荐了李白。那"李白看了一遍，微微冷笑，对御座前将唐音译出，宣读如流"。转过天来，"李白……手不停挥，须臾，草就吓蛮书。字画齐整，并无差落，献于龙案之上。天子看了大惊，都是照样番书，一字不识。……唤番官听诏。李白重读一遍，读得声韵铿锵，番使不敢则声，面如土色……"。这渤海国在今东北之东北，而李白生于西域，若李白果真通晓渤海国文字还听说读写样样俱佳，那他该通晓多少文字？

李白被后人誉为"诗仙"，其诗作结构上大开大合、跌宕起伏，内容上空无依傍、变幻莫测，具有鲜明的浪漫主义色彩。李白的作品气度恢弘，有"挥毫神鬼泣"之效，很大程度上归于庄周的影响，这一点可由李白诗作中随处可见的取自《庄子》的典故以为证。他的"大鹏一日同风起，扶摇直上九万里。假令风歇时下来，犹能簸却沧溟水"显然化自《庄子·逍遥游》，而"愿随任公子，欲钓吞舟鱼"以及"无事坐悲苦，块然涸辙鱼"则化自《庄子·外物》。李白诗作中气势磅礴的句子时有所见，后世文章不厌其烦地引用过。"君不见黄河之水天上来，奔流到海不复回。……天生我材必有用，千金散尽还复来。（《将进酒》）""长风破浪会有时，直挂云帆济沧海。（《行路难》）""飞流直下三千尺，疑是银河落九天。（《望庐山瀑布》）""谁能书阁下，白首太玄经。（《侠客行》）""长波写万古，心与云俱开。（《金陵凤凰台置酒》）""惟愿当歌对酒时，月光长照金樽里。（《把酒问月》）""旷然小宇宙，弃世何悠哉。（《游泰山六首》）""我志在删述，垂辉映千春。希圣如有立，绝笔于获麟。（《古风五十九首》）""仰天大笑出门去，我辈岂是蓬蒿人。（《南陵别儿童入京》）""燕山雪花大如席，片片吹落轩辕台。（《北风行》）""寄言燕雀莫相啅，自有云霄万里高。（《观放白鹰其二》）""墨池飞出北溟鱼，笔锋杀尽中山兔。（《草书歌行》）""猛虎不看机上肉，洪炉不铸囊中锥。（《笑歌行》）"，等等等等，不能尽述。其中，"猛虎不看机上肉，洪炉不铸囊中锥"句尤为震撼，有志之人闻此言，怎能不为之心形俱肃？

数学与物理乃通天彻地的学问，投身数理研究那是叩问自然的勾当。对于数学家和物理学家来说，抱有"万物皆一也"的眼界是必须的，这样才有成为theorist of integrity的可能。为学者心中不可自设藩篱，也没资格将学问分剖割裂。在把握整体的前提下，或许我们更能看清点滴细节，所谓"不谋万世者，不足谋一时；不谋全局者，不足谋一域"者，诚也是为学者之箴言。窃以为，就数学家、物理学家而言，那些在宏观全局层面上思考问题者，其个人面对宏伟目标固然也可能力有不逮甚或终其一生了无建树，然其对科学的贡献，恐不是一群小有所成便沾沾自喜者所可比拟的。一个朗兰兹纲领（Langlands program）之于数学，一个统一场论观念之于物理，其引领作用，再过百年回过头来评价或许更能见其来自恢弘气度的力量。

数学与物理的发展，呼唤有庄子、李白这样恢弘气度的科学家，如杨、帕斯卡、朗兰兹（Robert Langlands，1936—）、爱因斯坦、薛定谔、温伯格（Steven Weinberg，1933—2021）者流。吾等芸芸众生，没有这些人的天分也学不来这些人的恢弘气度，那效法一下普朗克（Max Planck，1858—1947）踏实问学的态度总是可以的吧？普朗克曾言："我没想有什么成就，我就是想学会物理而已。"后来，普朗克成了量子力学、相对论和统计物理的奠基人之一。知纲领且能为细节，才见学问的妙处与学者的功夫。

有一类西方学者，他们知晓"万物皆一也"的庄子哲学，有"通天下一气耳"的勇气与追求，还掌握了多方面的实操技能。他们是通才型学者，是这本书的主角。

01　伽利略

伽利略是近代科学的奠基人、近代物理的奠基人，被誉为神眷顾的数学家、托斯卡纳的阿基米德、真正的艺术与科学鉴赏家、天才的手艺人、学术自由的烈士。伽利略将有效定量化带入了物理学，用天体观测结果否定了地心说，制作了测温仪，发现了惯性定律、单摆周期公式、落体公式，以及被追认为伽利略相对论的关于运动的认识。伽利略留下了大量思想充盈、文笔优美的著作，那是物理学的启蒙典籍。

亚里士多德物理学，地心说，

日心说，惯性，落体运动，单摆，

测温仪，世界体系，相对论

天不生仲尼，万古如长夜。

——[宋] 唐庚

1. 伽利略小传

　　如果不是为生活所迫，谁肯把自己弄得满身才华？我以为这句话就是个玩笑，没想到世界上还真有这样的人。意大利历史上就曾有过这么样的一个人，他被誉为divine mathematician（神眷顾的数学家），Tuscan Archimedes（托斯卡纳的阿基米德），true connoisseur of arts and science（真正的艺术与科学鉴赏家），是第一个把有效定量化（effective quantification）引入物理学从而让物理学不再如从前那样仅仅是定性描述（qualitative description）的人，是亚里士多德学说的对头、哥白尼学说的捍卫者、数学的标准制定者、耶稣会士痛恨的人、学术自由的烈士（the sworn enemy of Aristotle, the champion of Copernicus, the

近代科学奠基人伽利略

standard-bearer of mathematics, the bête noire of the Jesuits, or the best-known of all martyrs to academic freedom）。这些可不是什么才华不才华的事儿，事关对人类的启蒙。这个人就是伽利略。伽利略是个全面型的天才人物，但也是在艰难困苦中取得那些辉煌成就的。有评论称，若不是为了混口饭吃，伽利略可能不会成为这其中的任何一个角色（Galileo would have become none of these things had he not to work for a living）。

伽利略（Galileo Galilei，1564—1642），出生于意大利的比萨，祖上是佛罗伦萨国的贵族，原姓Bonaiuti。伽利略姓名的正确拼法也许应该是Galileo de Galilei，但西方文献中用名Galileo和姓Galilei称呼他的都有。伽利略的父亲文琴佐（Vincenzo Galilei）是个天才型学者，擅长数学、音乐和音乐理论，著有*Dialogo della musica antica e della moderna*（关于古代音乐与现代音乐的对话）一书。作为一个六个孩子的父亲，文琴佐没在伽利略身上花太多的时间，然而这不妨碍他的这个儿子成为近代科学的奠基人。正如薛定谔的传记作者穆尔（Walter Moore）所言，一个天才的出现首先基因必须要对（the genes must be right）。伽利略看来拥有天才的基因，思维活跃且充满智慧，小时候就善于制造各种玩具和机械模型，缺少的部分就自己发明把它补上。伽利略很早就获得了古典教育（指基于希腊语、拉丁语古典文献的教育），闲暇时光用于音乐与绘画的学习，其音乐、绘画方面的能力都是第一流的。伽利略会很多乐器，还曾想以绘画为业，其对绘画的批评为同时代人高度认同。文琴佐认识到了儿子的天分，决定支持他上大学。1580年伽利略上了家乡的比萨大学，按照其父亲的愿望选择学医，因为当医生挣钱多。不过，伽利略很快就对数学和自然哲学产生了强烈的兴趣。1581年，17岁的伽利略把目光瞄向了教堂里的吊灯，窥破了单摆运动的规律。紧接着，19岁的伽利略又开始研究阿基米德研究过的流体静力学。他写论文谈论水中的静平衡，谈论比重，这引起了前辈数学家的注意。因为伽利略一下子就搞定了这个研究，他因此被推荐给了托斯卡纳大公斐迪南一世（Ferdinando I de' Medici, Grand Duke of Tuscany）。在这位贵人的庇护下，25岁的伽利略于1589年获得了在比萨大学教数学的职位，从此他的科学发现历程一发不可收。

伽利略被誉为近代科学的奠基人、近代物理学的奠基人。物理一词源于希腊文的自然（φύσις），物理学作为一门学问起源于后人安德罗尼柯（Andronicus of Rhodes，约公元前60年）编著的亚里士多德（Aristotle，公元前384—公元前322）的著作，与近代物理相对应的就是亚里士多德物理学。亚里士多德的物理、力学信条基本没有经验的支持。伽利略不是第一个挑战亚里士多德信条的人，但他知道自己有能力给世界一个坚实的、全新的思维模式，他注定是一个理性和实验哲学新学派的奠基人。伽利略的新哲学化、智慧化方式是把每一个断言都交由实验检验，或者直接验证，或者去揭示其可能性与恰当性。伽利略把定量化表述引入了物理学，他做了一系列实验来研究亚里士多德论断的真伪。一旦成功地证明了亚里士多德的错误，伽利略就会公开指责，这让他从当时的学术团体收获了越来越多的反对力量。笔者以为，伽利略思考极限情形的能力、忽略细节的能力、抽象思考的能力和数学表达的能力是他成为近代科学奠基人的基本保证。

伽利略在世时即已获得先知的形象，他的声望、他著述的价值得到了同时代人的认可。自此之后，全世界任何打算教授初等物理以及刚进入物理学研究的人都应该认真研读伽利略的著作，那里是物理学和物理学研究方法、哲学的源头。伽利略著述的部分目录如下：

1) *La bilancetta*（小天平），1586，意大利文

2) *De motu antiquiora*（论运动之旧作，一般简称论运动），约1590，

拉丁文

3) *Le mecaniche*（力学），约1600，意大利文

4) *Le operazioni del compasso geometrico et militare*（测地与军用圆规实操），1606，意大利文

5) *Sidereus Nuncius*（星信），1610，拉丁文

6) *Discorso intorno alle cose che stanno in su l'acqua, o che in quella si muovono*（论可浮于水面或在其中运动的物体），1612，意大利文

7) *Istoria e dimostrazioni intorno alle macchie solari*（太阳黑点的描述与演示），1613，意大利文

8) *Discorso del flusso e reflusso del mare*（论潮汐），1616，意大利文

9) *Discorso delle Comete*（论彗星），1619，意大利文

10) *Il Saggiatore*（试金者），1623，意大利文

11) *Dialogo sopra i due massimi sistemi del mondo*（关于两种主要世界体系的对话），1632，意大利文

12) *Discorsi e dimostrazioni Matematiche intorno a due nuove scienze*（关于两种新科学的讨论与数学论证），1638，意大利文

13) *Lettera a Madama Cristina di Lorena granduchessa di Toscana*（写给托斯卡纳大公夫人的信），1615，意大利文。此书意在为哥白尼学说辩护

意大利在1890—1909年期间出版了 *Le opere di Galileo Galilei*（edizione nazionale）〔《伽利略文集》（国家版）〕，厚厚的二十卷。一个人的著作有国家版，也算是最高荣誉了。

2. 伽利略的科学成就

伽利略是近代科学，特别指物理学，之父，这是爱因斯坦1954年说的。从伽利略留下的著作可见，伽利略为我们引入了系统的物理学研究方法，将定量化引入自然规律的表述。单摆公式、惯性定律、落体公式这些都是物理学的初步内容，也是最基础的内容，因此其内涵是要具有深厚的物理知识以后反过头来仔细品味才能体会到的。

2.1 单摆的周期公式

伽利略的父亲为他在比萨大学选的是医学专业，有人调侃这是罕有的伽利略不适宜学习的专业。伽利略学医很不积极，但对学数学特别来劲儿，为此伽利略的父亲曾要求老师教数学点到为止就算了。在这段别扭的日子里（约1581年），伽利略对比萨大学附近的大教堂里的吊灯发生了兴趣。吊灯来回晃荡，这就是后来我们初等物理课本中用单摆（pendulum，悬挂）给模型化了的现象。吊灯来回晃荡一趟所需的时间（以运动在一侧的相继两次转

比萨教堂里的"伽利略的吊灯"

向为准。因为空气阻力等原因，摆动幅度其实是一直在减小的，但这不妨碍认定单摆运动是周期性的。仔细想想为什么）差不多，故而猜测单摆是周期运动。伽利略发现，虽然吊灯里油的多少是变化着的，但那个固定好高度的吊灯的摆动周期是等时的（isochronous），于是得到结论：单摆的周期与摆锤（悬挂之物，pendulum）的重量无关。吊灯里的油若烧干了，吊灯就会被从教堂穹顶处放下来添油，这就有了观察一个摆长不断增加的单摆运动的机会。伽利略发现，摆绳越长，摆动周期越长。注意，那是个没有秒量级时间测量的时代（日晷只能大致划分时辰），伽利略用自己的脉搏标定吊灯晃动的周期。摆绳越长，摆动周期越长，那到底是遵循什么样的规律呢？伽利略给出的关系是周期平方同摆长成正比（注意，是$y = kx^2$类型的关系呢）。实际上，伽利略关于单摆研究的报告出现于1602年11月给朋友的一封信中。当然，基于现代物理知识我们知道，单摆只是在小振幅的情形下才近似地是单调振动。根据牛顿力学，摆的运动方程为$ml\ddot{\theta} = -mg\sin\theta$，其中$m$是摆锤质量，$l$是摆绳长度，$g$是重力加速度（表征地球对地面上物体的吸引能力，其本质上是地球质量密度分布的反映），θ是摆绳偏离垂直方向的夹角，对于$\theta \approx 0$的情形，方程约化为

$$\ddot{\theta} + \frac{g}{l}\theta = 0$$

此方程的解为简谐振动，周期为$T = 2\pi\sqrt{l/g}$。

伽利略曾指导儿子据此制作摆钟，但未成功。1656年，荷兰人惠更斯（Christiaan Huygens，1629—1695）做出了第一架摆钟，直到1930年前后摆钟都是人类最精确的时间计量设备。这是后话。

2.2 测温仪与落体运动规律

冷热是人们熟知的自然现象，如何表述、量化冷热程度是由来已久的需求。测温仪（thermoscope，热 + 看）可看作是温度计（thermometer，热 + 量）的前身，能显示温度的变化，但未进行量化，没有具体的读数——温度计有读数的前提是要有温度的标度（temperature scale），那需要热力学和别的物理学，初学热力学者应特别留意。简单的测温仪可以就是一个细长管支撑的玻璃泡，细长管的下端埋入水中。温度变化造成玻璃泡内空气气压的改变，从而造成可观察的细长管中水柱的升降。据说伽利略在1593年就意识到了制作测温仪的原理，1606年跟朋友提起过他发明了测温仪。当然，测温仪所依据的气体或液体的性质（体积、压强）随温度变化的事实，古希腊时即已被认识到。实际上，测温仪在伽利略时代已经广为应用，其发明与改进是一个漫长的物理学进程，感兴趣的读者可参考专门著作，这是热力学的入门处。

伽利略的温度仪（当代复制品）

但是，伽利略就是伽利略，在测温仪上他的成就可不是就定性地感知温度变化那么简单。伽利略的测温仪是个柱状密封容器，内有密度随温度变化有较明显变化的溶液（比如水加酒精以及一些脂类物质，可能由于重力和化学性质的因素还会出现不同密度物质的分层），以及几个（平均）密度不同但也在溶液密度附近的悬浮件。悬浮件是中空的玻璃泡，加上金属配重以调节其平均密度。这样，当温度改变时，玻璃柱内液体的密度（及其分布）就会改变，相应地悬浮件的悬浮形态（哪些悬浮件会悬浮在液体中，悬浮在

023

什么位置）就会改变，由此可以定性地判断温度的变化。然而，请记住，这里利用的是阿基米德的浮力原理，而伽利略是精研阿基米德学说的思想者。伽利略注意到（如下这段是笔者编排的，忘了在哪里读到的了）：给定密度的液体，则密度比液体大的悬浮件会沉下去（初始时以加速运动的方式，距离若足够大会由于液体的黏滞力而最终变成匀速下降），密度比液体小的悬浮件保持浮在液面上，后者可以理解为下落（加）速度为零。现在，设想一开始液体的密度足够大，所有的悬浮件都浮在液面上，即下落加速度皆为零。减小液体的密度，就有一些悬浮件沉下去，但是不同步，还有一些继续浮在液面上。进一步减小液体的密度重新开始实验，则原先能沉下去的悬浮件会下落得更快些，而原先浮在液面上的某些悬浮件也能沉下去了。至少对那些刚能沉下去的悬浮件来说，它们就有了得以在下落过程中追赶比它们重（比它们比重大）的同伴的意义了。那么，设想我们一直减小液体的密度，那就一直有密度更小的悬浮件在液体中加入了下落过程且不同比重的悬浮件之间的下落过程的差别越来越小（差别不是由液体密度造成的吗？不是有所有悬浮件的加速度都是零的初始状态吗？）。那么，在极限情形下当液体的密度为零时，即在真空中，重物下落会是什么样的情形？唯一合理的答案是，所有的物体（管它重量是否相同、比重是否相同）在重力场中同步下落。这个结论在后来的爱因斯坦广义相对论中表现为爱因斯坦修改了惯性运动的定义：引力以外的外力为零时，物体的运动为惯性运动。

　　伽利略认识到了落体是同步的，与重量（质量）无关。这与亚里士多德的物理信条相抵触，也与日常生活中未经抽象的观察不一致，如何说服同时代的人就是一件非常艰难的事儿。据说伽利略曾登上比萨的斜塔，演示不同重量的铁球是同步下落的。不过，这件逸事只见于伽利略的追随者维维亚尼（Vincenzo Viviani）为伽利略所写的传记中，伽利略自己没有提及过。近代更有五花八门的验证同步下落的所谓实验，属于正经物理以外的物理探究。我愿意再次强调，不存在能验证下落同步的实验。引力场中不同重量（质量）的物体同步下落，或者在更高阶的层面上表达，纯粹引力场中物体的运动是惯性运动，得到这样的结论靠的是抽象的威力。**不理解抽象的力量，物理不算入门。**

此外，伽利略关于测温仪的思考还引向了热的原子论概念，此见于他1623年撰写的小册子*Il Saggiatore*（试金者）。

2.3 惯性定律与落体运动公式

关于惯性定律的发现，伽利略在一个斜坡的对面放上另一个斜坡，他发现从左侧斜坡上滚下的小球，在对面坡上会爬上差不多同样的高度，而对面斜坡的仰角影响不大。如果将坡面弄得足够光滑，小球差不多在对面的斜坡上能达到其初始落下时所在的高度。作为理想状态（零摩擦），有理由认为小球会回复到下落时的高度，与对面斜坡的仰角无关。那么，作为极限情

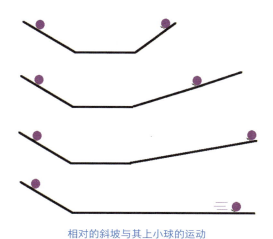

相对的斜坡与其上小球的运动

形，当对面斜坡的仰角为零也就是根本没有坡给小球爬升时，小球该怎么办？它努力想达到初始下落时的高度，但又一点儿高度也没能获得。结果呢，就是小球只能一直往前运动。于是可得到结论：受外力合力为零的物体，保持原有的运动状态不变。后来，这成了牛顿力学三定律中的第一定律，即惯性定律。是开普勒（Johannes Kepler，1571—1630）把物体对抗运动变化的趋势称为惯性的。请注意，质量、惯性和惯性质量完全是一回事儿（参见拙著《物理学咬文嚼字》）。

那么，如何对落体运动加以定量地研究呢？我们知道，从20米的高处落下的物体，到达地面的时间大约为2秒，在伽利略时代，没有钟表、没有高速摄影，这可如何研究？伽利略发现，在斜坡上滚下的小球，如果斜坡的仰角足够小，下落时间就足够长，长到能进行有意义测量的程度。约在1604年，伽利略将一个木制斜坡的仰角做到了小至17°。伽利略在斜坡上装上位置可调的铃铛，金属小球滚过铃铛时，会让铃铛发出响声宣告小球的经过。伽利略调节铃铛的位置，使得听到的铃铛声有（近似）相等的间隔，测量铃铛之间的间距（对于第一个铃铛，则是其到小球开始下落处的距离，开始下落处一般选为斜坡的顶端），发现间距之比约为1∶3∶5∶7⋯（此处没有精确测量。精确测量加计算机模拟，能将简单的规律都弄丢了。**物理学是用头脑建立起来的**）。这意思是说，随着时间单位*的增加，小球滚过的距离为 $1^2∶2^2∶3^2∶4^2⋯$，于是得落体定律 $h∝t^2$。此部分内容见于伽利略的《关于两种新科学的讨论与数学论证》。等到有了微积分，我们知道落体公式为

---

* 时间单位就是精确的、全同的时间间隔，用整数计数。如果认为时间单位不严格相等，那前提是你有尺度更小的时间单位了。

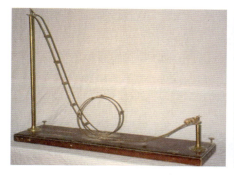
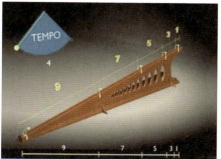

伽利略研究下落运动的设施

$$h = \frac{1}{2} a t^2$$

对于自由落体，

$$h = \frac{1}{2} g t^2$$

g是重力加速度。注意，这里又是$y = kx^2$类型的关系。实际上，法国中世纪学者奥雷斯姆（Nicole Oresme，约1320至1325之间—1382）此前曾得到过匀加速运动的距离–时间平方律。

2.4 望远镜与《星信》

前后放置的两片眼镜片有对远处物体成像的效果。1608年，荷兰眼镜商李普希（Hans Lippershey，1570—1619）申请了望远镜的专利。1609年，伽利略知道这个消息后就自己磨镜子制作了望远镜，在《星信》一书中他称之为perspicillum，其放大倍数有8×和10×的，后来有能达到20×的（下页图）。1611年，希腊数学家德米西亚尼（Giovanni Demisiani）基于希腊语的τῆλε（tele，远）和σκοπεῖν（scopein，看）造了telescope一词儿。利用简单的自制望远镜，伽利略宣称因此能观察到的星星比肉眼看到的多十倍都不止。伽利略完成了对月亮表面的观察，发现其上有深坑和高山并推测山的高度，观察到了木星的四颗卫星。这些都在《星信》一书中有具体的描述。*Sidereus Nuncius*一书有英译本*Starry Messenger*，中文据此译为《星际信

存放在佛罗伦萨伽利略博物馆的伽利略用过的望远镜

使》。国际上早有学者指出，正确的英译应该是"Starry Message"——"来自星星的消息"，愚以为译成"星信"更确切些。1610年底伽利略观察了金星的相（phase of Venus）[*]，结果见于1613出版的《太阳黑点的描述与演示》一书（下图）。

伽利略绘制的金星的相图

---

*   phase（相）就是外观的意思。月球、金星从地球上看起来是什么样子当然与太阳—地球—该星体三者的相对位置有关，但是把phase译成相位、位相依然是个大错误！phase里面没有任何与位置有关的字面内容。在谈论phase of matter（物相）和phase diagram（相图）时会让人误以为这里的"相"与位相无关而实际上它们是一回事儿！

伽利略的望远镜观察给西方文明带来了巨大的冲击。月球表面的坑与山的发现，说明月亮不是一个完美的球体，这与西方宗教的一大重要信仰，即天国里的星球是完美的球，星星的轨道是完美的圆，相抵触。观察到金星的相，说明金星不是绕地球转动的；而木星的四颗卫星的发现，更是说明木星也可以是转动的中心，这正应了哥白尼的日心说以及天上有许多太阳的学说。这就是说，地球不是宇宙的中心，太阳也不是宇宙的中心，宇宙中有许多看似是转动中心的地方。这些内容和西方宗教信仰起了严重冲突。

3. 伽利略的对话体著作

伽利略的著述是近代科学的初始文献，对于想成为物理老师、物理学家的人们来说，其参考价值不可估量。笔者对伽利略著作的情感是相见恨晚，因见到太晚、理解太少而倍感遗憾。限于篇幅，此处仅简要介绍他的两本长篇对话体著述。

3.1 《关于两种主要世界体系的对话》

*Dialogo sopra i due massimi sistemi del mondo*一书于1632年用意大利语写成，这算是欧洲学术史上的大事，因为此前的学术著作是要用拉丁语写的。后来，该书于1635年被译成了拉丁文本，名为*Systema cosmicum*（宇宙体系），英文译名为*Dialogue Concerning the Two Chief World Systems*，在世界上影响甚广。本书比较此前的托勒密（Claudius Ptolemaeus，约100—170）宇宙体系，即地心说，与新的哥白尼（Nicolaus Copernicus，1473—1543）宇宙体系，即日心说。此书撰写时的书名是《关于潮汐的对话》。学物理的

都明白，是因为地球上水的涨落让人感知到了来自月亮的引力（场），也会引起关于地球是否运动的思考。书的结构设定为是在三个人之间分四天进行的对话的记录。三个对话主角分别名为：Salviati，一个为伽利略代言的智者；Sagredo，一个有些文化但是不持立场的人；还有Simplicio，其是托勒密和亚里士多德学说的拥趸、一个亚里士多德学派或者说逍遥学派的学者（Peripatetic philosopher）。这三个人各有原型，前两个姓氏来自伽利略的熟人，而第三个人的姓氏Simplicio，按照伽利略的说法是取自著名的亚里士多德派学者Simplicius。但是，Simplicio的意大利语本义就是头脑简单者的意思，讽刺之意溢于言表。Simplicio的字面意思和在对话中的话语使得《对话》看似是一本攻击亚里士多德地心说同时又为哥白尼日心说辩护的书。此书于1632年出版，仅仅到了1633年，伽利略就被教廷怀疑是异端分子，因此被宗教裁判所讯问并从此被软禁，书也上了禁书目录直到1835年才被解禁。顺带说一句，此书不只是谈论世界体系的问题，还包括什么是好的科学啊，以及吉尔伯特（William Gilbert，1544—1603）*的磁学研究啊，等等。

借助书中人Salviati之口，伽利略反驳了亚里士多德的宇宙体系，比如他的"月亮之下才有变化，而月亮之外的世界没有变化"的论点，论据就是观测到的1572年和1604年的新星爆发以及移动着的太阳黑子的存在。为了说明地球在运动但为什么人类却感觉不到，伽利略引入了著名的在大船舱中的力学实验此一划时代的思想实验，这就是后来于1909年被追认为伽利略相对论的内容（见下）。除此之外，伽利略反驳旧宇宙体系的论证还包括提供了金星的相的存在作为证据——这是托勒密体系解释不了的，以及太阳黑子的移动，这可是用托勒密体系解释起来万分复杂的。实际上，金星的相、太阳黑子的存在，都是从前的宇宙理论中所没有的，若用于证明地球是静止的那

* 此位英国学者于1600年造了electricus一词。

肯定是错的。伽利略用潮汐来证明地球是运动着的。当然，用潮汐现象的力学去证明地球不是静止的并不正确。爱因斯坦后来就说，如果伽利略不是要小脾气的话，也是不会认为他的论证是正确的。

《关于两种主要世界体系的对话》一书的最大价值在于产生了所谓的伽利略相对论。关于运动是相对的，伽利略的论证是，一条大船虽然经过了长途跋涉，我们依然能确认船上装粮食的口袋的位置，我们关切的是粮食口袋相对于船的位置，它相对于船有没有运动。再者，如果大自然能让地球以外的那么大的天体都以那么大的速度推移，为啥要单单放过地球？如果将地球这个被认为唯一不动的存在从整个宇宙的图像中移去，那所谓的运动接下来会发生什么？*伽利略以"表明所有用来反对地球运动的那些实验全然无效的一个实验"为题，详细叙述了在一个封闭船舱内发生的现象。伽利略写道：

> 为了最终表明实验（揭示匀速运动）的完全无效，我觉得此处正好给各位展示一个容易进行验证的途径。把你和几位朋友一起关进一艘大船甲板下的主舱里，带上几只苍蝇、几只蝴蝶，以及别的能飞的小动物。再带上一大碗水，水里有鱼；吊起一只瓶子，让里面的水滴到下面放置的广口容器中。船静止时，请仔细观察小动物在船舱里是以同样的速度四处乱飞的。鱼儿游动，无所谓是朝着哪个方向；水滴会落到正下方的容器里；朝你的朋友扔过去个什么东西，你也无需在这个方向上加把劲儿，那个方向上省点儿力，扔出去的距离都是一样的；双脚起跳，你在不同方向上会跳出去一样远。在你仔细做了这些观察（毫无疑问，船静止的时候事情就应

---

* 这个走极端的、抽象的论证方式伽利略会一再用到。愚以为这是最有意义的研究方法。

该是这个样子的）后，让船以任何速度前行，只要速度是均匀而非忽快忽慢的，你将会看到前述效应不会有一丝儿改变，你也不能从这些观察判断出船到底是走是停。起跳，你会越过跟从前一样的距离，不会是朝着船尾跳得远而朝着船头跳得近一些，尽管船在高速前行，在你浮在空中的时候你脚下的船板（在你往船尾跳时）在相反的方向上一直前行。朝对面的同伴扔个什么东西，你也无需因为他是在船头或者船尾的方向而格外用力。水滴会像从前一样落到正下方的容器而不是飘向船尾，尽管下落过程中船往前窜出了一大截。碗中的鱼儿往前游和往后游一样轻松，会一样自在地游向碗边的鱼食。最后提一下，蝴蝶和苍蝇会继续四下乱飞，而不会朝船尾聚集，好像因为不得不总停留在空中跟船分离又要长途旅行而终于累了跟不上船的行程似的。再者，如果点着什么东西升起了烟，那烟会直直地升起形成一团小云彩，静止在那里，既不往前也不往后。这些（船动与静时）效应相对应的原因是，大船的运动为其所容纳之所有物体共享，包括空气。这就是为什么我说过你要呆在甲板下的原因；如果是在开放的空间中，空气就不能跟上船的行程了，则我们所说的效应多少会有些不同。无疑地，烟要比空气自身更落后一截，苍蝇，还有蝴蝶，会被空气裹挟而落后，因而若它们跟船离得远的话就跟不上船的行程。但是让它们保持靠近船，它们就能轻松地跟上；因为船，连带着它周围的空气，是一个整体。因为类似的缘故，当我们骑马的时候，会看到一些苍蝇和牛虻会老跟着我们的马，在马身上从这块儿飞到那块儿。

伽利略在这里想要说明的一个根本思想是："不能以任何力学实验来判断一艘船是静止还是在以任何速度匀速行驶中。"自然可以由此推论，对于地球的运动，人们也无法觉察到。后来在1909年，爱因斯坦把伽利略这个思想当成（特定层面上的）相对论，称之为伽利略相对论。如果用公式表示，愚以为可作如下理解。设若宇宙的规律可用方程 $f(r, t; \lambda) = 0$ 来描述，伽利略相对论要求函数 f 满足如下条件："若有 $f(r, t; \lambda) = 0$，则对任意常数 v，必然有 $f(r + vt, t; \lambda) = 0$。伽利略的时空变换为 $t \rightarrow t$，$x \rightarrow x + vt$，$y \rightarrow y$，$z \rightarrow z$。关于相对论，读者请参见拙著《相对论——少年版》。

3.2 《关于两种新科学的对话》

1638年，据说是因为青年维维亚尼的上门拜师让软禁中的伽利略再次燃起了对科学的热情，他又用意大利文写成了 *Discorsi e dimostrazioni Matematiche intorno a due nuove scienze* 一书。该书书名的字面意思是"关于两种新科学的讨论与数学论证"，但英译名为 *Dialogue Concerning Two New Sciences*，依据英译本的中译本就成了《关于两种新科学的对话》*。这样，在英文和中文学术圈里便有了伽利略的两个对话体著作的说法。坊间流传的关于伽利略成就及思想的介绍，其中涉及这两本书中的内容就经常混淆，让人哭笑不得。

《关于两种新科学的对话》一书谈论的主题是物质结构与运动定律这两种新科学。书的结构依然是Salviati、Sagredo和Simplicio三人之间的对话，分四天进行。第一天的内容围绕固体抗（resistenza）断裂的问题。当然，学问发生的原动力多来自应用的需求，固体断裂的问题来自造船业的需求。引人注目的是书中基于对浮力的认识建议用铁造船。第二天是关于物质结合的原因的。用现代的话说，这是关于固体物理、材料力学和结构力学的学问，本书所谓的第一种新科学可理解为这几个学科的萌芽。伽利略注意到材料的

---

*　如果不得不读译文，还是选择根据原文的译文才好。译文若还需经过一道转手，忠实于作者原意就更是奢望了。

抗拉能力胜过抗折能力，对相关问题亚里士多德和阿基米德都分析过，但就严格性而言还是要数阿基米德。这一部分引起笔者注意的是，就科学方法而言，伽利略告诉我们事物既可以以脱离物质的抽象形式也可以以同事物相联系的具体形式加以考察。今天我们可以说，其实这两者都是必要的。第三天的讨论是关于运动的，包括匀速运动和自然的加速运动，第四天是关于抛体运动的。用当代的话说，这涉及运动学、动力学、引力、弹道学等内容。在伽利略之前很少有人对运动进行过真正的研究。这本书的价值在于它描述的是近代物理学的萌芽，这个对于物理学家的培养太重要了——多少对物理学和物理研究方法一无所知的人不自觉地当上了物理学家。顺便说一句，伽利略的《试金者》一书包含着更多如何做科学的思想，此书可看作伽利略的科学宣言。

4. 对地动说的坚持

E pur si muove，"依然是它（地球）在动"，是人类文明史上一句著名的格言，它被当作不畏邪恶势力坚持真理的榜样宣言。据说是在1633年当伽利略被要求收回地球绕太阳运动的观点时，他说了这句话。不过，这句话很可能是后人伪托的（… the motto much more likely to be apocryphal）。所谓伽利略说出过这句话一事，最早见于1757年意大利人巴雷蒂（Giuseppe Baretti）的英文书 *The Italian Library*（意大利文库）："This is the celebrated Galileo, who was in the Inquistion for six years, and put to the torture, for saying, that the Earth moved. The moment he was set at liberty, he looked up to the sky and down to the ground, and, stamping with his foot, in contemplative mood, said,

Eppur si muove[*]; that is, still it moves, meaning the Earth." 而 "E pur si muove" 的确切字样是1911年首次在一幅据信是1643或者1645年完成的、题为*Galileo in Prison*（狱中的伽利略）的油画中发现的（下图）。后来，有艺术史家发现了同名的画，判断它们很可能是十九世纪的作品。但是，不管怎样，伽利略发现了地动说的诸多证据，作了详尽的分析说明，面对罗马教廷的压力依然坚持了自己的观点。伽利略开创了近代科学，为人类文明之一支带来了复兴，带来了此后以科学、技术为依托的人类文明的巨大进步。作为一个物理学者，细读伽利略的著作，笔者对他充满景仰之情。当然了，伽利略也有他的局限性。伽利略接受不了distorted circle的概念，自然也不接受椭圆天文学，即开普勒的行星轨道为椭圆轨道的天文学。distorted circle，指的是椭圆（ellipse），ellipse的本义就是差一点儿、有点儿残缺（ecliptic）。开普勒的行星运动第一、第二定律发表于1609年，到伽利略辞世中间有长达

贝莱（Jules van Belle）所画的《狱中的伽利略》

---

[*]　一直有E pur si muove和Eppur si muove两种写法。

33年的时间，倘若伽利略接受了开普勒的椭圆天文学（又是耍小脾气了？），真不知道他会做出什么发现来。

意大利是罗马帝国的根，国中又有超国家的宗教势力中心。就日心说而言，提出日心说的波兰人哥白尼于1543年去世；关于行星绕太阳运动的三大定律则是德国人开普勒分别于1609年（第一、第二定律）和1619年（第三定律）就公开发表了的；然而因为支持日心说[*]，伽利略在1632年发表了《关于两种主要世界体系的对话》以后随即就在1633年被软禁了。近代物理诞生于意大利这个希腊邻居那里，有其必然性。薛定谔就曾说，什么是科学？科学就是用希腊人的方式思考。但那时的意大利无疑地也是最有能力不欢迎科学的地方，这一点想来就太有讽刺意味了。或者是很有启发意义？

多余的话

近年笔者在精研了一些数学物理巨擘的经历与成就之后，觉得优秀的人物首先是生就的，好的教育是第二位的。孩子的起跑线就是其出生时父母的状态，此一世他之成就所能达到的最高境界已成定局，那天花板高也罢、低也罢，就在那儿了。剩下的是他要把属于他的人生走好，而这依然是多参数的函数，有很多的偶然因素。让孩子找到他的天分所在、爱好所在，让他过一个或轻松或紧张但都是无怨无悔的人生也许更重要。伽利略是个生来多才多艺的聪明人，但其父却能让他在大学里去选学罕有的他不适合学的学科——医学，世上也是难得有这么离谱的逸事。所幸伽利略的天才是那一点儿弯路拐不走的，

---

[*]　日心说也不对。笔者以为在相对论的观点下，宇宙无心处处心。

瞥一眼欧几里得的《几何原本》就足以让他回到自己的使命上来。

伽利略无疑地是一位天才，其高超的思考能力、动手能力、表达能力体现在做科学和玩艺术等多个方面，这些能力显然不都是后天通过教育能得到的。当然，后天的教育，来自家庭的小环境和来自社会的大环境的，对一个人的成长也是有甚至是有决定性的影响的。伽利略的著作以对话体而闻名，如果注意到伽利略的父亲文琴佐曾于1581年撰有《关于古代音乐与现代音乐的对话》，你就明白伽利略为什么爱写对话了。在那个时期，意大利的对话文本（il dialogo）可是有传统的。

伽利略的著作是物理学的源头，它们会教你怎样从头做物理研究，怎样成为一个好的物理教育工作者。笔者在1988年左右就买了一本意汉词典（Dizionario Italiano-Cinese），但却从没有想过要认真地去读伽利略，现在想来真是后悔。伽利略可是近代物理的奠基人啊，为什么我受的基础物理教育中对他着墨甚少呢？这不合逻辑。

建议阅读

[1] Antonio Favaro (ed.). Le opere di Galileo Galilei（伽利略文集）. Barbera, 1909.

[2] John Elliot Drinkwater Bethune. The Life of Galileo Galilei. BiblioBazaar, 2008.

[3] Stillman Drake. Galileo: A Very Short Introduction. Oxford, 1980.

[4] Mario Livio. Galileo: And the Science Deniers. Simon & Schuster, 2020.

[5] Matteo Valleriani. Galileo Engineer. Springer, 2010.

02 帕斯卡

帕斯卡是十七世纪法国著名的哲学家、神学家、数学家、物理学家、作家，同时也是发明家和企业家，能用几个化身同时做不同的事情。帕斯卡属于早熟的天才，16岁即以圆锥曲线研究而闻名，发明了射影几何，18岁时发明了计算机械。帕斯卡的数学成就还有创立概率论和积分，研究二项式展开得到了帕斯卡三角；物理成就包括证明了真空的存在，有关于流体压强传递的帕斯卡定律，预言了大气压随离地面高度的降低。帕斯卡能以最优美的法语撰写散文，30岁时即为确立法语规范作出了重大贡献，其《思想录》对后世影响甚巨。帕斯卡享年仅39岁。

几何学，计算机械，概率论，
帕斯卡三角，积分，真空，压强，
法语，思想录

Intelligenti pauca.[*]

Vivere est cogitare.[**]

1. 引子

回想起来，笔者是在三个不同的场合关注到帕斯卡这个名字的。初识帕斯卡是在初二的物理课上，知道了帕斯卡是压强的单位，但是课本没告诉我们帕斯卡是个人物的姓氏，更谈不上告诉我们其是哪个国家、哪个年代的人。至于液体的压强传递，课本倒是讲解了液压机的工作原理，而且是用作为民族骄傲的国产万吨水压机[***]作为例子的。密封的液体可以将压强传递到液体所在的任何地方、任何方向上。至于与液压相关的考题，则基本上是围绕着重力场中液体的压强只依赖于同液面的高度差而与容器的具体形状无关此一事实。后来才知道，液体传递背后的道理称为帕斯卡原理。

同是初中二年级，数学课上教了二项式展开公式，但仅限于二阶，即

$$(a+b)^2 = a^2 + 2ab + b^2$$

这个极富美感的公式极大地提升了笔者学习数学的兴趣。大概是在初三的课堂上，又学了三阶二项式的展开公式

$$(a+b)^3 = a^3 + 3a^2b + 3ab^2 + b^3$$

这个稍微难一点儿。我一直不理解的是，为什么我们不一鼓作气介绍任意阶二项式展开公式 $(a+b)^n$？怕讲不清楚系数的一般表达式

*   对智者无需多言。

**   生活即求知。

***   江南造船厂，1.2万吨，1961年。

$$C_n^m = \frac{n!}{m!(n-m)!}$$

那你可以教具体的四阶、五阶的情形啊，让我们知道可以一直这样进行下去也好。怕教也教不会？那不教岂不是更不会？再说了，教一样东西，为什么一定要追求（立马）教会呢？不会，没领会精髓，咱就光听说过不行吗？再者说，人们不是在学了很多不懂的东西以后有一天才能突然开悟的吗？很久以后的后来，大概是读研的时期，笔者才知道二项式展开公式 $(a+b)^n$ 对于不同的 n，$n = 0, 1, 2, 3, \cdots$，其系数可以排成一个三角形，我国称为杨辉三角，而在西方则称为Pascal's Triangle（下图）。至于知道帕斯卡三角里还隐含斐波那契数列、可以用于计算n张牌在另外三家手里的各种可能分布的几率，那是更后来的事儿了。

```
                        1
                     1     1
                  1     2     1
               1     3     3     1
            1     4     6     4     1
         1     5    10    10     5     1
      1     6    15    20    15     6     1
   1     7    21    35    35    21     7     1
1     8    28    56    70    56    28     8     1
1  9    36    84   126   126    84    36     9     1
1  10   45   120   210   252   210   120    45    10     1
```

帕斯卡三角（杨辉三角）

第三个注意到帕斯卡的场合与一句话有关。作为一个量子力学爱好者，笔者不可避免地阅读过一本关于奥地利物理学家泡利（Wolfgang Pauli，1900—1958）的英文传记，书名为*No Time to Be Brief*。no time to be brief，没有时间简短？太俏皮了，能说出这样一句话的肯定是个有趣的灵魂。这引起了我格外的好奇。这句话出自哪里呢？泡利这本传记的作者没有交代出处。2014年，我在阅读*Blaise Pascal ou le génie français*（帕斯卡：法国天才）一书时，注意到帕斯卡在《致外省人信札》之第16封信的附言中有句云Je n'ai fait celle-ci plus longue que parce que je n'ai pas eu le loisir de la faire plus courte（这封信有点儿长，因为我没闲暇把它弄简短了），这绝对是帕斯卡的风格。这样的对比手法是帕斯卡给法语加上的一个烙印（见下）。我相信英文"no time to be brief"的出处应该是这一句了。注意，《致外省人信札》的一般法文版本中都没有这个附言，网上有这句原文为"Je vous écris une longue lettre parce que je n'ai pas le temps d'en écrire une courte（我给您写了封长信，因为我实在没有时间写得更短一些）"的说法，意思没有什么出入。

职是之故，当我决定撰写一本通才型学者的故事书时，我告诉自己一定要包括帕斯卡。他太让我着迷了。

2. 帕斯卡小传

帕斯卡（Blaise Pascal，1623—1662）出生于法国一个小贵族之家，有一个大三岁的姐姐吉尔伯特和一个小两岁的妹妹雅克琳。帕斯卡三岁丧母，八岁时其父艾蒂安（Étienne Pascal，1588—1651）决定自己教导三个孩子。许是由于听多了其父与同时代大学者的交谈，帕斯卡很小就对数学和物理表现出了强烈的兴趣。同帕斯卡

帕斯卡

父亲交往的有如下一些数学物理史必然会提到的人物，如梅森（Marin Mersenne，1588—1648，通才型学者）、德萨尔格（Girard Desargues，1591—1661，数学家、工程师）、伽桑狄（Pierre Gassendi，1592—1655，物理学家、天文学家、哲学家）和笛卡尔（René Descartes，1596—1650，通才型学者）等人。最后的这位笛卡尔在世界上家喻户晓。我愿意再次重申，**教育最有效的方式是熏陶！**

帕斯卡是法国历史上早熟、早逝的天才。他是作家、神学家、哲学家，当然还是数学家、物理学家，甚至还是发明家、企业家。帕斯卡16岁时就撰写了关于射影几何的论文，18岁就发明了六位数的加法器。他是概率论的奠基人之一，首开用期望值（expected value, expectation value）的概念作为选择的基础，由二项式展开得到了神奇的帕斯卡三角。他研究了几何的思想基础，分辨出两种不同的无穷，从而发明了积分和二重积分。他继续了意大利人托里切利（Evangelista Torricelli，1608—1647）关于大气压的工作，预言高处的气压必然降低；研究流体，提出了流体压强传递的帕斯卡原理；他还论证真空的存在。帕斯卡是神学家、思想家；为了慈善筹款他创办了巴黎第一家马车公交公司，所以他也是个企业家；他的《致外省人信札》和《思想录》塑造了法语，也影响了法兰西的精神，其中又以《思想录》的影响更巨。

帕斯卡的部分论著名录如下：

1) *Essais pour les coniques*（论圆锥曲线），1640

2) *Expériences nouvelles touchant le vide*（关于真空的新实验），1647

3) *Traité de l'équilibre des liqueurs*（液体平衡论），1648

4) *Traité de la pesanteur de la masse de l'air*（论空气重量），1651—1653

5) *Traité du triangle arithmétique*（算术三角），1654

6) *Les Provinciales*（致外省人信札），1656—1657

7) *Éléments de géométrie*（几何基础），1657

8) *De l'Esprit géométrique et de l'Art de persuader*（几何的精神与说服的艺术），1657

9) *Histoire de la roulette*（轮盘赌历史），1658

10) *L'Art de persuader*（说服的艺术），1660

11) *Pensées*（思想录），1669，遗著

12) *Abrégé de la vie de Jésus-Christ*（耶稣基督小传），1840年发现，1846年出版

有趣的是，帕斯卡的著作篇幅甚短。《论圆锥曲线》仅有1页，《关于真空的新实验》30页，《液体平衡论》20页。比较著名的两本，《致外省人信札》的署名为Louis de Montalte，而《思想录》则是后人收集编纂的，有多种版本。

3. 帕斯卡的数学成就

如前所述，帕斯卡的数学成就皆为开创性的成就，有概率论、射影几何、积分等，最著名的有得自二项式展开的算术三角，即帕斯卡三角。帕斯卡三角在我国称为杨辉三角，杨辉三角出现得要早得多，可惜没有后续发展。

帕斯卡与同时期的费马（Pierre de Fermat，1601—1665）在法国开启了概率论研究。概率论是源于赌博的学问，十六世纪意大利人对赌博的研究要更早一些。帕斯卡和费马在这方面的研究都没有太深入。值得一提的是，帕

斯卡在和费马的通信中引入了期望值的概念，并以此来证明人为什么要信仰上帝和过一种有道德的生活（所谓Pascal's wager，意思是基于概率论证的选择）。帕斯卡和费马关于概率的计算为莱布尼茨的微分计算奠定了基础，这在牛顿那里也是一样的。一般微积分教科书既不教微分技术上自概率计算的起源，也不教积分来自对物体重心的计算，我也不理解是为什么。

帕斯卡发明了射影几何。太阳底下的世界，发生投影是最自然不过的事情，然而物理系毕业的笔者却从没有被教过射影几何也是醉了。帕斯卡16岁时发表了只有1页的《论圆锥曲线》一文，留下了著名的帕斯卡定理，也叫神奇六边形定理（hexagrammum mysticum theorem）。此定理指出，在圆锥曲线上选六个点 $ABCDEF$，相对顺序可任意安排，六边形 $ABCDEF$ 三组对边的三个交点总在一条直线上。由圆内接六边形的表现能猜出这个定理，但帕斯卡没有给出这个定理的一般性证明。关于这个定理有许多巧妙的现代证明，中学生朋友们不妨关注一下。

帕斯卡三角得自二项式 $(a+b)^n$ 的展开。应该容易想到，其在古代中国、印度和阿拉伯的数学里都有。帕斯卡的《算术三角》一文写于1654年，可以推测他做出此发现应该是在更早的某个时期。在这篇文章中，帕斯卡引入了著名的数学归纳法（the principle of mathematical induction），这是一个让笔者初学时非常痴迷的证明方法。1654年，帕斯卡做了一个神奇的梦，从此转而更多地投入宗教活动，减少了在数学研究方面的精力投入，殊为可惜。

帕斯卡三角的内容一目了然，但它是那种欺骗性地简单的（deceitfully simple）存在，不可小觑。帕斯卡三角内含多少奥秘，涉及多少数学，笔者才疏学浅不敢妄言，仅略举几例以飨读者。

例1，帕斯卡三角中，每一行的系数会告诉我们 n 个对象分成两拨儿的各种可能性。比如，对于 $n=5$，系数为1, 5, 10, 10, 5, 1，分别对应分布 (5, 0)，

(4, 1)，(3, 2)，(2, 3)，(1, 4)，(0, 5) 的分布。这可以用于计算n张牌在两人手中的各种概率。当然啦，一个牌手应该会计算的是n张牌在另外三家手里各种可能分布的概率，高斯给出过这个问题的答案。提示，请试着展开$(x+y+z)^n$，研究展开系数的规律。

例2，帕斯卡三角中，每一行的系数加起来为2^n。用2^n除以系数，得到二项式分布。如果n足够大，会得到高斯分布，又叫正态分布。

例3，帕斯卡三角中隐藏着斐波那契数列。将帕斯卡三角排成右图中的样子，将斜率为1的线所划过的数字相加，即得到斐波那契数列

1, 1, 2, 3, 5, 8, 13, 21, …

例4，帕斯卡三角是通往微分的桥梁。计算$(x+\Delta x)^n - x^n$，即获得了n为整数时函数x^n的微分

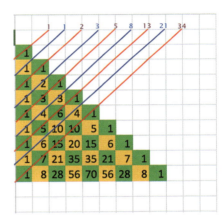

帕斯卡三角的一种可得到斐波那契数列的排列方式

$$\frac{\mathrm{d}x^n}{\mathrm{d}x} = nx^{n-1}$$

牛顿将n推广到任意实数的情形，比如$n = -4/3$，则获得了对函数x^a的微分（参见拙著《一念非凡》）。

关于帕斯卡三角里的数学，还有很多不为笔者所知晓的内容。我有种感觉，如果就着帕斯卡三角深入研究，应还有新的发现。

帕斯卡对数学上遭遇的无限概念有过深入思考，他提出一条曲线所定义

的面积可当作是无限多数量的无穷小面积之和。这就是后来被称为黎曼积分的思想啊。帕斯卡发现，若曲线是根据某个幂次的多项式画出的，则面积就和高一位幂次的一条曲线的值成正比。举例来说，曲线 $y = x^n$ 是个关于 x 的多项式，这条曲线在 $x \in (0, a)$ 段所围的面积正比于 a^{n+1}。帕斯卡这是发明了积分学。据说这是1658年5月的事情。用这个积分方法，帕斯卡解决了求摆线面积的问题。摆线是在直线上滚动的圆之边缘上一点的轨迹，其形象会让人联想到拱桥的样子。1599年伽利略就有化摆线为方的尝试，即求摆线同作为基的直线之间所围的图形的面积。帕斯卡可能是受到了费马的提醒，计算一个重复单元的摆线之重心的位置。用他自己发明的积分方法，帕斯卡成功地解决了这个问题。他接着还计算了阿基米德螺线的重心，进一步计算了阿基米德螺线绕轴转动所获得之旋转体的体积以及这个旋转体的重心。学过微积分的读者想必已经想到了，帕斯卡这是发现了二重积分。

帕斯卡对数学的贡献还在于他对运算机械化的尝试。18岁那年，为了将父亲从繁重的税务计算中解放出来，帕斯卡尝试发明计算机械。他用齿轮加弹簧的方式解决了十进制加法的进位问题，一开始是制造能针对六位数计算的装置，在1642—1644年间制造了50多台样机，1645年还制作了一台能进行八位数运算的。某种意义上说，帕斯卡是机器计算的先驱。

4. 帕斯卡的物理学成就

帕斯卡的物理学成就集中在流体静力学和动力学方面的研究。他的研究对物理学的影响是如此之巨，以至于压强的单位定为帕斯卡，符号为Pa。在帕斯卡的时代，流体研究涉及的对象大致就是空气、水和水银（水银对物理学的发展太重要了，如气压的测定、超导的发现）。关于流体静压力问题，帕斯卡认识到，开放容器中的静止液体，其在液体中所产生的压强只和距离液面的高度差有关，而与液体容器的形状无关。为了证明这个思想，传说有帕斯卡水桶实验：将水桶上面密接一个细的管子，从管子顶端往里注水，可以看到当水面高到一定程度时，水桶被压漏了（下图）。在细的管子中注水用不了多少水，所以桶被压漏了不是简单地由水的重量引起的。进一步地，帕斯卡于1653年得出了关于液体压强的帕斯卡定律，也叫液压传递原理（the principle of transmission of fluid-pressure），用今天的话说，即不可压缩液体局域压强的变化可以传递到各处。基于液压传递原理，人类制造出了液压机，使得大型工件的锻造成为可能。强调一下，帕斯卡定律是个粗糙的表述，经不起更严格的推敲，但是对于工业应用来说，有现象的发现就够了。

帕斯卡水桶实验

1643年，托里切利成功测定了大气压。取一个一端开放的玻璃管灌满水银，将开放端没入一器皿所盛的水银中后倒置（防止气体进入），发现玻璃管中水银往下流出的过程最后会停止，且玻璃管中水银的液面要高出器皿中水银液面许多（右图）。以奥地利维也纳夏天的实验为准，水银柱高约为76 cm。这也是标准大气压说法的由来。受托里切利

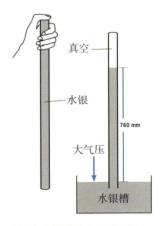

托里切利测量大气压的实验

实验的启发，帕斯卡深入思考气压的问题。帕斯卡推测，如果空气有一定的重量，那么大气的高度就有个上限，则空气就应该越往上越稀薄。如果是这样的话，山顶的气压就比地面的要低，这是容易用实验验证的。1648年9月19日，佩里耶（Florin Périer），即帕斯卡的姐夫，在他的再三央求下，登上了多姆山，完成了对帕斯卡此一推断的实验验证。

关于托里切利的实验，帕斯卡还有更深入的物理思考。在托里切利的实验中，玻璃管中部分水银流出，与此同时，玻璃管密封的一端出现了没有水银的一段。那么，在这一段里面有什么东西呢？那个时期的科学家相信笛卡尔的plenum（全体论）哲学，认为物质，也许是不可见的，充满了整个空间，大自然讨厌真空（nature abhors a vacuum）。帕斯卡就认为存在真空，玻璃管上端的水银下落后留下的部分就是真空。对大自然讨厌真空的信仰，让欧洲人发明了压井，由此引出了热机。为了营造真空，欧洲人发明了气泵，更是带来了一系列意料不到的奇观，包括各种气体放电现象、阴极射线和X射线的发现等等。当然了，真空是个复杂的概念，后来的物理学关于真空还有更多的故事，比如粒子可以以粒子－反粒子对的形式从真空中被激发出来。这是后话。

5. 思想者帕斯卡

帕斯卡被誉为法国古典时期最重要的作家之一，但他只享年39岁，留下的文字并不多，只有《致外省人信札》和《思想录》。《致外省人信札》是帕斯卡受詹森教派（Jansenists）的鼓动同耶稣会展开论战，以假托给一个外省人写信的方式而创作的，共有信件18封，都完整地保留了下来。此信对于法语语言有较大的影响，但因为是关于西方宗教纷争的，对我国当前读者几无意义，就不作深入讨论了。但是，对法语感兴趣的读者，不妨知道人们对帕斯卡此处文笔的评价："（关于文章的优点）该有的都有了——语言之纯净、思想之高贵、论证之详实、嘲讽之巧妙，还有别处不易见到的通篇皆令人愉悦。"就笔者而言，《致外省人信札》的影响就是第16封信附言中的那句"我实在没有时间写得更短一些"，其英语转述no time to be brief相当有哲学味道。

帕斯卡是近代法国与笛卡尔齐名的伟大哲学家，有《思想录》为证。帕斯卡的《思想录》因为是后人收集整理的，故版本较多，内容也稍有出入。《思想录》广为流传，其中一些名句大家都耳熟能详，兹略举几例以飨读者。

1) 人所有的悲惨成就了他的伟大。（Ainsi toutes ces misères prouvent sa grandeur.）

2) 人只不过是一根芦苇，是自然界里最脆弱的东西；但它是一根能思想的苇草。用不着整个宇宙都武装起来去毁灭它；一口气、一滴水就足以将它置于死地。然而，纵使宇宙毁灭了它，人却仍然要比置它于死地的东西高贵得多；因为它知道它要死亡，以及宇宙对它所具有的优势，而宇宙对此却是一无所知。我们全部的尊严就在于思想。（L'homme n'est qu'un roseau le plus faible de la nature; mais c'est un roseau pensant. Il ne faut pas que l'univers entier s'arme pour l'écraser. Une vapeur, une goutte d'eau suffit pour le tuer. Mais quand l'univers l'écraserait, l'homme serait encore plus noble que ce qui le tue, parce qu'il sait qu'il meurt; et l'avantage que l'univers a sur lui, l'univers n'en sait rien. Ainsi toute notre dignité consiste dans la pensée.）

3) 努力从而更好地思考，这是精神的原则。（Travaillons donc à bien penser: voilà le principe de la morale.）

4) 人为了思考而生。（L'homme est né pour penser.）

5) 我不是一个必要的存在，我也不是永恒的、无限的，但我确实知道自然中有必要的、永恒的、无限的存在。（Donc je ne suis pas un être nécessaire. Je ne suis pas aussi éternel, ni infini; mais je vois bien qu'il y a dans la nature un être nécessaire, éternel, infini.）

6) 人在同困难的斗争中寻求安宁；而一旦克服了困难，安宁便失去了基础。（On cherche le repos en combattant quelques obstacles; et si on les a surmontés, le repos deviant insupportable.）

7) 过分关注人在多大程度上等同于兽而不让他看到他的伟大，是危险的；而过分关注他的伟大而不注意他的猥琐则更加危险。（Il est dangereux de trop faire voir à l'homme combien il est égal aux bêtes, sans lui montrer sa grandeur. Il est encore dangereux de lui faire trop voir sa grandeur sans sa bassesse.）

帕斯卡的哲学思想，当然是更多地体现在他如何看待数学、物理世界上，散见于他的诸多论述中。其中，《论几何的精神》尤其值得数学家们一读。它对于几何的思考具有基础的意义，不过却是初涉几何的少年人无法理解的。在《论几何的精神》一书中，帕斯卡发展了定义的理论。帕斯卡发现在我们的语言体系中总有终于无法再行定义的内容，即语言中每个人都懂的、自然指向其指涉对象的定义——这让我想起了后来哥德尔（Kurt Gödel，1906—1978）的数学不完备性的证明。对数学和物理学重要的则是那种要由作者加以定义的约定标签，因此要采纳笛卡尔的形式哲学。《论几何的精神》是在帕斯卡去世一世纪后才被发现的。

多余的话

　　关于帕斯卡的描述，总绕不过génie（天才）这个词儿。关于天才这个词儿，我觉得有必要多啰唆两句。中文说天才，其一指生来就有的才干（native ability），其二指老天造就的人才（a genius of talent），天赋异禀，即老天给了某人一些别人可能学也学不会的能力，比如超强的记忆力、理解力、感知力、表现力，等等。字面上理解天才，一在"天"，二在"赋，给"。法文、英文中的天才，génie，genius，字面意思在于"生"，强调是生就的，对应汉语天才中的"天"所要表达的意思。西语中genius还用来表示每个人的守护神。表述一个有天分的人，英语还会说a gifted man，gift是动词give（德语为geben）对应的名词，也作动词用。gift就是"赋，给"，gift在英语里可作礼物解，与present同。在德语里，阴性名词die Gift还是礼物、嫁妆的意思，但作为中性名词das Gift是毒（估计是那种人家不肯接受的"给"。想象一下潘金莲硬塞给武大郎的那碗汤药），作为阳性名词der Gift则是恼火、火气（估计是因为遭遇了爱要不要、不要也要给的那种"给"）。由动词geben引申而来的名词die Begabe，被赠与的东西，即是中文所说的天赋。

　　关于天才如何能得以作为天才而为他人所认可，我觉得要明确三点。其一，他必须生来就有天赋，这是一桩来自父母的偶然。一个人出生时父母的状态就是他人生的起跑线。其二，他要有好的教育让他的天才得以健康发育。其三，他要有一个让他的天才得以发挥从而获得被认可的证据的舞台。**天分、教育和舞台，是天才的亮光能够照进现实的三要素。**由此我们也看到，天才，或者退一步说，一般的优秀人物，首先是父母生的。培养是第二位的。

帕斯卡没上过学，没有头衔，也没有什么机构好让他去借取名声，这让他的名声显得那么干净、可信。他就是一棵会思考的芦苇，不枝不蔓。帕斯卡作为天才的一个不同寻常处是他某一天有了以各种化身同时活着的想法。据信，最多时帕斯卡用七个化身同时做不同的事情。某一时刻帕斯卡的化身之一在研究数学，其二在撰写关于人类状况的思考，第三个用来周旋于上流社会，这三个角色各有各的个性、风格、抱负和理想，而第四个是很快会死去、寂寂无名、无后、力图通过绝对的谦恭获得救赎的那个人。三年后，是另外一个叫Louis de Montalte的论战者以法国文学史上最著名的辩论《致外省人信札》而彪炳史册。而由这个法语名字Louis de Montalte的字母重新组合而来的一些名字，帕斯卡在不同时期出于不同目的使用过。

抨击与讽刺是天才的本分，无声地蔑视也是。这样的天才自然是不讨人喜欢的。但是，帕斯卡可能是因为实在太伟大了，他这棵会思想的芦苇在世的时候就赢得了人们的爱戴。然而，他这棵芦苇确实太脆弱了，仅仅享年39岁。在这短短的39年时光里，其中很大一部分时间还是在病痛中度过的，帕斯卡为人类留下了宝贵的精神财富。或许正如他所说，人所有的悲惨成就了他的伟大。

但愿未来的岁月里，有更多人样的芦苇，能恣意地沐浴阳光，静静地思考。

阳光中静静思考的芦苇

建议阅读

[1] Jacques Attali. Blaise Pascal ou le Génie Français（帕斯卡：法国天才）. Distribooks Inc., 2002. 鲁方根，赵伟译，《帕斯卡尔：改变世界的天才》，上海人民出版社，2014.

[2] Blaise Pascal. Blaise Pascal: Œuvres Complètes（帕斯卡全集）. Arvensa éditions, 2014.

[3] Donal Adamson. Blaise Pascal: Mathematician, Physicist and Thinker about God. St. Martin's Press, 1995.

[4] Nicolas Hammond (ed.). The Cambridge Companion to Pascal. Cambridge University Press, 2003.

[5] Vlad Alexandrescu. Le Paradoxe chez Blaise Pascal（帕斯卡家的悖论）. Peter Lang, 1997.

[6] Charles Baudouin. Blaise Pascal ou l'ordre du Cœur（帕斯卡：心之序）. Plon, 1962.

[7] André Bord. Lumière et Ténèbres chez Pascal（帕斯卡家的光明与黑暗）. Pierre Téqui, 2006.

[8] Hans Loeffel. Blaise Pascal 1623—1662. Birkhäuser Verlag, 1987.

[9] Charles Paul Enz. No Time to Be Brief: A Scientific Biography of Wolfgang Pauli. Oxford University Press, 2002.

03　欧拉

欧拉是十八世纪瑞士著名的数学家、物理学家、天文学家、工程师，其学术生涯都是在俄国和普鲁士度过的。欧拉涉猎甚广，在几乎所有的数学、物理领域都留下了他的印记，以欧拉之名命名的数学、物理概念不胜枚举，欧拉文集至今仍在编纂中。欧拉能平行地发展数学和物理，塑造了数学物理这个领域。欧拉最为人称道的是，在他几乎完全失明以后的17年里也一直成果不断，表现出了极强的思维推演能力。欧拉作为天才出生，少年时得到了天才应有的教育，不足20岁就踏上了圣彼得堡科学院这个展示天才的舞台。考察欧拉的一生，对于思考如何办教育、如何开展科学研究具有强烈的启发意义。

巴塞尔问题，柯尼斯堡桥问题，
虚数，欧拉公式，欧拉数，欧拉常数，
欧拉－牛顿动力学，分析力学，
欧拉－拉格朗日方程，欧拉方程，
欧拉角，相对运动，刚体转动

Lisez Euler, lisez Euler, c'est notre maître à tous.

—Pierre-Simon de Laplace[*]

1. 引子

初识欧拉是在大二的理论力学课上，有欧拉－拉格朗日方程，还有描述刚体转动的欧拉角。欧拉－拉格朗日方程来自什么样的思想基础，这个欧拉角的合理性又来自哪里，课本里没讲。我的感觉就是一个字：难。我的脾气是对于不理解的内容就是无法接受。我一直很佩服那些课本的作者，他们在不理解的情况下是怎么说服自己糊弄的。对于欧拉角，也许是因为它太难了，我当时心里生出的感觉就是它是错的。多年之后我发现它竟然确实是错的，或者说是有缺陷的，心里五味杂陈。我常常想，但凡有个明白人或者有本明白的书告诉我这些，我也不会觉得大学物理那么难学。我再次强调一遍，数学、物理不枯燥，也不晦涩难懂，是那些不明所以的书本和不明所以的教书人给我们造成了这个错误的印象。数学、物理这类学问成体系、讲道理，有鲜活的对象和奇妙的抽象，你若学得够多就能体会到她的美，你会因此喜欢上她，你一旦真心喜欢了就会欲罢不能。

及至以后慢慢读到了欧拉公式

$$e^{i\pi} + 1 = 0$$

欧拉公式（下页图）

$$V - E + F = 2$$

和欧拉数，还有许许多多多来自欧拉的神奇推导，我才想到去关注欧拉这个

---

[*]　阅读欧拉，阅读欧拉，此公乃吾人师也。——拉普拉斯

1983年民主德国发行的纪念欧拉逝世200周年纪念邮票。
欧拉在普鲁士科学院工作的地方就在当时的民主德国

人，知道他晚年眼睛失明但依然不停地创造着数学和物理。欧拉去世至今经230多年他的论文集还没编纂完毕，目前已出版的文集已多达92卷了。2009年，我怀着敬意买了一本欧拉的传记 *Eular as Physicist*（物理学家欧拉）。我想知道他是怎样的一尊神。

2. 欧拉小传

欧拉（Leonhard Euler，1707—1783）是一位瑞士数学家、物理学家、天文学家、工程师。欧拉出生于瑞士巴塞尔，那是个多次影响世界发展进程的小镇子。欧拉是四个孩子中的老大，其父保罗·欧拉是个教士。保罗与同住在巴塞尔的贝努里（Bernoulli）家族交好。贝努里家族对学数学、学物理的人来说是一大困扰，因为有太多的用

欧拉

Bernoulli命名的概念，而你永远也弄不清楚具体地是和哪个贝努里相联系的，所以谈论Bernoulli家族的数学家时要特别小心。欧拉时常和贝努里家族的孩子玩，得以跟随约翰·贝努里（Johann Bernoulli，1667—1748）学习数学。1720年，13岁的欧拉考入巴塞尔大学，1723年获得哲学硕士学位，论文内容为比较笛卡尔与牛顿的哲学（这里的哲学应理解为数学、物理加上一些别的思想）。约翰·贝努里发现了欧拉的数学天分，保罗也同意儿子走数学家的道路。1726年，欧拉以《声音的传播》一文试图获得巴塞尔大学物理教席未能如愿，次年受约翰·贝努里之子丹尼尔·贝努里（Daniel Bernoulli，1700—1782）之邀前往俄国圣彼得堡，接受了圣彼得堡科学院医学部的一个位置但很快就转入了数学部，从此开启了职业学者生涯。那一年，欧拉还未满20周岁。欧拉会俄语，他还以医官的身份在俄国海军兼一份差事。1731年，欧拉在圣彼得堡科学院获得物理教授一职，1733年成了数学部的负责人。1741年欧拉离开俄国加入普鲁士的柏林科学院，在那里的25年间共写了380篇论文。1766年欧拉受俄国女皇叶卡捷琳娜二世之邀重返圣彼得堡科学院，在那里一直工作到辞世。

或许是天妒，欧拉一生都遭受视力缺陷的困扰。1738年他的右眼几乎失明，1766年又发现左眼长了白内障，几周后的手术失败让他几乎彻底失明。那一年他59岁。神奇的是，失去视力并没有阻止欧拉的研究产出，他的心算能力和记忆力补偿了失去视力带来的妨碍。在1775年那一年他的产出是差不多每周一篇论文*。欧拉自小过目成诵，后来他的记忆力也不见衰退。据说他能背诵古典作家维吉尔的 *Aeneid*（汉译《埃涅阿斯纪》）精确到每一页的句式安排，这就太恐怖了。1783年，欧拉因摔倒造成脑出血去世，享年76岁。在法国科学院所致的悼词中，数学家孔多塞（Marquis de Condorcet，

---

* 是那种自己做出来的、自己写的还带来新知识的论文。

1743—1794）写道，"... il cessa de calculer et de vivre（他停下了计算和生命）"。所谓"生命不息，计算不止！"此诚为对欧拉伟大一生的写照。

3. 数学家欧拉

这个世界上任何一个学过一点儿数学的人都不可能不知道欧拉这个伟大的名字。欧拉是数学的创造者，这体现在许多数学记号都源自他的工作。用 π 表示阿基米德常数（圆周与直径之比），用 $f(x)$ 表示函数，用i表示 $\sqrt{-1}$，称其为虚数，用 Σ 表示求和，都是欧拉的杰作。对了，著名的

$$e = 2.71828\ldots$$

就叫欧拉数。欧拉对与e相关的数学太熟悉了，比如他能写出连分数表示的

$$e = 2 + \left[1, 2; 1, 1, 4; 1, 1, 6; \cdots\right]$$

从而表明e是个无理数；写出

$$e^{ix} = \cos x + i\sin x$$

这个公式写成

$$e^{i\omega t} = \cos(\omega t) + i\sin(\omega t)$$

的样子，会告诉你往复运动同转动之间的关系（你看出这里涉及一维空间和二维空间的问题了吗？看出这里隐藏着一种新的代数了吗？），这可是第一次工业革命的核心秘密。欧拉研究过的数学领域有几何、三角、代数、微分、数论，等等，他的名字和大量数学对象联系在一起。试图讲清楚欧拉的数学成就是不自量力的表现，此处笔者只简单介绍几个自己能粗略理解的例子，能显示欧拉的风采就好。

3.1 欧拉公式 $e^{i\pi} + 1 = 0$

被誉为最美的数学公式，没有"之一"。这个公式里包含着五个最重要的数学元素，0, 1, e, π, i，哪个都不好理解。0和1是代数里的单位元，是众多数学、物理理论的要素，关于0和1笔者正在为它们各自构思一本专著。π和e都是超越数，关于它们俩已有多种专门的专著，而i则开启了数学领域多方面的大拓展（参见拙著《云端脚下》）。关于这个欧拉公式，能从中看到多少价值反映一个人的数学水平。有许多关于这个欧拉公式的专著。

3.2 欧拉公式 $V - E + F = 2$

这是关于三维空间凸多面体的一个拓扑学结果，从事几何学、晶体学、建筑学研究甚至设计儿童玩具的朋友不妨深入关注一下。也有许多关于这个欧拉公式的专著，请读者朋友们自行选择参考。笔者修习与这个公式相关的内容所得到的一个大胆结论是，它应该写成

$$V - E + F - S = 1$$

的形式，其中$S = 1$代表这个三维的体（solid）本身。这样写的理由是，可以将之推广到任意维度。比如对于二维凸多面体，即多边形，欧拉公式应为

$$V - E + F = 1$$

因为$F = 1$是多边形（面）的数，故意味着$V - E = 0$，即凸多边形顶点数总等于边数。如果考虑四维的凸多形体（polytope），则欧拉公式应为

$$V - E + F - S + P = 1$$

这里深刻一点儿的内容是，对于一个n维的凸多形体，从0维的顶点V，1维的边E，2维的面F，3维的体S，一直到作为研究对象的n维凸多形体自身，数目以交替的（alternating）形式相加减，结果必为1。这里定有拓扑学的深

意未为我们所知，请联想一下置换群 S_n 有交替子群 A_n，代数方程理论里的对称多项式也是交替地取正负号。

3.3 图论（graph theory）

欧拉解决了著名的柯尼斯堡七桥问题，这成了图论的基础。其实，那也应看作是拓扑学的基础。详情参见拙著《一念非凡》。

3.4 计算级数和 $\sum_1^\infty \frac{1}{n^2} = \frac{\pi^2}{6}$

如何计算 $\sum_1^\infty \frac{1}{n^2}$ 是著名的巴塞尔问题，欧拉1734年解决这个问题竟然是通过考虑无穷阶代数方程实现的，神奇不神奇？五次代数方程一般没有有限根式解，六次代数方程就算有解，那解的过程也能累死人，而欧拉考虑了无穷阶代数方程！我们甚至可以说，欧拉是从不严谨的推导过程得到这个结果的。详情参见拙著《云端脚下》。

3.5 欧拉 – 马歇罗尼常数（Euler-Mascheroni）常数

$$\gamma = \lim_{n \to \infty}\left(1 + \frac{1}{2} + \frac{1}{3} + \cdots + \frac{1}{n} - \ln(n)\right) = 0.57721...$$

这个常数第一次出现在欧拉1734年的文章中，它和 Γ-函数、贝塞尔方程、拉普拉斯变换等重要数学内容有关。

3.6 欧拉圆与欧拉线

欧拉圆即著名的九点圆：对于任意的三角形，其三个垂足、三个边的中点、三个顶点到垂心连线的中点，这九个点一定在一个圆上，这个圆称为欧拉圆。欧拉圆不是欧拉发现的。过欧拉圆圆心 G、三角形垂心 H 和三角形重心Ω的直线是欧拉线（下图），由欧拉于1765年发现，见于他1767年的文章。欧拉线的概念可以扩展到四边形、正四面体等几何构型上去。欧拉圆和欧拉线让我们感觉到三条线段能凑到一起构成一个三角形是多么艰难的事情，而这必然意味着存在许多参不透的关系。许多事情的难度，你要换个角度或者到另一个层次上才能看到。

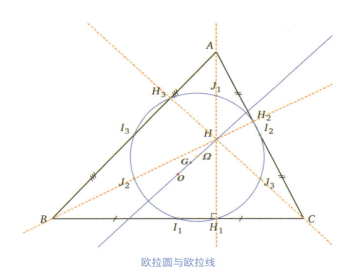

欧拉圆与欧拉线

3.7 恒等式 $\sum_{k=1}^{\infty} \frac{1}{k} = \prod_{p} \frac{1}{1-1/p}$

看看这个恒等式，左边是对所有自然数的求和，右边是关于所有素数p的连乘，它把素数挑出来了。这是欧拉得到的诸多神奇表达式之一。他是怎么做到的呢？这个问题，无数个数学家问过别人和自己。详情参见拙著《惊艳一击》。

3.8 虚数

1777年，欧拉引入了虚数（imaginary number）的说法，为此他考虑的是积分

$$\int \frac{z^{m-1}\mathrm{d}z}{1-z^n}$$

其中

$$z = v(\cos\varphi + \sqrt{-1}\sin\varphi)$$

是否可积的问题。欧拉给出了对于一般形式的复数函数

$$Z\mathrm{d}z = (\mathrm{d}x + \sqrt{-1}\,\mathrm{d}y)\,(M + \sqrt{-1}\,N)$$

的可积条件，此即后来的柯西－黎曼条件（Cauchy-Riemann Conditions）。年底，欧拉引入了记号 $\mathrm{i} = \sqrt{-1}$。详情参见拙著《云端脚下》。

欧拉的数学成就太多。欲全面了解欧拉的学术成就，请阅读他的文集（*Opera Omnia*），欧拉档案网站里有欧拉手稿的电子版。

4. 物理学家欧拉

欧拉是伽利略、牛顿之后最伟大的物理学家，但他的数学家光环掩盖了他的顶级物理学家身份。欧拉为物理学的进步发展所需要的数学，这是很少有人能够做到的——牛顿做到了，伽利略就做不到；哈密顿做到了，麦克斯韦就做不到；庞加莱做到了，洛伦兹就做不到；外尔做到了，爱因斯坦就做不到；狄拉克做到了，薛定谔就做不到。欧拉调和数学原理与物理定理的程式带来了数学与物理之间的和谐。值得强调的是，欧拉开启了对数学形式的关注。没有欧拉，就没有后来的分析力学和建立于分析力学之上的理论物

理。笔者在修习物理近40年后才明白，**物理在数学形式里**，特别是微分形式里。比如规范场论说到底不过是微分1-形式同微分2-形式融合的问题。欧拉还发展了数学工具使得数学能更容易地应用于物理，比如他发展的计算方法能精确计算彗星的轨道以及太阳的视差。欧拉对物理学的贡献是深刻的、全面的（他一生中赢得巴黎科学院科学问题悬赏征解12次），兹仅摘取几条略加介绍。

4.1 欧拉 – 拉格朗日方程

对于给定的由拉格朗日量L描述的运动体系，实际发生的运动满足最小作用量原理，$\delta I = \delta \int L \mathrm{d}t = 0$，由此可得到动力学方程为

$$\frac{\partial L}{\partial q} - \frac{\mathrm{d}}{\mathrm{d}t}\frac{\partial L}{\partial \dot{q}} = 0$$

此即欧拉 – 拉格朗日方程。此方程的解就是作用量泛函$I = \int L \mathrm{d}t$的静态点。欧拉得到这个方程缘起1750年代研究等时线（静止物体从该曲线上任意一点自由下落到最低点时用时相等。等时线是摆线）问题。1755年拉格朗日得到这个方程写信告诉了欧拉，此后他们俩将这个方法用于发展力学，即后来的拉格朗日力学，相关的数学方法就是变分法（calculus of variation）。1756年，欧拉造了变分法这个词儿（见于*Elementa calculi variationum*一文）。此后从经典力学到规范场论的发展，构造拉格朗日量（密度）、得到相应的欧拉 – 拉格朗日方程就成了标准的研究程式。不会变分法，算不上理论物理入门。

顺便说一句，在牛顿那里，力学是几何的，随便翻翻牛顿的《自然哲学的数学原理》一书就能看到这一点。欧拉以后的牛顿力学才是分析的，即我们在一般大学力学教科书里见到的样子。

4.2 相对论

牛顿的力学基于绝对时间、绝对空间和绝对运动的概念。欧拉接受了绝对时间和绝对空间，但认为运动不是绝对的，他用绝对时空和相对运动表达了此前的理论，这些内容始见于欧拉1736年的*Mechanica*（力学）一书。30年后在1760—1765年间，欧拉研究刚体运动，将刚体的定点运动和定轴运动作为一类特殊的相对运动处理。

欧拉第一个分析了运动方程的不变性，尝试将伽利略变换下的运动方程不变性用微分来表示。欧拉的相对论思想见于欧拉的*Anleitung zur Naturlehre*（自然学问入门）一书，但此书直到1862年才出版，没能引起注意。虽然欧拉的分析力学原理在马赫、爱因斯坦那里得到了保留，但是马赫、亥尔姆霍兹、爱因斯坦在他们的著作中都没有提及欧拉。后世把相对性思想（relativism）归于马赫，但其实马赫从没强调过运动方程不变性问题。欧拉的相对论贡献未得到认可，可能是因为他关于相对运动的论述散见于1736—1862跨度一百多年的出版物中，故未能引起充分的重视。再者说来，许多物理学家也分不清绝对时空与绝对运动的区别，至于理解与强调运动方程变换不变性的重要性，那也是广义相对论在1916年出现以后才在哥廷恩发生的事情。

4.3 欧拉－贝努里梁方程（Euler-Bernoulli beam equation）

考察一维的梁，设为x方向，描述梁弯曲的在某个与x方向垂直的z方向上的偏离量在梁上的分布函数$w(x)$满足方程

$$\frac{\mathrm{d}^2}{\mathrm{d}x^2}\left(EI\frac{\mathrm{d}^2 w}{\mathrm{d}x^2}\right)=q$$

其中 E 是弹性模量，I 是梁的横截面在偏折方向上的二阶矩，q 是单位长度上的力。此即欧拉 – 贝努里梁方程，乃工程学的基石。

4.4 欧拉方程组

1757年欧拉发表了一组重要的描述非黏性流体（inviscid fluid）动力学的方程组——欧拉方程组，

$$\begin{cases} \dfrac{\partial \boldsymbol{u}}{\partial t} + (\boldsymbol{u} \cdot \nabla)\boldsymbol{u} = -\nabla w + \boldsymbol{g} \\ \nabla \cdot \boldsymbol{u} = 0 \end{cases}$$

其中 $\boldsymbol{u}$ 是流的速度矢量，$\boldsymbol{g}$ 是（重力）加速度，而 w 是一个描述内驱动源的项。这个方程里的微分形式

$$\frac{\partial}{\partial t} + \boldsymbol{u} \cdot \nabla$$

一定要参考convection（携带）来理解。convection在中文中被误译为"对流"，影响了对相关学问的理解。

4.5 刚体转动

欧拉认识到了刚体转动存在瞬时轴，引入了欧拉角来描述刚体的定点转动，得到了刚体在空间中运动的方程。欧拉角不构成群，不唯一，还有奇点，故不是个好的选择，但它是个天才的思想。现在关于研究转动的工程问题，比如关于飞机的转动问题，依然会采用欧拉角的描述。相关内容太多太难，此处不作介绍。当年笔者学理论力学，怎么也学不懂，后来发现教科书仅仅给了几个结论性的内容，至于欧拉如何得到这些思想的，背后的数学是什么，都吝于笔墨。学习不完备的内容，想理解透彻很难。

4.6 光学

欧拉1740年代的光学文章帮助确立了惠更斯的光的波动理论，其在1744—1746年间集中研究并批判了牛顿的光的颗粒说。欧拉1777年研究空气对光的折射问题，其间把物理定律（具体地是折射定律）的代数表述转换成了微分表述。是欧拉把这种做法弄成了科学的标准技术。

5. 欧拉老师

大学者若肯做老师，那必然是好老师。笛卡尔是好老师，他和波西米亚的伊丽莎白公主有长达6年的通信，1649年基于此出版了 *Les Passions de l'âme*（心灵的热忱）一书献给伊丽莎白公主。也是在1649年，笛卡尔被瑞典女王克里斯蒂娜聘为宫廷教师。欧拉也有同样的故事。欧拉曾受聘为 Friederike Charlotte von Brandenburg-Schwedt，即弗雷德里克大帝的侄女夏洛滕公主，还有她的妹妹露易丝做宫廷教师。在1760—1762年间，欧拉用法语写了234封信对她们进行教育，除了谈论各种数学、物理主题以外，还有一些他个人对生活、信仰等方面的观点。后来这些信件被编辑出版，第一版为1768年的法文版 *Lettres à une princesse d'Allemagne sur divers sujets de physique et de philosophie*（关于物理与哲学诸论题致一位德国公主的信，多简称为《致一位德国公主的信》。该书1768年在圣彼得堡出版前两卷，第三卷于1774年在德国法兰克福出版），英文版有1802年亨特（Henry Hunter）的译本 *Letters of Euler on Different Subjects of Physics and Philosophy, Addressed to a German Princess*。《致一位德国公主的信》后来被翻译成几十种文字流传，比欧拉所有的著作阅读面都要广。这些信件的出版受到了俄国女皇叶卡捷琳娜二世的资助。在1766年给伏龙佐夫伯爵的信中，叶卡捷琳娜二世写道："我坚信凭此至宝（指欧拉的信件）我们的科学院将从灰烬中重生，而我也为此前将这个伟人召回俄罗斯而恭喜我自己。"叶卡捷琳娜对欧拉的尊重由此可见一斑。《致一位德国公主的信》开篇谈论的主题是尺寸，这是物理学最基础的东西，可惜我们的物理教科书没有这般见识。笔者也是迟至2016年才第一次作"The Size of Elementary Particles（基本粒子的大小）"的报告的。

多余的话

欧拉是人类历史上现象级的科学巨擘。从前我很不理解是什么让他在双目失明的情况下还能不断地有学术产出，如今想来，也许是经验、头脑和手上的双重经验，让他有了超凡的创造力。读欧拉，你为他的奇思妙想所折服的同时，也不能不佩服他无与伦比的推演功底。我猜测他的新知多是来自手与脑的记忆。我忽然想到，我们的各类学校似乎缺乏供学生们动手的实验室，动手包括动手制作、动手推导、动手计算。

欧拉是瑞士人，受到了良好的古典教育，加上又一直在俄罗斯和普鲁士工作，他应该是通晓法语、德语、拉丁语、希腊语、俄语、希伯来语等多种语言的。当然了，数学也是一门语言，而欧拉碰巧是最伟大的数学家，这门数学语言他也特别精通。**一种语言就是一套吸收文明营养的管道系统，如果那种语言能支撑某种文明的话。**欧拉的学问，读读几页他的著作就会折服。

数理型天才的特征，笔者首推如下三条。其一是超强的记忆力，事无巨细过目不忘，甚至会被称赞为具有照相机般的记忆力。其二是超强的理解力，表现为思维敏捷、反应快，能迅速建立起事物间的联系。这两条是生就的。其三是超强的计算能力。这里所说的计算指一切数学意义上的计算，这是一项需要训练的技能。以欧拉为例，他的计算能力见于能看到自守函数的存在、将无穷阶代数方程用于计算级数和、进行函数多重积分，等等。笔者曾说过，一个天才最终要作为一个天才为人所认可，第一条他首先应该是genius，这一点有赖于爹妈；第二条是在成长的过程中他要有机缘接受到非同寻常的教育；第三条就是有一个让他展现才华从而能以天才的面目为人所认可的舞台。这三条在欧拉身上得到了完美的体现。欧拉生来是天才，而且其父早早就认识到了这一点；在长大的过程中欧拉受到了天才该有的教育，父辈和神奇的贝努里家族通好，得到了大神约翰·贝努里的教诲，和后来也是大神的丹尼尔·贝努里等一起玩耍长大；在天才发育成熟后有发挥天才得到认可的舞台，其工作单位就是俄国的圣彼得堡科学院和普鲁士的柏林科学院。1726年欧拉想得到巴塞尔大学物理助教的位置而不得，承丹尼尔·贝努里邀请他去圣彼得堡科学院去工作，那一年欧拉还未满20岁。圣彼得堡科学院是俄国彼得大帝建的，其目的就是提升俄罗斯的教育科学文化水平以求同西欧列强并驾齐驱，其后的叶卡捷琳娜女皇也是真心赞助科学研究。欧拉在圣彼得堡科学院和柏林科学院的时光都是在无忧无虑中度过的。如果说他是一枚天才的烟花，那他的绽放是充分的。限制欧拉成就的唯一因素可能就是天妒，他一生视力不佳，1766年差不多完全失明。难以想象一个一直耳聪目明的欧拉会有怎样的成就。

建议阅读

[1] Franz Lemmermeyer. Reciprocity Laws: From Euler to Eisenstein. Springer, 2000.

[2] C. Edward Sandifer. How Euler Did Even More. MAA, 2015.

[3] Paul J. Nahin. Dr. Euler's Fabulous Formula. Princeton University Press, 2006.

[4] Dieter Suisky. Euler as Physicist. Springer, 2009.

[5] Robert E. Bradley and C. Edward Sandifer (Eds.). Leonhard Euler: Life, Work and Legacy. Elsevier Science, 2007.

[6] M. B. W. Tent. Leonhard Euler and the Bernoullis: Mathematicians from Basel. A. K. Peters, 2009.

[7] Mark D. Ardema. Newton-Euler Dynamics. Springer, 2010.

[8] Hervé Lehning. Leonhard Euler: Un Génie des Lumières. Collectif, 2007.

[9] William Dunham. Euler: The Master of Us All. MAA, 1999.

[10] Ronald Calinger. Leonhard Euler: Mathematical Genius in the Enlightenment. Princeton University Press, 2015.

04 托马斯·杨

托马斯·杨，英国医生、语言学家、科学家、工程师、埃及学家，琴棋书画也样样精通，是"人类最后一个什么都知道的人"。托马斯·杨发现了人眼的散光，提出了视觉的三色理论，引入了叠加原理解释光的干涉，引入了描述固体线性弹性的杨氏模量，给出了描述毛细压差与表面张力关系的杨－拉普拉斯方程和描述液滴接触角的杨氏方程，提出了印欧语系的概念，部分破解了罗塞塔石碑，创建了埃及学，除此之外他还做过英国桥梁总监，为大英百科全书撰写过众多的条目，特别是"语言"这一词条。在他感兴趣的所有领域里托马斯·杨都卓有建树。

散光，杨－亥尔姆霍兹理论，
双缝干涉，杨氏模量，
杨－拉普拉斯方程，杨氏方程，
能量，语言，罗塞塔石碑，埃及学

Ανδρα μοι ἔννεπε, Μοῦσα, πολύτροπον, ...[*]

1. 引子

1982年高考物理全国卷有一道5分的题，说的是来自相距10米两个波源的声波在400米外叠加的问题。记得那时候高二物理教波的干涉，实际就是拿个算术式子计算远处屏上的明暗条纹的间距。已知的参数有波源间距或者两条狭缝的间距S，波长λ，双缝到屏的距离D，求条纹的间距Δx。课本里有个公式$\Delta x = \lambda D / S$。1982年的高考物理题是求离屏中心L那么远的距离上共出现多少条明（暗）条纹，是把算术上绕个弯子当作物理问题的进阶。对付这道物理题，记住公式$\Delta x = \lambda D / S$就行，至于是啥道理导出了这个公式，以及这个公式是多么地没道理，就没人教你了。笔者清晰记得自己当年答题时十分忐忑的地方就是这公式到底是$\Delta x = \lambda D / S$呢还是$\Delta x = \lambda S / D$？愁死人。

后来知道，这个题涉及的是物理学史上的一个重要实验——杨氏干涉实验。一束光，最好是一束单色光，最好还是相干的光，通过两条平行的狭缝，在后面的屏上会留下明暗相间的条纹（下页图），这就是著名的双缝干涉实验。显然，所谓"明暗相间的条纹"远远不足以描述这个干涉花样的诸多特征。杨氏干涉实验据说是确立光的波动说的关键实验（如果知晓光的本性研究在法国和英国的漫长历史，就不会这么头脑简单了），出现在各种层面的物理教科书与物理普及读本里。

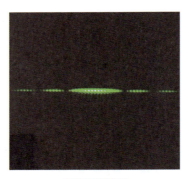

双缝干涉花样

及至后来笔者学习一点儿关于材料的知识，又遇到了杨氏模量的概念。杨氏模量反映一个材料的拉伸韧度，$E = \sigma / \varepsilon$，其中 σ 是拉应力，ε 是轴向拉伸形变。杨氏模量类似胡克定律中的那个弹簧系数。用大白话说，就是一种材料抻长的难易程度。金刚石的杨氏模量约为1210 GPa，炭单层的杨氏模量更是高达约2400 GPa，而铁的杨氏模量约为204 GPa。这个数据有助于理解为什么用炭纤维制作羽毛球拍。

初学杨氏干涉和杨氏模量，笔者的眼前有时会浮起一个裹脚老太太的形象，毕竟在笔者长大的环境里，奶奶辈的妇女一般都没有名字，只是冠以娘家姓被称为王氏、李氏什么的。这个杨氏，大概也是某个姓杨的，虽然未必是个老太太，因为我们的古文里好在也有神农氏、轩辕氏这种说法。后来，记不清自何时起，开始知道这个杨氏是对英国人Thomas Young的姓氏的翻译，而杨氏干涉实验、杨氏模量的英文表达分别为Young's interference experiment和Young's modulus。随着对Thomas Young的认识的不断增加，一个鲜有其匹的polymath兼polyglot*的形象在我心目中逐渐丰满起来。

* 会多种语言的人。

2. 托马斯·杨小传

托马斯·杨（Thomas Young，1773—1829）于1773年6月16日出生于英国的米尔弗顿，是十个孩子中的老大。他的父亲老托马斯·杨是个钱铺掌柜和布商，妈妈是伦敦一位著名医师的外甥女。托马斯·杨7岁前跟外公戴维斯长大，这位老先生对教育极为在意。托马斯·杨两岁会诵读，4岁读过两遍圣经，6岁学着用拉丁语写作文，7—13岁在教授古典学的住宿学校里上学。此外，一些非正常教育让他接触到了各种用希伯来语、法语、意大利语表述的科学知识，而且还有练练车刨钳铣这些手工活和摆弄望远镜等小玩意儿的机会。据说少年托马斯·杨在被要求展示写作与书法水平时，随手写来而且是一出手就是好几种文字（具体几种说法不一，但其希腊语书法据说技惊四座）。托马斯·杨14岁时就用拉丁语写了自传，详细记述了他幼年时期所受的教育。

托马斯·杨于1792年开始学医，先是在伦敦和爱丁堡，1795年去到德国的哥廷恩大学继续学习，1796年在那里完成学业和博士答辩，1797年进入剑桥大学的伊曼努尔学院。在剑桥，托马斯·杨获得了 "Phenomenon" Young（杨不凡）的外号，不知道后来的所谓现象级人物的说法是不是来自这个表达。1799年，托马斯·杨开设了自己的诊所。为了满足行医的规定托马斯·杨还得继续学医，1803年获得医学学士，1808年获医学博士头衔，1811年成为圣乔治医院的住院医师。医生是托马斯·杨一生的本职工作。不过请注意，托马斯·杨在1794年21

托马斯·杨

岁时就凭借对眼睛机理的研究当上了英国皇家学会会员（Fellow of the Royal Society），那时他还大学没毕业。

托马斯·杨行医生涯跨度为1799—1818年，但行医生涯并未给他带来名声。他是个求真务实的科学家，关于疾病诊断的不确定性以及治疗可能带来的不良后果他都如实告诉病人，如此这般谁还肯找他看病。1799年，英国在伦福德伯爵的忽悠下成立了Royal Institution（皇家协会。不是那个Royal Society，一般译为皇家学会）。1801年，戴维（Humphry Davy，1778—1829）掌管化学部，托马斯·杨掌管自然哲学部分以及编辑通讯会刊。托马斯·杨那段时间在皇家协会一周给3个讲座，连干了26周！在前后两年的时间里，托马斯·杨共讲了91场报告，涉及专业之多令人瞠目结舌。1807年，托马斯·杨的这些报告整理出版，内容包括波动光学、杨氏模量、杨-拉普拉斯方程（Young-Laplace equation）、表面张力、杨-杜普雷公式（Young-Dupré equation）、浸润、杨氏音律、印欧语系这个概念、大英百科全书的诸多词条、眼睛晶状体的概念、散光近视的机理、三色神经纤维的猜测、能量概念、潮汐的周期性、用药剂量的杨氏规则、人寿保险的杨氏原理、秒摆、1814年伦敦铺设煤气管道是否安全的问题，等等。托马斯·杨的报告之视野、完备程度和新颖性（scope, completeness, originality）都对听众的背景知识要求太高了，而这些讲座也体现了托马斯·杨独具创意的洞见与学问之驳杂（original insight and versality）。托马斯·杨作为科学家、工程师的兴趣也宽泛无边，他甚至担任过英国的桥梁总监、海事年鉴主管等职务。戴维赞扬托马斯·杨是个全面精通、全面有成的人（man of universal erudition, and almost universal accomplishments）。如果他愿意把自己限制在任何一个知识疆域内，他都是第一流的。作为数学家、（文化）学者、象形字专家，他则是杰出的。他懂的太多，你很难说他不会什么。

托马斯·杨在他研究的所有领域里都有所发现。他第一个发现了眼的散光（astigmatism），研究颜色视觉的机理提出了视觉的三色理论，即所谓的杨－亥尔姆霍兹理论（Young-Helmholtz theory），后来于1959年被证实。托马斯·杨是语言天才，构造了Indo-European language family（印欧语系）这个概念，为破解罗塞塔石碑（Rosetta Stone）上的象形文字迈出了关键的第一步。托马斯·杨是诸多主题的权威作者。就为大英百科全书所贡献条目而论，托马斯·杨撰写的有alphabet（字母），annuities（年金），attraction（吸引），capillary action（毛细效应），cohesion（结合力），colour（颜色），dew（露水），Egypt（埃及），eye（眼睛），focus（聚焦），friction（摩擦），halo（光晕），hieroglyphic（象形文字），hydraulics（水力学），motion（运动），resistance（阻抗）*，ship（船），sound（声音），strength（强度），tides（潮汐），waves（波），以及诸多医学专业的内容。当然，最有名的还是"语言"这个条目，据说他在文中提及了400种语言（笔者看不懂，所以不确定）。

托马斯·杨一生著述无数，散见于各处，编辑成册的有如下两本巨著：

1) Thomas Young, *A Course of Lectures on Natural Philosophy and the Mechanical Arts*（自然哲学与机械学讲义），2 volumes, J. Johnson, 1807

2) George Peacock and John Leitch (ed.), *Miscellaneous Works of the Late Thomas Young, M. D., F. R. S.*（已故的托马斯·杨作品集），3 volumes, John Murray, 1855（新版本有Thoemmes Press, 2003）

---

* 　力学意义的阻抗。在中文语境中，resistance似乎只是个电学概念。实际上，它是个宽泛的概念，和描述粒子－固体相互作用用到的stopping power（阻止本领）也接近。

顺带说一句，托马斯·杨也是专业骑手，还参加跳绳比赛，对音乐、绘画有充分的理解，能唱，能演奏各种乐器，其中苏格兰风笛是少不了的。因为能歌善舞，所以托马斯·杨是个特别能交际的人。托马斯·杨确信任何人都能做任何别人会做的事，笔者愿意把这归于天才的幻觉。他做的事，很少有人做得来。

托马斯·杨1804年31岁时娶了19岁的妻子，那是个贤淑的贵族女子，一个很把托马斯·杨当回事儿的女性。这一点可能是他富有创造性的后半生的一个保证。不知道托马斯·杨为什么很晚才娶上媳妇，你也许会觉得托马斯·杨这样的天才还能有人不识货？那你是不认识唐朝的诗人李白，想想李白写出"仰天大笑出门去，我辈岂是蓬蒿人！"时是怎样的悲愤。

1829年5月，年仅56岁的托马斯·杨因哮喘病逝。托马斯·杨的一生是创造知识的繁忙一生。他从不荒废人生中的任何一天，即便去世前已是卧床不起，托马斯·杨依然在编著埃及语字典。

3. 科学成就

托马斯·杨的科学成就是多方面的，如果再考虑技术方面的成就，就更多了。兹仅就笔者熟悉的托马斯·杨在光学和力学领域的一些成就略加介绍。

3.1 光干涉现象的解释

作为一个医生，托马斯·杨对人体如何感知光的机理非常感兴趣，也是天经地义的。在大学读书的时候，托马斯·杨就发现改变眼球的形状能将眼睛聚焦到不同距离的物体上，于是第一个发现了人眼的散光。托马斯·杨研究颜色视觉的机理，尝试从人（眼）之构造的角度而不是从光的本性来理解颜色视觉，最后提出了视觉的三色理论，即所谓的杨－亥尔姆霍兹理论，该理论于1959年被证实。1801年，他开始研究光。关于光的本性，牛顿的颗粒说（theory of corpuscule）来自光线的直观形象，但许多场合的明暗光影让人们注意到光的干涉现象。出于对音乐的兴趣，托马斯·杨曾研究过声音。1800年，杨发表了*Outlines of Experiments and Inquiries Respecting Sound and Light*（关于声音与光的实验与探究纲要），提出了波的叠加原理，指出声波与光可相类比。1801年底作了"On the theory of light and colours（光与颜色的理论）"的演讲，把两份光在一处的混合称为"the general law of the interference of light（光干涉的一般规律）"。基于干涉理论，托马斯·杨用牛顿环的实验结果计算了光的波长。托马斯·杨在水箱里演示了水波的干涉。在1804年发表的*Experiments and Calculations Relative to Physical Optics*（与物理视觉光学相关的实验与计算）一文中，托马斯·杨描述了在从单缝透过的一束光的光路上放置一个厚0.85毫米的卡片，在后方的阴影处及紧邻区域观察到了带颜色的条纹；用另一个卡片挡住一侧，条纹会消失。这两个演示实验，是对光的波动说的有力支持。实际上，托马斯·杨还研究过两个微米级凹槽反射光的干涉、肥皂沫反射光的干涉，甚至牛顿环现象中光的干涉，用纤维丝和窄带演示过光的衍射（右图）。关于双缝干涉的描述见

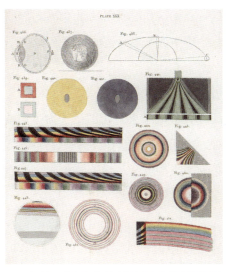

1801年关于光与颜色的理论讲座中用到的插图

077

于他的*Lectures on Natural Philosophy*（自然哲学讲座）第39讲。

　　强调一下，叠加现象的解释远不足以一步到位确定光的性质，建立起光的波动学说。法国人马吕（Étienne-Louis Malus，1775—1812）于1809年发现了反射光的偏振现象（此前惠更斯发现的光的偏振现象）。托马斯·杨认为这给波动理论的拥护者带来了极大的困难。在1815年致布鲁斯特（David Brewster，1781—1868）的一封信中托马斯·杨坦承，类似马吕的发现他越研究越对自己关于光的本性的假设没有信心。1816年安培（André-Marie Ampère，1775—1836）认为光可能有关于传播方向的横向运动，1817年托马斯·杨也提出了这个观点，1821年法国人菲涅尔（Augustin-Jean Fresnel 1788—1827）大胆地提出光只有横向运动！托马斯·杨认为这个极端的观点令人震惊。如果光有横向运动，而这是固体才有的性质（only solids have a lateral resistance），那意味着那个弥漫在空间穿透所有物质的光以太（luminiferous ether）不只是高度弹性的，还得是固体。托马斯·杨能看到这一点，这和他研究过固体以及造桥就联系上了。

　　中学课本里所谓的杨氏干涉公式，即 $\Delta x = \lambda D / S$ ，是求

$$\left| \cos\left(\frac{2\pi l}{\lambda}\right) + \cos\left(\frac{2\pi(l + \Delta l)}{\lambda}\right) \right|^2$$

的极大值的结果。所谓量子力学用波函数表示电子（量子力学的薛定谔方程、泡利方程和狄拉克方程，都是关于电子的方程），电子双缝干涉的明暗条纹间距是由求

$$\left| \exp\left(\frac{i2\pi l}{\lambda}\right) + \exp\left(\frac{i2\pi(l + \Delta l)}{\lambda}\right) \right|^2$$

的极大值得到的。这两者换汤不换药。这个过于简单的图像给人们造成的一个印象是，明暗条纹是等周期的、一直自中心往外扩展的——凡是看过一眼

双缝干涉花样的人自然知道事情不是这样的。其实，关于光的实质是什么，我们还一直不清楚。一个意义含混的、来自水波形象的"波"概念，并不能传达关于光的本性是什么的任何有用信息。那些荒腔走板的关于双缝干涉如何展示量子奇异性的描述不足为信——为此你只要指出一条，获得明暗条纹以证明光或者电子波行为的测量，其前提恰恰是将它们当作粒子。单光子探测器如今可时髦了。如果愿意，我们可以再加上一条，爱因斯坦1909年关于黑体辐射涨落的结果表明，光的波动性和粒子性是一体的。对于专业的物理学家来说，光是什么是个几乎无从回答的问题。

3.2 杨氏模量

托马斯·杨在1807年引入了杨氏模量E来描述材料的线性弹性特征。如前所述，杨氏模量$E = \sigma / \varepsilon$，其中σ是拉应力，ε是轴向形变。形式上，$\sigma = E\varepsilon$与关于材料弹性的胡克定律$F = kx$没什么两样，但是弹性系数与材料的力学性质和几何两者有关，而杨氏模量E反映材料的拉伸韧度，是材料的内禀性质。弹性模量不是托马斯·杨第一个引入的，欧拉在1727年就讨论过。

材料是三维物理空间中的材料，其形变（strain）ε_{ij}和应力（stress）σ_{ij}都是3×3的张量，其间的关系为$\sigma_{ij} = E_{ik}\varepsilon_{kj}$，其中张量$E$称为弹性模量。杨氏模量反映的则是材料在单一方向上的弹性强度。

顺便说一句，胡克定律$F = kx$和安培定律$V = RI$之类的定律严格说来算不上什么定律。所有刺激－响应型关系（stimulus-response relationship）在刺激约为零的情形下的线性近似都是这样的，因此也就表现出虚假的普适性（virtual universality）。它们可以作为问题描述的出发点，但一般不能反映所关切问题的复杂性。中学物理提一句过去就好，应该迅速进入到实质问题的讨论。

3.3 杨－拉普拉斯方程与杨氏方程

1804年，托马斯·杨在*An Essay on the Cohesion of Fluids*（论流体的结合力）一文中描述了流体的接触问题——水里的油滴和空气里的水滴都是流体接触的常见案例，这就引出了表面张力的问题。1805年拉普拉斯（Pierre-Simon de Laplace，1749—1827）在*Mécanique Céleste*（天体力学）一书中作了数学描述。高斯于1830年将两者的工作结合到一起，于是有了杨－拉普拉斯方程（Young-Laplace equation）

$$\Delta p = \gamma \left(\frac{1}{R_1} + \frac{1}{R_2} \right)$$

其中 Δp 是界面两侧的压差，γ 是界面能（interfacial energy，常和表面张力〔surface tension〕混用），而 R_1 和 R_2 是界面的（局域）主曲率半径（界面的曲率可以用一个2×2矩阵描述，有两个本征值，所在方向是正交的）。由杨－拉普拉斯方程容易理解，同样厚度的肥皂膜形成的泡泡，小泡泡的内部压力大。当两个肥皂泡相遇的时候，小肥皂泡会部分地挤入到大肥皂泡中去（参见拙著《惊艳一击》）。

将液体滴到固体表面上，液滴的形状取决于液体浸润该固体表面的能力。托马斯·杨注意到液滴同固体表面间的接触角不依赖于液滴的大小。依据接触线的平衡条件，可得到杨氏方程（Young's equation），即 $\sigma_{sg} = \sigma_{sl} + \sigma_{lg}\cos\theta$，其中 θ 是液滴的接触角，σ_{sg}，σ_{sl}，σ_{lg} 分别是固－气、固－液和液－气界面的界面能（下页图）。接触角直观地表征了液体对固体表面的浸润能力，$\theta > 90°$ 对应浸润较差的情形。对于某些固体表面，水滴的接触角可达 $\theta > 160°$，这样的表面是超疏水的。顺便提一句，类似下页图

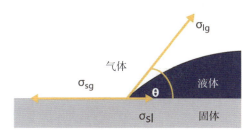

液滴对固体表面的浸润

中的模型太过简单，未必反映液体浸润固体表面的真实情形。近期有研究表明，水滴在某些表面上不仅形成可见的液滴，其边缘往外延展的区域内还会有一两层厚的微观水膜。当然，这些是从前的研究者不能观察到的。

3.4 energy一词

有说法认为托马斯·杨是第一个定义energy（能量）[*]一词的现代意义的人。energy一词古希腊的亚里士多德就用过，energia = in + work。笔者翻阅托马斯·杨关于力学的讲座文稿，发现他使用energy的语境是谈论运动物体的动能，他称之为living force（活力）或者ascending force（上升力，有速度的物体能克服重力上升）。然而，活力（vis viva）mv^2的概念在欧洲大陆早已经莱布尼茨等人之手变成了动能$\frac{1}{2}mv^2$。托马斯·杨在十九世纪初还在用活力讨论运动物体上升与减速问题，很奇怪。笔者以为物理学史可能漏掉了这部分的故事，待考。

不过，托马斯·杨确实指出了活力mv^2是评判力的效果（efficacy of force）的一个判据，而物体运动的量（quantity of motion），动量（momentum），还是mv。托马斯·杨认识到碰撞过程的动量传递与能量

---

[*]   energy，能；quantity of energy才是能量。

传递的问题：一个小质量物体被大质量物体弹回，$V \approx 2mv/M$，大质量物体从碰撞中获得的能量约为小物体初始动能的 $4m/M$ 倍，是个小量。托马斯·杨以此解释胸口碎大石的原理："因此胸口放上一副沉重铁砧的人可以轻松承受大锤的击打，而如果是直接击打到身上的话，则锤子轻轻一击就足以打碎肋骨，甚至要了那人的小命。（It is for this lesson that a man, having a heavy anvil placed on his chest, can bear, without much inconvenience, the blow of a large hammer striking on the anvil, while a much slighter blow of the hammer, acting immediately on his body would have fractured his ribs, and destroyed his life.）"

4. 语言才能与破译罗塞塔石碑

托马斯·杨擅长语言，其拉丁语和希腊语的造诣在古典学界也是首屈一指的。在其1796年的医学博士论文里，托马斯·杨就提出了一种通用字母表；在为大英百科全书撰写的"语言"条目中，他比较了400种语言的语法与词汇。1813年，托马斯·杨引入了Indo-European language family的说法来概括欧洲经小亚细亚、伊朗高原一直到印度次大陆北部的广大地区内的多种语言。1814年，托马斯·杨着手破译罗塞塔石碑上的文字。罗塞塔石碑是埃及学的偶像（icon of Egyptology）。

罗塞塔石碑是1799年拿破仑的远征军在尼罗河三角洲挖出来的一块石碑，上有三段文字，分别为鸟文（象形文字）、世俗体埃及文和古希腊文（下页图）。后来的研究表明，这是公元前196年埃及祭司为托勒密五世加冕周年纪念所颁布的法令。因为石碑年久受损，这三段文字都残缺不全，但

左图为罗塞塔石碑，上有三段文字。右图为顶部的象形文字

以底部的古希腊文最接近完整，顶端的象形文字缺损最严重。鸟文，象形文字，或曰圣书体文字（Egyptian hieroglyph），是神的语言（language of the gods）；世俗体埃及文字（demotic）是文献记录用语言，可大致理解为圣书体文字的速记；而古希腊文是托勒密王朝使用的语言（托勒密王朝是说希腊语的、来自马其顿的埃及统治者开创的王朝）。一段时间的解读努力后，人们知道后两种文字是关于托勒密五世加冕纪念的法令，估计那段鸟形文字也是，但是怎么解读呢？

　　罗塞塔石碑被发现后先是被法国人弄到了开罗，那里有拿破仑建立的埃及科学院以及从法国带来一起远征的一批大学者，但没人弄得懂。英国人听说法国人挖到了这个宝贝，发动大军来抢，在1801年打败法军拿下了开罗。一位法国将军带着石碑逃到了亚历山大港，但仍被英国人抢走了，不过英国人允许法国人保留一份拓片（看看强盗的文化人嘴脸！）。1802年3月，罗塞塔石碑运到了英国，存在大英博物馆从此成了镇馆之宝。罗塞塔石碑的拓片很快传到了欧洲许多文化学者的手中，破解罗塞塔石碑一时间成了显学。罗塞塔石碑上的古希腊文字为破译提供了出发点和参照物，1803年即有这部分的译文公之于世，虽然其正确性也备受争议。

罗塞塔石碑上最让学者们感兴趣的当然是上端的图形文字。埃及的金字塔、方尖碑和神庙到处刻有这种古老的图形文字，其中有鸟（鹰比较常见）、狮子和奇怪线条等（下图）。这种文字在古埃及用了约四千年，到最后一千年就只有一些神职人员才会了，因为普通人有了世俗体的文字（类似意大利语相对拉丁语的关系）。公元394年以后，很少有人再认识这些圣书体文字了。一些欧洲学者认为，东方的汉字这种图形文字可能来自古埃及的鸟文，但莱布尼茨认为汉字是独立的。传言英国人曾派人到中国求助，当时是清嘉庆年间，中国派了个文字专家到英国去帮忙破译罗塞塔石碑，不过没有下文。

埃及的鸟形文字

法国东方学学者萨希（Silvestre de Sacy，1758—1838）对破译罗塞塔石碑作出了关键贡献。萨希1801年就拿到了一份拓片，他认为中间部分的文字是古埃及的世俗文字，是拼音文字。1802年，萨希宣称他从中看出了五个名字，分别是Alexandros, Alexandreia, Ptolemaios, Arsinoe，以及托勒密的头衔Epiphanes（显圣）。不过，萨希没能完全破解这部分世俗文字，因为世俗文字实际上包含着表意（ideographic）字以及一些符号。注意，早在1761年另一位学者巴特莱米（Jean-Jacques Barthélemy, 1716—1795）就猜测象形文字部分的椭圆框（cartouche）里圈定的图画可能是专有名词（proper names）。1811年，因为中国学生讨论起汉字的表意、表音功能兼备的特点（比如"粘"字，左边的"米"表意，右边的"占"表音），萨希认识到鸟形文字里也有表音的内容。椭圆框里必有下部的古希腊文里的名字，而且可能是拼音文字。他同托马斯·杨谈起过这个观点。

　　1814年托马斯·杨接受破解罗塞塔石碑的挑战。1814—1817年间，托马斯·杨研究一位收藏家带给他的埃及莎草纸上的象形字，进而转到罗塞塔石碑上的文字。既然世俗字是从象形字演化而来的，而世俗字包括表音元素还有一些符号和符号群，则象形字可能也是复结构的。在埃及古语中或有关于世俗字的线索，于是托马斯·杨开始研究科普特语（Coptic）。这样，三年后托马斯·杨有了进展。托马斯·杨有两个发现。其一，他认为椭圆框之一

中的这个狮子，不是图画狮子，而是字母L。

这一串放在一起就是

P O L
T M E E S

即Ptolmees，希腊语为Πτολεμαῖος。这是掀开埃及象形文字面纱的第一步。托马斯·杨还发现许多与世俗文字相似的地方，这让人们确信它们有相同的

内容。托马斯·杨的结论是世俗文字是部分表音的，但保留了一些从鸟形文字而来的表意字符。托马斯·杨分析象形字中的图形群同古希腊语字词的对应关系，辨认出了"王""埃及"以及连词"和"这三个象形字。这个成功，和托马斯·杨是科学家且擅长绘图和数据分析有关。在其1819年为大英百科撰写的文章中，托马斯·杨提供了218个世俗体字和200个象形字图形群可能对应的词。破解罗塞塔石碑的过程让托马斯·杨醉心于对埃及和埃及文字的研究，这让他被公认为破译圣书体文字的第一人和埃及学的奠基者。1827年，托马斯·杨开始编纂埃及语字典，这也是他一生中的最后一项工作。1831年，*Rudiments of an Egyptian Dictionary in the Ancient Enchorial Character*（使用古代埃及通俗字符的埃及语字典雏形）面世。

托马斯·杨在1818年把他发现的突破点写在一封给班克斯（William John Bankes，1786—1855）的信中，并请求其帮助在埃及寻找信中象形文字的例子。差不多同时期，法国人商博良（Jean-François Champollion，1790—1832）破解出了Cleopatra一词，希腊语为Κλεοπάτρα。女王克娄巴特拉（Cleopatra VII Philopator）乃埃及托勒密王朝最后一个统治者。1822年商博良宣告完成了对罗塞塔石碑上鸟形文字的转写（transliteration）。商博良也是个语言天才，于1832年3月辞世，享年41岁。

说真的，古埃及的象形文字真是富有魔力的存在。在学习这段历史的过程中，笔者对古埃及文字所体现的人类造字过程大为惊叹。下下页图椭圆框中的老鹰对应字母A，狮子对应字母L，这些文字的传承印迹如今还在。在今天西方的语言中，Leo, Leon, Lionel, Lion，都是狮子的意思，其首字母都是L。顺便说一句，Leonard，Leonardo，以及数理大神欧拉名字里的Leonhard，其意思是"壮得跟狮子似的"。顺便说一句，数理大神黎曼（Bernhard Riemann，1826—1866）名字里的Bernhard，其意思是"壮得跟

托马斯·杨给班克斯的信，现存大英博物馆

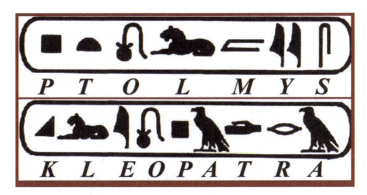

埃及象形文字。上图是Ptolmees，下图是Cleopatra

熊似的"。这些跟汉语的男孩名狗剩儿有同样的文化内涵。

关于罗塞塔石碑上文字的翻译与解读，目前已有详细介绍，有兴趣的读者请参阅专门文献。如今，Rosetta Stone, Pierre de Rosette，也有了"新知识领域的根本性线索"的意思，被各种文化作为专有名词使用着。比如，在物理学领域，氢原子谱线就被誉为近代物理的罗塞塔石碑，对氢原子谱线及其精细结构、超精细结构的破译会带来对许多亚原子尺度上物理问题的理解。

多余的话

托马斯·杨不只是通才型学者，他是真正意义上的全能型天才（polymath genius）。托马斯·杨生活在欧洲一个接着一个生产天才的时代，法拉第（Michael Faraday，1791—1867）、卡诺（Sadi Carnot，1796—1832）、伽罗瓦（Évariste Galois，1811—1832）、贝多芬（Ludwig van Beethoven，1770—1827），差不多都是同时期的

人。人才如同野生木耳，一窝一窝地成长是其正确的打开方式，因为天才需要互相磨砺、互相启发、互相成就、互相认可和交相辉映。民众对此其实不需要做什么，能容忍天才的存在就好。作为一个普通到泥地的个体，笔者对天才怀有一份懵懂朴素的敬重。茨威格的《人类群星闪耀时》是笔者最喜欢的著作。

托马斯·杨的多才多艺一直为后人所仰慕但从未被超越，我甚至怀疑是否有人试图模仿过。笔者曾有言，谓"天才是及时受到了合格教育的普通人"，但显然，托马斯·杨的广泛的、超常的才能不可能是从别人那里学来的。托马斯·杨曾写道 "... whoever would arrive at excellence must be self-taught"，所谓"**欲优秀者，当自教！**"能说啥呢？任何人想学有所成都不该指望老师。如果你指望老师，那这世界是指望不上你了。注意，self-taught是自教而不是什么自学！自学针对已有的知识，它预先把创造给排除了。自教，教自己不会的，教自己未曾识的，也可以教自己这世界上未曾有的。

天才，因为珍惜自己的才华，他是自觉地勤奋的。托马斯·杨在生命的最后一刻也在工作着。在一封信中，托马斯·杨这样写道："I have learned more or less perfectly a tolerable variety of things in this world; but there are two things that I have never yet learned, and I suppose never shall — to get up and to go to bed.（我程度不同地学会了这个世界上相当繁多的事情，但有两件事情我一直没学会，我觉得也不该学会，那就是起床和就寝。）"天啊，连起床和就寝这两样都能节省的人生，没有辉煌的创造那是不可原谅的。1829年5月10日托马斯·杨辞世，享年不过56岁。早逝的原因据说是penalty of incessant labors（过度辛劳的惩罚），是不是也有天妒的成分呢？

　　论全才，托马斯·杨若是排第二，估计第一会空缺。一个天才，到底是该将研究集中在科学的某个明确界定的领域呢，还是努力去拥抱全部呢（endeavour to embrace the whole）？关于这个庸人自扰式的问题，贵为英国皇家学会会长的戴维以及同时代一些科学家都宣称，如果托马斯·杨把自己的努力限制在某个知识领域或者专注于发展他的某个思想，可能结果都会更好。戴维这种庸人的这种迂腐之言真是好笑。让托马斯·杨这样的人专心去做一件事儿？这个念头也就是能力单一、思想匮乏之人想得出来。《史记·陈涉世家》有句云："燕雀安知鸿鹄之志哉？"此为显例。怎样的取舍，天才都有遗憾。托马斯·杨自己就说："If I had done very differently from what I have, I dare say I should have repented more than I now do of anything.（若余之行为别循另途，则余之悔意或许更甚。）"专注地、不停地做一件熟悉的事情简直就是对缺乏天分的招供。有一类成就，不是要有广泛的知识才有可能实现的吗？比如认识到颜色的感觉不只是取决于光的本性，而且还取决于人（眼）的构造，这和托马斯·杨当医生的职业有关。托马斯·杨因为能感知到的知识生长点太多，他的一生有忙于不停赶路的感觉。对于托马斯·杨来说，连用实验去验证理论的结论大体上都属于瞎耽误工夫。一个事实如果已经被确立了，大可不必再去实验验证，有那个闲工夫不如干点儿别的。托马斯·杨是个solver of problems，他对付那个问题是因为那是个问题。托马斯·杨总是喜欢创造新的实验。论创造知识，托马斯·杨的做法才是正途，当然了，这是俺们俗人学不来的。托马斯·杨说："For my part, it is my pride and pleasure, as far as I am able, to supersede the necessity of experiments, and more especially of expensive ones.（就我自身而言，尽我的可能去超越对实验，尤其花费甚巨的实验的需求，是我的骄傲与乐趣。）"
这份不靠糟蹋国家的人力物力而凭一己之力创造知识的傲气，笔者愚鲁，连感觉汗颜的资格都没有！

托马斯·杨在其涉足的各个领域都有卓越成就，也被时人讥为半吊子；他是语言的艺术家，著作等身，他的文字也被时人评价为毫无文采可言。托马斯·杨的文笔如何，笔者读的少也无力评价，此将*On the Theory of Light and Colour*一文开篇的一段照录如下，恕不唐突翻译，读者朋友们自己评判：

Although the invention of plausible hypotheses, independent of any connection with experimental observations, can be of very little use in the promotion of natural knowledge; yet the discovery of simple and uniform principles, by which a great number of apparently heterogeneous phenomena are reduced to coherent and universal laws, must ever be allowed to be of considerable importance towards the improvement of the human intellect.

再啰唆几句文字的事儿。罗塞塔石碑提供了文字演化的绝佳范本。文字，初或为鸟兽迹。鸟兽之迹，所谓文化。唐李白《酬崔十五见招》中有句云："尔有鸟迹书，相招琴溪饮。"明冯梦龙《警世通言》云渤海国大可毒发来的战书全是番邦文字，"皆是如鸟兽之迹"，可资为证。写字一开始为画图，或者说是划图，中外同理。在石碑、泥板等不易挥发的介质上，一些古文字被保留了下来。划的字，简洁、有力是最明显的特征，后来的文字就缺乏这样的特征。埃

侯马盟书中的一片，字是用毛笔蘸红色颜料写在玉片上的

及的方尖碑、中国的魏碑，后来都因为纸的广泛应用被消解了它们的宏伟。罗塞塔石碑上的文字是古埃及祭祀所颁法令，其上文字后来失传。无独有偶，1965年—1966年在我国山西省出土的"侯马盟书"，是春秋时晋国的官方文字记载的春秋战国时代各诸侯国或卿大夫之间订盟约的誓词。侯马盟书和罗塞塔石碑有可资比较处，放在一起研究或者有意想不到的发现也未可知。斗胆说一句，古代各文明如何造字的知识应该进入小学语文课。知道文明是怎么孕育的，才是语文课的第一义，才见对语和文的正确理解。自夸一句，笔者见西夏文字第一眼就意识到它不是自然之物，背后一定有文化以外的曲折故事。就这点见识，也不枉笔者多年来的不务正业。

建议阅读

[1] Andrew Robinson. The Last Man Who Knew Everything. Oneworld Publications, 2007.

[2] Thomas Young. A Course of Lectures on Natural Philosophy and the Mechanical Arts.

Taylor & Walton, 1845.

[3] Thomas Young. Bakerian Lecture: On the Theory of Light and Colours. Phil. Trans. R. Soc. Lond., 1802, 92: 12-48.

[4] Thomas Young. An Essay on the Cohesion of Fluids. Phil. Trans. R. Soc. Lond., 1805, 95: 65-68.

[5] Jed Z. Buchwald. The Riddle of the Rosetta: How an English Polymath and a French Polyglot Discovered the Meaning of Egyptian Hieroglyphs. Princeton University Press, 2020.

[6] John Ray. The Rosetta Stone and the Rebirth of Ancient Egypt. Harvard University Press, 2012.

[7] Daniel Meyerson. The Linguist and the Emperor: Napoleon and Champollion's Quest to Decipher the Rosetta Stone. Ballantine Books, 2004.

[8] Lesley Adkins, Roy Adkins. The Keys of Egypt. Harper Collins Publishing, 2000.

[9] E. A. Wallis Budge. Egyptian Language. Rutledge and Kegan Paul Limited, 1971.

05 格拉斯曼

格拉斯曼是十九世纪东普鲁士的一位中学教师、语言学家，一个只手创立了外代数的人。受经典几何、莱布尼茨的普适代数思想以及其父关于空间的学问的影响，格拉斯曼创立了线之代数，引入了任意维矢量空间、多矢量、内积、外积，以及代数的交换律－结合律－分配律等概念，发明了矩阵本征值问题的解法。他的几何计算能处理任意维空间里的几何问题。在格拉斯曼工作的基础上，克利福德创立了几何代数，这是描述物理学之几何的恰当代数。格拉斯曼数还是描述费米子体系和超空间的基础。格拉斯曼的《扩展的学问》（1844版）和《扩展的学问》（1862版）是数学的划时代经典，是数学的哲学。此外，格拉斯曼还为我们提供了三色定律，他摈弃牛顿第三定律以发展电动力学的做法绝对是革命性的创举。因为其数学成就超前于时代而一直未为数学界所接受，格拉斯曼后来专心于语言学研究，成了著名的东方学学者。

扩展的学问，外积，内积，外代数，
线之代数，代数律，多矢量，矩阵本征值，
谱定理，几何代数，格拉斯曼数，电动力学，
三色定律，格拉斯曼律，梨俱吠陀

Thus pure mathematics is the theory of forms.

—Hermann Günther Graßmann[*]

We need an analysis which is distinctly geometrical or linear, and which will express situation directly as algebra expresses magnitude directly.

—Gottfried Wilhelm Leibniz[**]

一生襟抱未曾开。

——崔珏《哭李商隐》

1. 疑惑

笔者的大学岁月是一段充满疑惑而百思不得其解的时光。理工科大学生大概都学过一门课，叫线性代数，英文是linear algebra。笔者有幸也学过。印象中，我学过的线性代数里有如下说法：关于n个基e_1, e_2, $\cdots$, e_n，如果关系 $\alpha_1 e_1 + \alpha_2 e_2 + \cdots + \alpha_n e_n = 0$ 要求 α_1, α_2, $\cdots$, α_n 全为0，则它们是线性独立的。至于为啥要提线性独立这茬儿，为什么充要条件是这样的，那就天知道了（现在我知道这是因为触碰到空间维度的天花板了）。课本说这门学问是

[*] 纯数学是形式的理论。——格拉斯曼
[**] 我们需要一门分明是几何的或者关于线的分析，其如同代数直接表达量一样直接表达位。——莱布尼茨
这句里的situation（situs）不好翻译，是与位置、形有关的概念，可在geometry of situation的语境中加以理解。庞加莱1895年发表的 *Analysis situs* 所指的学问成了后来的拓扑学（topology）。

线性代数，我就把理解的重点落到了 $\alpha_1 V_1 + \alpha_2 V_2$ 这样的所谓线性关系上了。然后又学了矩阵，关于矩阵有 determinant，汉译矩阵值[*]。如何求矩阵的矩阵值呢？书里给了个 3×3 矩阵的例子，矩阵值表达式包括六项，三正三负。那么，哪个正哪个负呢？书里在矩阵上画了线条，说是为了帮助记忆。此外，求矩阵 Q 的本征值，是解代数方程 $\det(Q - \lambda I) = 0$，求得的对应不同本征值的本征矢量都是线性独立的。关键是，为什么这么求，这些方法都是哪儿来的，又如何加以应用呢？我那时是一概不知。

然后就是学了点儿经典力学、电动力学，那里面有叉乘的概念，比如角动量定义为 $L = r \times p$，磁场下的洛伦兹力为 $F = qv \times B$，但这里的位置 r，动量 p，速度 v 分明是矢量[**]，而磁场 B 据说是轴矢量或曰赝矢量，那么这两处的叉乘应该不是一回事儿吧？叉乘和求矩阵值的算法有什么联系吗？不知道，我也没想过。

很久以后，我终于靠自己解答了这些疑惑。在此过程中，我知道了所谓的线性代数是线（段）之代数（algebra of line segment），故它天然地是门关于几何的学问，故天然地导向几何代数。解答这些疑惑的关键，是一定程度上了解了那位奠立了相关学问的普鲁士中学老师。他给我们创造了每一个理工科人都得学习的线性代数之基础——外代数，后来的几何代数、矢量分析都是他的革命性思想的自然延续或者歪曲，他为我们提供了三色（叠加）定律，他还给我们提供了描述费米子体系和使用超空间概念的特殊数，他敢于放弃牛顿第三定律以发展电动力学，他就是在大学时从没上过数学、物理

---

[*]   多项式方程也有 determinant，哪能把它翻译成行列式或者矩阵值呢，就不是那么回事儿。determinant，动词为 determine，它应该是决定、判断某种性质的量。笔者斗胆建议将它译为裁量（liàng）。

[**]   vector，汉译矢量。一般教科书里关于这个概念的介绍都充满错误，比如认为vector是既有长度又有方向的量。

096

课的语言学家、东方学者格拉斯曼。

2. 格拉斯曼小传

格拉斯曼（Hermann Günther Grassmann，1809—1877）是德国历史上一位多面型学者，著名的数学家、语言学家，对物理有深刻影响，以教中学为业，职业上还是一位出版人。就数学成就而论，格拉斯曼是数学史上凭一己之力开创一个数学体系的人。格拉斯曼1809年出生于东普鲁士的Stettin小镇（斯台丁，离柏林不远，今属波兰），几乎毕生生活在那里。格拉斯曼的父亲是镇上的一位中学数学、物理老师，但他显然是个具有开创能力的学问家，他撰写的《空间的学问》《三角学》等书把一个大学学文科的儿子生生地给塑造成了数学领域的奠基人。记住，那个年代东普鲁士的中学老师是什么课程都要会教的。格拉斯曼小时候跟妈妈学音乐、弹钢琴，但记忆力差也不专心，他爸认为这个十二个孩子中的老三没啥天分。格拉斯曼在父亲任教的中学念完中学，自1827年起在柏林大学学习古典语言、哲学与文学三年。

受历史学家尼安德（August Neander）和施赖尔马赫（Friedrich Schleiermacher）的影响，格拉斯曼大学期间对数学发生了兴趣，但没有迹象表明他曾选修过数学或者物理的课程，倒是读过一些包括他父亲撰写的数学和物理小册子。格拉斯曼1830年毕业后回家在另一所中学教书，才算认真开始学习一点儿数学，同时攻读物理、博

格拉斯曼

物学、神学和语言学以便取得这些方面的中学教师资格。1834年格拉斯曼曾接受柏林技校由数学家斯坦纳（Jacob Steiner，1796—1863）留下的位置，因为后者到柏林大学任职去了。一说1834年开始格拉斯曼在柏林的奥托中学教数学，这样到1835年的一段时间是他一生中仅有的离开老家的短暂时期。格拉斯曼1847年获得高级教师（Oberlehrer）的称号，1852年43岁时才在Stettin中学接替了其父的位置，获得了Professor称号*。格拉斯曼没有在大学获得教职的经历，1847年他曾写信给普鲁士教育部想弄个大学教职，但没成功。然而，格拉斯曼只手创立了一个新的数学体系（外代数），其意义可和创造非欧几何与布尔代数相比拟。注意，是在1840年格拉斯曼才发现自己的数学天分，并开始数学研究的，这以后他的兴趣就集中在数学和语言学上了。他的经典著作，《扩展的学问》（1844版）和《扩展的学问》（1862版），一直未为同时代的数学家所认可，但今天却是诸多数学分支和数学物理的基础。初读格拉斯曼，你会怀疑你曾学过欧几里得几何和线性代数。问题的真相是，我学过甚至教过，但是确实跟没学过一样（一个关键原因是，**线性代数是个错误的叫法**）。此外，他还是个成功的语言学家，一位比较语言学学者、东方学学者，格拉斯曼翻译的*Rig-Veda*（梨俱吠陀）及长篇评论，据大英百科全书的说法，至今仍被研究者使用。

格拉斯曼是科学史上一道独特的风景。法国数学家迪厄多内（Jean Dieudonné，1906—1992）曾用一串"非同寻常"来描述格拉斯曼，

"... unusual were his studies; unusual his mathematical style; highly unusual his own belated realization of his powers as a mathematician; unusual and unfortunate the total lack of understanding of his ideas, not only during his lifetime but long

---

* Professor来自动词profess，在法语、德语里Professor也用于中学老师，确切的译法是讲述者、授课者而非总是译成教授。

after his death; ...（……他的研究是非同寻常的，他的数学风格是非同寻常的，他认识到自己作为一个数学家的能力迟来得格外非同寻常，而他的思想在他生前死后都无人理解则是非同寻常且不幸的……）"。格拉斯曼让后世学者肃然起敬的伟大品格包括他的不可屈服的耐心与活力，他的难以置信的用极速做各种工作的本领，他的百科全书式好奇心与迅速精通其愿意投入之主题的能力，当然最紧要的，是其数学思想之令人惊讶的独具匠心。顺便说一句，他是一位将哲学气质贯穿其学问的学者。

3. 语言学成就

如同同时代的爱尔兰人哈密顿一样，格拉斯曼对语言有着强烈的爱好和极高的天分。语言学是格拉斯曼大学时代所修习的专业，他对语言学的贡献可与其对数学的贡献相媲美。有一个关于印欧语系语言发音现象的格拉斯曼规律（Grassmann's law），是格拉斯曼的一个语言学小成就。格拉斯曼发现，在古典希腊语和梵语中，如果一个送气辅音紧跟着下一个音节中另一个送气辅音，则前一个不用送气发声。比如，希腊语名词头发的单数，θρίξ，首字母为θ (th)，但在复数形式τρίχες中，首字母变成了τ (t)。当然了，语言现象里的规律不能当作物理规律那么严格理解。格拉斯在1840—1844年间曾出版过一些语言教科书，在1862年后重新专注于语言学研究，他的研究和社会活动更加丰富多彩，出版了许多关于德语、拉丁语和数学的课本，此外还有宗教和音乐方面的书籍，有几年他还参与把福音书翻译成中文的活动（未有证据表明他会中文）。特别地，他还出版了一本德语植物学词汇书。这些著作都没什么名气，至少无法同他的数学成就和梵语研究的成就相媲美。

格拉斯曼自1849年起就开始研究梵语，他还研究哥特文。格拉斯曼关于梵语的研究在1873年达到了高峰，这一年他出版了一本厚达1784页的 *Wörterbuch zum Rig-Veda*（《梨俱吠陀》字典）。其后，在1876—1877年格拉斯曼完成了对《梨俱吠陀》的翻译，译本厚达1123页，其中包含大量的评论。《梨俱吠陀》大约于公元前1500—900年间陆续写成，是印度现存最重要、最古老的，也是最有文学价值的诗集。《梨俱吠陀》的内容包括神话传说、对自然现象和社会现象的描绘与解释，以及一些与祭祀有关的内容，它还是印度医学的起源。吠陀的本义是知识，而梨俱是作品中所采用的诗节（stanza）的名称。《梨俱吠陀》收集了早期的一些清新朴素的诗歌作品1028首，类似中国的上古诗歌总集《诗经》。《梨俱吠陀》中的一些神曲蕴含丰富的哲理内容，成了印度教徒的思想根源。格拉斯曼的译本，据大英百科全书所言，至今还为该领域的学者所采用。格拉斯曼是历史语言学的奠基人之一，并因此于1876年被图宾恩大学授予荣誉博士学位。同一年，格拉斯曼当选了美国东方学协会会士，这算是对其语言研究的最高认可。

4. 格拉斯曼的数学成就

令笔者感到吊诡的是，格拉斯曼对这个世界最伟大的贡献是他创立的新数学，然而格拉斯曼的数学成就在其生前几乎无人问津。其实，就算在今天，没有数学精神的数学家，遑论对数学唯恐避之不及的物理学家，对格拉斯曼的风格独特的纯粹数学也不是很赏识。这倒是数学、物理史上的一个独特现象。

在理解格拉斯曼的数学成就之前，首先要做一些历史背景铺垫。

4.1 处理几何问题的代数初步

先说说用代数证明几何题的传统。1679年，莱布尼茨畅想应有一种普适代数（universal algebra），能直截了当地（directly and simply）处理几何对象。这一点在欧几里得的几何里其实已有实践，笔者最近才刚学到，有点儿大惊小怪。考察三角形ABC底边BC边上的一点D，则等高的三角形ABD与三角形ABC面积之比为BD/BC（下图）。这个问题的证明可以直接写成

$$\frac{BD}{BC} = \frac{ABD}{ABC}$$

意思是等式左边的分子、分母从左侧直接乘以A即可。三角形ABC就是A和BC乘积的结果。至于这个"乘法"是什么意思，不着急，这就是我们要构造和诠释的学问啊！你请记住，乘积只是构造更高阶的幂（construction of a high power），这句话对理解代数学有用。注意，对于BC所在直线上的任意一点D，等式

$$\frac{BD}{BC} = \frac{ABD}{ABC}$$

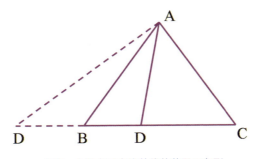

共享一个顶点且底边共线的若干三角形

都成立。此外，如果介意点D是在线段BC的哪一侧，还可以赋予线段以方向。$\dfrac{BD}{BC}$的取值可正可负，$\dfrac{ABD}{ABC}$也可正可负，这说明三角形是个有两种取向（oriented）可能的几何对象。这一点很容易理解。对于平面上任意一个简单的闭合路径，总是有两个绕行的方向——会走路的人都知道。这里需要指明的是，单个字母A代表一个点，两个字母相乘得到的AB代表一个线段，而三个字母相乘ABC代表一个三角形。至于乘是什么意思，我们可以慢慢发展出与此自洽的学问。这样的关于几何的代数，正如莱布尼茨所期待的那样，直截了当。这里，从点到线段再到面，是依靠一个乘法扩展实现的，这里隐藏着扩展的学问。奇怪吧，但也很自然吧？

欧几里得的几何有两个基本元素，点和线（段）。那么三角形是啥？三角形是由三个线段构成的闭合线所围成的一块面积——三个线段想构成一个三角形太难了，关于三角形有无尽的几何学知识（我猜很多人读到这句会不服气）。有取向的线段如今称为simplices。三角形，有取向的，是由两条有取向的线段通过某种积（物理上对应某种运动、操作）所决定的。三角形是线之积（linear product）*，而且要考虑取向。$AB = A'B'$，两线段长度相等，取向相同；$ABC = A'B'C'$，两个三角形形状全同，取向相同。

线段当然有加法。考察一条线段ABC，B在中间时，大家容易接受$AB + BC = AC$。可是，如果给线段以方向，有$AB = -BA$，那么不管一条线上A，B，C三点是如何安排的，总有$AB + BC = AC$。可以移项，得$AB = AC - BC = AC + CB$。对于$AB = -BA$，若把AB看作是点A, B之间的一种乘积，具有性质$AB = -BA$的乘积就构成了一种新的代数，外代数（exterior algebra）。另外，ABC如果是一个直线段，或者说AB, BC共线，三角形ABC的面积为零。我们所要的用线段构造三角形的那种积，要保证共

---

*   linear product，翻译成线性积就错得很明显。

线的两线段其积为零。

用$A, B\cdots$这样的单个字母代表点，AB是A, B的积，有性质$AB=-BA$。由此可得$A^2=0$，具有这种性质的数A就是格拉斯曼数。引入实数$\alpha+\beta=1$，记$P=\alpha A+\beta B$（右侧是数与点的乘积），则$AP=\beta AB$，$PB=\alpha AB$，故有$AB=AP+PB$，故而P是AB上的一个点。注意，两个点之差是矢量（the difference of two points is a vector）[*]，则$(A-B)+B=A$的意思是矢量$A-B$以"+"这种操作把点B变成了点A（你把这个操作解释成挪动，那就是物理诠释了）。大家明白了vector（携带者）的本义了吧？

有了这套学问，几何就好办多了。试举一例。设A, B, C是三角形的三个顶点，D是AB边上的一点，E是AC边上的一点，且分别将两边之长分成相同的比例，则有$D=(1-\alpha)A+\alpha B$，$E=(1-\alpha)A+\alpha C$。两式相减，得$D-E=\alpha(B-C)$。啥意思？意思就是线段$D-E$与线段$B-C$平行，长度比为α。$D-E=\alpha(B-C)$表示两线段平行，多么一目了然啊。再举一例。证明平行四边形的对角线平分之。对平行四边形$ABCD$，有$A-B=D-C$，移项得$A=D-C+B$。从右侧接连乘上B, C，得$ABC=DBC$。换一种移项方式，得$A-B+C=D$，从左侧接连乘上B, A，得$ABC=ABD$。因此有$ABD=DBC$。你看，整个证明过程就只是用到了代数的加减和乘法。有了这样的几何代数，几何就是一道代数题[**]。

有些细心的读者可能注意到了，前面我把乘法形式的AB和减法形式的$A-B$都当作矢量了，这没有矛盾，它们都满足反交换的性质。还记得整数依据惯常的加法构成加法群吗？普通的加法对于整数就有群论意义下的乘法的功能。这只是记号问题，而实质在于运算规则。

---

[*] 　很少有数学书告诉我们vector是两点之差。

[**] 　别把几何代数（geometric algebra）跟代数几何（algebraic geometry）弄混了。后面那个学问太难。

上述段落谈论的主题是数与点的乘法，容易想到，对它的扩展可能包括数与线段的乘法以及线段与线段的乘法，以及线段与线段与线段之积的积……

矢量（vector）的概念首次出现在十六世纪末斯蒂文（Simon Stevin，1548—1620）的文章中。莱布尼茨1679年发表了 *Premiers calculs sur les entités géométriques*（关于几何对象的基本算法）一文，1835年意大利数学家贝拉维提斯（Giusto Bellavitis，1803—1880）给出了关于lignes equipollents（平行且长度、取向相等的线）计算的第一份论文。1839年格拉斯曼在 *Theorie der Ebbe und Flut*（潮汐理论）中使用了矢量方法，在文中讨论了矢量和以及两矢量、三矢量之间的determinant（即矢量所张的、有取向的几何体的面积、体积），这大大简化了拉格朗日在分析力学（mécanique analytique）中的计算。当然，这个方法有效，就有了赋予其公理严谨性的必要。

这个代数的公理化在哈密顿和格拉斯曼那里开花结果了。1843年哈密顿发明了四元数，四元数的矢量部分张成三维空间，1844年格拉斯曼发表了《扩展的学问》一书。格拉斯曼的《扩展的学问》（1844版）标志着线性代数的诞生，它定义了矢量积（而非标量积和外积），区分了数与量，是关于矢量空间理论领域的第一篇重要文献。

前述这些关于初等数学的处理让我觉得够神奇了，似乎笔者学的教科书里没有这些内容。1990年笔者读多粒子体系量子理论，正式遇到数 ξ，有性质 $\xi\xi = 0$，我觉得可难理解了。该数被称为Grassmann数（的生成元），据说是0的非零平方根。这些疑惑一直盘踞在我的心头。到了1994、1995年，闲来无事，我又读到一本 *New Foundations for Classical Mechanics*（经典力学的新基础），见到了乘法 $AB = A \cdot B + A \wedge B$，即由内积和外积两部分构成，由此喜欢上了代数几何相关的数学，才对数学物理有了一点点儿理解。笔者甚至有写一本*Physics for Mathematics*的念头。

4.2 格拉斯曼学问的缘起

从毕达哥拉斯那时起到十九世纪中叶，几何学的基本问题都是如何将数赋予几何，这对域论和线性代数的创立至关重要。实数的概念由荷兰人斯蒂文于1600年完成，实数纳入几何学则始于笛卡尔和费马于1630年代的工作。给几何对象赋予数值非常笨拙，为此选择的原点与坐标轴不是问题本身所必需的（意思是不在对象本身上？）。1679年，莱布尼茨提及了建立普适代数的可能性，其本意是想发现用计算去研究图形性质的方法（系统），希望能用于力学。

格拉斯曼的父亲老格拉斯曼（Justus Günther Grassmann），一位中学数学老师，也是个几何大家，可说是空间的理论（Raumlehre）的开创者。老格拉斯曼的几何积（geometric product）的概念同复数的几何表示传统或者"力的平行四边形"传统之间有联系。老格拉斯曼注意到意大利数学家韦达（François Viète，1540—1603）的新代数强调"le rectangle est réellement le vrai produit de deux longueurs（矩形〔直角形〕本质上是两个长度真正的积）"。笔者觉得可不是嘛，你看那乘号×，就是直角啊。在代数方程中，我们就是把 $xx = x^2$ 称为"x squared"的。平行四边形同正方形没有本质的不同，它也应该是线段的某种积的结果，而正方形只是特例。当然了，共线是另一个极限的情形。后来这些思考引出了外积的概念。老格拉斯曼的学问和著作，为格拉斯曼提供了思想启蒙。

据格拉斯曼自己的信件透露，他在1832年即考虑两条或者多条线的几何和（差）与几何积的问题了。格拉斯曼让他的一开始没有任何内容的形式取各种值：数，点，矢量，有取向的面、体，等等。他甚至提出了16种不同的乘法。格拉斯曼发现他的学问缘起于几何，但是几何只是特殊应用。他的学问是以纯粹抽象的方式得到了和几何相似的规律，打破了三维空间的限制是其优点之一。1839年格拉斯曼把这个学问弄成了可以应用到所有力学问题的程度。为了证实自己的实力，格拉斯曼于当年撰写了《潮汐理论》一书。此书格拉斯曼虽然多次提到，但是迟至1911年才得以出版。1840年，格拉斯曼写过一篇文章论述如何用他自1832年起就开始琢磨的矢量方法来表述拉普拉斯的《天体力学》和拉格朗日的《分析力学》这两部经典。因为发现了新的应用与扩展，加上同时忙于许多事务，格拉斯曼于1842年才开始撰写专著阐述自己的扩展的学问，1844年得以出版。莱布尼茨当初期望的纳入实数的几何，由格拉斯曼几乎凭一己之力创造出来了。1861年格拉斯曼重新从公理化的角度定义了加法与乘法，以及这些运算的结合律、交换律、分配律，这比佩阿诺（Giuseppe Peano，1858—1932）和康托（Georg Cantor，1845—1918）早了二十多年。有一种说法，莫比乌斯（August Ferdinand Möbius，1790—1868）、贝拉维提斯、哈密顿、格拉斯曼、圣维南伯爵（Adhémar Barré, Comte de Saint-Venant，1797—1886）和柯西（Augustin-Louis Cauchy，1789—1857）等人都几乎独立地考虑过相似的思想。研究动机来自几何，但亮点主要是代数的。格拉斯曼关于点的学问、点的分析也被莫比乌斯独立发现，并被用不同的方式所发展和表达过。关于线之代数，圣维南伯爵宣称其于1832年即有此想法，不过他的著作是1845年才发表的。

　　也许引用格拉斯曼自己的表述是恰当的。"第一个冲动来自对几何中的负数（量）的考虑。我已习惯了把距离 AB 和 BA 看作是相反的量。$AB + BC = AC$ ，当 A, B, C 不在一条线时也依然成立。当我探讨几何积的这个概念的时候——这个概念已经由家父建立了（见于 *Raumlehre*，part I，p.174；*Trigonometrie*，p.10）——结论是假设边可看作有方向的量的话，不仅是正方形，而是平行四边形也可以看作相邻两边的积。转动的概念导致几何指数量（geometrical exponential magnitudes），以及关于三角函数的分析。"

格拉斯曼把他的学问称为"扩展的学问"，笔者甚为叹服。数学，还有物理的发展一直在表现扩展的过程。这个扩展，是空间的扩展、对象的扩展、体系的扩展。从直线段上的关系 $AB + BC = AC$，想到不共线时也应该成立，就是一种扩展——从一维空间到高维空间的扩展。因为物理空间是三维的，我们往往看不出这其间的关键与意义。若 $x + y = c$ 里的字母都只是数或者量（numbers or magnitude），这就是关于数或者量的代数。在 $(A - B) + B = A$ 中，A 表示点，$(A - B)$ 表示矢量，这就是表示几何的代数。这也是一种扩展。克利福德后来将加法扩展到不同阶（grade）的量上，引入了新的几何积 $AB = A \cdot B + A \wedge B$，这也是一种扩展，首先是对格拉斯曼工作的直接扩展。由线段的简单关系 $AB = -BA$，后来就扩展到关于格拉斯曼数，这可用于描述费米子，还被进一步扩展而得超空间、超对称性的概念。用扩展的眼光看数学与物理，会有眼前的风景一时明亮起来的感觉。

4.3 扩展的学问

1) 线之积

我们现在讨论线之积（linear product）。面、体都是线之积。就线之积构成面而言，显然 $\xi\xi = 0$，一条线和它本身构成的面，其面积显然为0。格拉斯曼一开始考虑线之积的时候，发现乘积的交换律有 $e_i e_j = e_j e_i$ 和 $e_i e_j = -e_j e_i$ 两种可能的选择。考虑到 $P(e_i e_j) = e_j e_i$，$PP(e_i e_j) = e_i e_j$，故 $P^2 = I$ 是个全等操作，因此有 $e_i e_j = e_j e_i$ 或者 $e_i e_j = -e_j e_i$ 这两种选择。有了看似反常的、反交换的 $e_i e_j = -e_j e_i$，我们从前习以为常的对称的 $e_i e_j = e_j e_i$ 才显露其真义，这就如同有了广义相对论，从前的相对论才作为狭义相对论被命名并得到了更好的理解。注意，格拉斯曼的选择 $e_ie_j = -e_je_i$ 保证 $e_ie_i = 0$ 成立，这符合对线之积的要求。顺着这个思路，就可以理解在三维情形，若存在三个基 e_1, e_2, e_3，则算法 $e_ie_j = -e_je_i$ 使得对于三维矢量空间只存在一个独立的三阶单元 $e_1e_2e_3$，且它强制三个二矢量 e_1e_2, e_2e_3, e_1e_3 是线性独立的，因为若 $\xi_1e_1e_2 + \xi_2e_2e_3 + \xi_3e_3e_1 = 0$，分别乘上 e_1, e_2, e_3 中的一个就能证明其中的系数都必须是0。笔者大学学线性代数时，书中曾提及线性不相关，却没有告诉我们怎么证明。参照上面的证明可知，当且仅当其裁量（determinant）不为零时，线元素 a_1, a_2, $\cdots$, a_n 是不相关的。

顺便提一句，英国数学家怀特海（Alfred North Whitehead，1861—1947）排斥 $e_1 + e_1e_2$ 这样的具有不同阶的形式（forms of mixed degrees），但是克利福德就能接受这样的和的形式，遂有了更强大的代数，这又是扩展的力量。这一套思想已被用于经典力学、电动力学的表述，算是终于圆了莱布尼茨的梦想*。我们一般所说的线性空间，线元素的不同阶的积被划归不同的graded linear space（分阶的线性空间）。比如，对于三个基 e_1, e_2, e_3 的情形，e_1, e_2, e_3 构成一个三维空间；e_1e_2, e_2e_3, e_1e_3 构成一个三维空间（加上一个标量就构成四元数），而 $e_1e_2e_3$ 构成一个一维空间。

2) 外积

格拉斯曼的《扩展的学问》（1844版）内禀地定义了矢量空间和外代数，在《扩展的学问》（1862版）中把 n 维矢量空间转而定义为 n 个线性独立单元之线性组合的集合。外代数的基本概念是外积。先探讨点的外积。如前所述，$AB = A - B$ 是一个矢量，不是从点 A 跨到点 B 的矢量，而是被限制在从点 A 到点 B 的线上的矢量（not a vector from A to B, but as a vector limited to positions in the line through A and B, that's line-bound vector!），但是因为有 $AA = 0$，

* 哪年哪月这样表述的经典力学和电动力学才能走进我们的课堂呢？

$AB = -BA$，显然这个 $AB = A - B$ 就是外积，点的外积。接着是矢量的外积，$v_1 \wedge v_2 = -v_2 \wedge v_1$，$v \wedge v = 0$。格拉斯曼指出，外积有如下性质：两个相关的量，其外积必为0。当然了这个性质不是线之积的必然性质，还可以定义别的积。格拉斯曼1844年的外积比他1840年的几何积更抽象、更广泛，后者只是一个特例。格拉斯曼还考虑了外除（outer division）的可能性，由此普通的数进入了他的体系。如今的几何积是克利福德意义下的，$ab = a \cdot b + a \wedge b$，即几何积为内积与外积之和，这样的几何积是可逆的。顺便说一句，外积 $a \wedge b$ 描述的是a, b之间的connection（这个词在微分几何那里所指的概念汉译为联络）。格拉斯曼在讨论外积时还提及了分配律和结合律。

3) 内积

1846年，在一篇提交给莱比锡科学院的参赛论文（见后文）中，格拉斯曼引入了任意维度矢量的内积（interior product），以及矢量和二矢量之间的内积。格拉斯曼用两种方式引入内积。其一是借助投影。两个矢量构成小面，在夹角改变时观察一个矢量在另一个矢量上投影的变化。其二是求补（complementary），考虑的是空间的完备性。对于一组基 $e_1, e_2, \cdots, e_n$，满足外积的性质，则定义合成元素E与其补 $|E$ 总是满足关系 $E|E = e_1 e_2 \cdots e_n$。因为这就是个一维的线性空间，故可被当作一个标量（严格地说是赝标量。标量scalar一词是哈密顿引入的），而 $e_1 e_2 \cdots e_n$ 可以无需显式地写出来（几乎没有理论物理书交代这一点）。所以，如果有两个元素都是具有相同阶的形式（forms of the same order），则总有 $E|F = \alpha$ 为一标量。显然有

$$e_i | e_j = \begin{cases} 1, & \text{if } i = j \\ 0, & \text{if } i \neq j \end{cases}$$

对于一阶的形式，即矢量，有

$$\sum \alpha_i e_i \mid \sum \beta_j e_j = \sum \alpha_i \beta_j$$

这就是我们熟悉的、后来见于线性代数课本中的矢量的标量积，也称为点乘，简记为 $a \cdot b$，是内积的一个特例。在现代数学语言里，格拉斯曼引入的这个求补操作，称为Hodge star operator（霍奇星算符）。基于外积和求补，还可以定义递归积（regressive product）

$$a \vee b = |((|a) \wedge (|b))$$

即对两个矢量补的外积求补。

格拉斯曼将两个矢量点乘这样的求积称为内积，是因为只有当两个矢量的方向互相接近时，这个积才不为0。我猜，格拉斯曼是注意到，当一个线段从另一个共点的线段上出发，扫过一个角度去张开一个平行四边形时，它在另一个线段上的投影也一直在变——从出发处的整个长度变为相互垂直时的0。这个投影与投影在其上的线段之积显然是一种新的积，一种对称的乘积，$a \cdot b = b \cdot a$。可以从共点的两线段从重合时将其一逐渐打开张成一个平行四边形的过程来看外积和内积。外积对应所张的有取向的平行四边形的面积，为交换反对称的，过程开始时对应的外积为0。然而面积并不能完全确定这个平行四边形。内积为两线段之一与另一者在其上投影的乘积，过程开始时应取极大值，为交换对称的。内积为0是两线段（矢量）垂直的判据；外积为0是两线段（矢量）平行的判据。

4.4 矩阵本征值问题

格拉斯曼还研究了元素为函数的矢量空间。当他研究一个矢量空间到自身的微分映射时，他把切映射（tangent mapping）当成了空间的一个自同态（endomorphism）。在没有集合映射学问的时代，格拉斯曼就知道如何不用坐标就定义线性、多线性映射。考虑 n 维空间的自同态，从一个基和作为自同态像的另一个基之间的映射，格拉斯曼就把它写成

$$Q = \frac{b_1 b_2 \cdots b_n}{e_1 e_2 \cdots e_n}$$

的形式，可以得到它的矩阵表示。接着他就注意到了求解矩阵的本征值和本征矢量的问题了。对于一组基 $e_1, e_2, \cdots, e_n$ 下的本征值问题 $Qx = \lambda x$，其中 $x = \xi_i e_i$ 是个矢量。记 $(Q-\lambda)e_i = c_i$，本征值问题 $Qx = \lambda x$ 对应关系

$$\sum c_i \xi_i = 0$$

这说明 $c_1, c_2, \cdots, c_n$ 是相关的。按照格拉斯曼的理论，其外积为零，

$$\left[(Q-\lambda)e_1 \right] \left[(Q-\lambda)e_2 \right] \cdots \left[(Q-\lambda)e_n \right] = 0$$

但是 $e_1 e_2 \cdots e_n \neq 0$，那自然只能是系数为零，也就是 $\det(Q-\lambda) = 0$。不同本征值对应的本征矢量是独立的，因此一个算符（矩阵）的空间可以分解为不变子空间的直和，而一个不变子空间对应相同的（简并，退化）本征值。由此可以证明对称矩阵的谱定理（spectral theorem）。该定理由魏尔斯特拉斯（Karl Weierstrass，1815—1897）于1858年证明，而 n 个不同根的情形是由柯西于1829年证明的，格拉斯曼证明的基本分解定理（primary decomposition theorem）以及约当（Camille Jordan，1838—1922）的正则形式（canonical form）都发表于1870年。这一切为原子谱学和量子力学准备好了数学基础。矩阵力学、希尔伯特空间等概念不过是这些工作的自然延伸，属于摘现成的桃子。那些量子力学的创造者，不过是经典力学和经典数学恰巧都多少学了一些而已，比如玻恩（Max Born，1882—1970）[*]。

4.5 外积解线性方程组

求解线性方程组是一个古老的问题，实际上汉语的方程一词应该就来自

---

[*] 所谓矩阵力学的创始人海森堡都不知道矩阵这个概念。幸亏他是大学问家玻恩的助手，而玻恩还有另外一个会数学的助手约当（Pascual Jordan，1902—1980）。

线性方程组。瑞士数学家克拉莫（Gabriel Cramer，1704–1752）于1750年得到了线性方程组解的一般表示。用矢量和外积，格拉斯曼用非常简便、紧致的步骤得到了这个线性方程解。将线性方程组写成

$$x_1 p_1 + x_2 p_2 + \cdots + x_n p_n = p_0$$

的形式，其中 $p_1, p_2, \ldots, p_n, p_0$ 是 n 分量的矢量，两边用 $n-1$ 个系数矢量构造 n 重外积，得

$$x_i (p_1 \wedge p_2 \wedge \ldots \wedge p_n) = p_1 \wedge \ldots \wedge p_{i-1} \wedge p_0 \wedge p_{i+1} \ldots \wedge p_n$$

此刻解已经脱颖而出了，

$$x_i = p_1 \wedge \ldots \wedge p_{i-1} \wedge p_0 \wedge p_{i+1} \ldots \wedge p_n \, / \, p_1 \wedge \ldots \wedge p_n$$

这个内容出现在《扩展的学问》（1844版）中。

1853年，法国数学家柯西发表了一篇题为 *Sur les Clefs Algébriques*（论代数钥匙）的论文。为简单起见，以二元线性方程组为例，求解

$$a_1 x + b_1 y = c_1$$
$$a_2 x + b_2 y = c_2$$

为此，柯西引入一对所谓的钥匙（key, clef）i, j，它们有性质

$$ii = 0; \; jj = 0; \; ij = -ji$$

这恰是外代数的性质。对方程各自乘上一个钥匙，变为

$$a_1 x i + b_1 y i = c_1 i$$
$$a_2 x j + b_2 y j = c_2 j$$

两式相加，得

$$(a_1 i + a_2 j) x + (b_1 i + b_2 j) y = (c_1 i + c_2 j)$$

神奇时刻来了。注意，由于 $ii = 0; \; jj = 0; \; ij = -ji$，任何组合 $\alpha i + \beta j$ 也有性质 $(\alpha i + \beta j)(\alpha i + \beta j) = 0$。所以，对方程

$$(a_1 i + a_2 j) x + (b_1 i + b_2 j) y = (c_1 i + c_2 j)$$

两边分别乘上x和y的系数，使得该项的系数为零，直接得

$$x = \frac{(c_1 i + c_2 j)(b_1 i + b_2 j)}{(a_1 i + a_2 j)(b_1 i + b_2 j)} \; ; \quad y = \frac{(a_1 i + a_2 j)(c_1 i + c_2 j)}{(a_1 i + a_2 j)(b_1 i + b_2 j)}$$

这个教给中学生，解线性方程组得多简单啊。学过固体物理的，从这个解的表达式里就能看到晶体学里倒格矢的表达式是怎么来的。这个解还告诉我们矩阵值是怎么计算的，就是把行或列当成矢量求外积的结果。对于矩阵

$$M = \begin{bmatrix} a_1 & b_1 \\ a_2 & b_2 \end{bmatrix}$$

矩阵值 $\det(M) = (a_1 i + b_1 j)(a_2 i + b_2 j)$。此部分内容，可以扩展到任意多个变量的线性方程组，以及任意的 $n \times n$ 矩阵。

柯西1853年的这篇论文引起了格拉斯曼的不满。格拉斯曼曾托柯西送一本自己的《扩展的学问》（1844版）给圣维南爵士，一直没送到。柯西论文里的内容，格拉斯曼的书中已有相关讨论。1854年4月17日，格拉斯曼写信给法国科学院要求调查优先权问题，法国科学院组织了由拉梅（Gabriel Lamé，1795—1870）、比耐（Jacques Binet，1786—1856）和柯西三人组成的调查组，这事儿也因为柯西于1857年5月去世不了了之。1855年，格拉斯曼特意用法文发表了 *Sur les différents genres de multiplication*（论不同种类的乘法）一文，强调了他的优先权。不过，格拉斯曼一直强调他无意状告柯西这样的名家剽窃。

4.6 著作的命运

格拉斯曼构造的是一个全新的数学体系。他发现那不是几何，而是一门新的科学，几何只是一个应用领域而已。格拉斯曼尝试过多种不同的表现形式，最终于1844年出版了《扩展的学问》（下页图）。无疑地，这是科学史

上的一本优美的经典（请记住作者是语言学家），但是格拉斯曼要做的是发展一个宽广的新数学体系，而且思想还不易提取出来（新思想的表达需要新概念、新语言体系以及新的表达方式），为此格拉斯曼将第一章用于哲学的铺垫，故而这本书虽然思想内容丰富，但可读性有点儿值得商榷*。这本书当时印了多少册已无可考，但显然鲜有人问津。1844版的出版人在1876年给格拉斯曼的信中写道："您的著作《扩展的学问》缺货已有一段时间了。因为您的大作几乎一直无人问津，大约有600本在1864年被当成废纸用了，剩下的那么几本最近卖出去了，我们的书库里还有一本。"

《扩展的学问》（1844版）

格拉斯曼本人一直在尝试为自己的学问找到恰当的表述方式，其《扩展的学问》（1862版）不是1844版的重印，而是重写，故《扩展的学问》（1844版）和《扩展的学问》（1862版）可当作两本书看待。令人惋惜的是《扩展的学问》（1862版）删掉了此前的哲学阐述。所谓的《扩展的学问》（1862版），应该在1861年就有了，在那年的10月格拉斯曼就送了一本给莫比乌斯，不过有300本上印着的日期是1862年。《扩展的学问》（1862版）全名为 *Die Ausdehnungslehre: Vollständig und in strenger Form bearbeitet*（扩展的学问——以完备、严谨的形式呈现），不过迎来的还是失望，甚至比1844版更少受到关注。《扩展的学问》（1844版）的第二版于1878年刊出，那时格拉斯曼已经去世了。

---

* 读者读不懂愿意怪作者没水平，对作者来说都是幸运。

4.7 格拉斯曼数学的接受问题

用后世的眼光来看，格拉斯曼是几何计算、外代数、任意维矢量空间理论的奠基人。作为一个知道自己作出了伟大成就的中学老师——这从《扩展的学问》（1844版）的书之全名 *Die Lineale Ausdehnungslehre, ein neuer Zweig der Mathematik*（线性展开的学问：一门新的数学分支）可以看出，多么霸气的书名，令人荡气回肠。格拉斯曼想获得当世数学家认可的心情估计是强烈的。然而，如同阿贝尔、伽罗瓦、康托一样，格拉斯曼是那种十九世纪不幸的伟大数学家，直到其辞世的1877年，格拉斯曼的数学所获得的认可几乎是聊胜于无。有一种说法是，格拉斯曼遭遇的是非同寻常的忽视（colossal neglect）。

格拉斯曼的《扩展的学问》（1844版）几乎没受到什么关注。他肯定是送了一本给高斯的，高斯在1844年12月14日答复道："我曾在半个世纪前考虑过相关问题，并于1831年就发表过一些结果。"高斯指的可能是他在复数的几何表示方面的工作——复数运算与二维矢量的几何有很多对应的地方。大数学家莫比乌斯应该是对格拉斯曼早有耳闻，1839年，他评价格拉斯曼的晶体学工作很有意思。当然，晶体学首先就是关于空间堆垛的问题，而空间学是格拉斯曼父子考虑的主题，矢量的补与对偶这些晶体学的重要概念都是格拉斯曼深入研究过的对象。格拉斯曼1844年送了莫比乌斯一本他的《扩展的学问》，莫比乌斯也是作了评论的："对于格拉斯曼著作中作为数学元素基础的哲学元素我无意用正确的方式予以赞赏，甚至不能正确理解。"莫比乌斯认为格拉斯曼的著作缺少直观性（intuition, Anschaulichkeit）这个数学思想的基本特征，他不得不跳过那些格拉斯曼称为extension或者generality的东西。其实，愚以为，extension and generality（扩展与一般性），这恰是格拉斯曼伟大的地方啊。扩展后来都成了数学的传统了，什么东西都有个推广的（generalized）版本，连相对论都未能逃脱这个命运。有能力处理一般性和抽象，那才是大科学家！

1846年，莫比乌斯邀请格拉斯曼参加一场数学竞赛，解决一个由莱布尼茨提出的问题：发明一种不用坐标和度规性质的几何算符（莱布尼茨称为analysis situs）。这个思想，不正是后来广义相对论要寻求和表达的嘛！格拉斯曼以一篇*Geometrische Analyse geknüpft an die von Leibniz erfundene geometrische Charakteristik*（同莱布尼茨所发明的几何特征相联系的几何分析）胜出，但被莫比乌斯批评其使用了抽象符号而未对读者交代为什么这些符号是有价值的。格拉斯曼虽然凭这篇论文胜出（好像是莫比乌斯为他量身定做的，也只收到他提供的一份答案），但没为他带来命运的改变。

就几何代数而言，有三个人是必须提到的：普鲁士的格拉斯曼、爱尔兰的哈密顿与英国的克利福德。哈密顿在1843年发明了四元数；格拉斯曼思考空间的学问，把几何当作代数；哈密顿考虑时间，把时间作为纯粹的代数（pure algebra），不知时空的概念是不是也能产生什么新颖的代数。哈密顿得到一本《扩展的学问》（1844版），觉得不好懂，他曾写信给数学家德摩根（Augustus de Morgan，1806—1871），说为了能读格拉斯曼他可能不得不先学抽烟。1852年哈密顿重读格拉斯曼的书，一些评论发表在他的《四元数讲义》（1853版）的序言中。哈密顿认为这是可以同他的与四元数相关的工作相提并论的成就，现在读起来是怀着崇敬与兴趣（with admiration and interest）。这应该算是对格拉斯曼学问的认可了。可能是由于那个时代交流不便吧，这个来自在30岁时就封爵的爱尔兰数理大神的认可没能对格拉斯曼及其学问的命运产生及时的影响。

格拉斯曼的《扩展的学问》（1844版）是他生命的倾情奉献。到了1861

年，格拉斯曼对他的成就和著作所遭到的冷遇是有点儿愤懑的。格拉斯曼在《扩展的学问》（1862版）序言中曾写道（大意）：我坚信就算再过17年甚至更长的时间这本书还无人问津，不能进入科学的正轨，有一天它也会从遗忘的尘埃中被发现，如今沉睡的思想终会开花结果……因为真理是永恒的、神圣的（Denn die Wahrheit ist ewig, ist göttlich ...），真理的任何发育阶段都不会不留痕迹。

在盛产数学家的德国及周边地区，格拉斯曼所创立的学问要说无人识货，这也不正常。其实，1860年意大利的克莱蒙纳（Luigi Cremona 1830—1903）、贝拉维提斯等人就对格拉斯曼的著作产生了兴趣。1866年德国青年数学家汉克尔（Hermann Hankel，1839—1873）来信赞扬格拉斯曼的阐述，并要求其进一步整理，这算是对格拉斯曼的承认，但那时汉克尔不够分量。1869年，克莱因（Felix Klein，1849—1925）注意到了汉克尔在 *Vorlesungen über die complexen Zahlen und ihre Funktionen*（复数与复函数教程）一书中提到了格拉斯曼的名字。克莱因向克莱布什（Alfred Clebsch，1833—1872）推荐了格拉斯曼，还跟挪威数学家李（Sophus Lie，1842—1899）提及格拉斯曼的工作。后来，克莱因坦承他深受格拉斯曼的影响，甚至影响到了他1872年提出的埃尔朗恩纲领。1871年，经由克莱布什推荐，格拉斯曼入选了哥廷恩科学院的通讯成员。至此，格拉斯曼算是得到了认可，不过格拉斯曼在1877年就过世了。1878年克利福德（William Kingdon Clifford，1845—1879）发表了《格拉斯曼扩展代数的应用》一文，美国留学生吉布斯（Josiah Willard Gibbs，1839—1903）*和克莱因一起在1894—1911年间整理了格拉斯曼的著作。1870年代中期，在英国也有诺斯（Hermann Noth，1840—1882）等人对格拉斯曼的工作产生兴趣。注意这些数学家大多在50岁

---

* 即吉布斯自由能里的吉布斯。他用格拉斯曼和哈密顿的学问改造而来的矢量分析（vector analysis），用当前的眼光来看，愚以为是过远大于功的。

前就去世了。这些数学家，如同北极冰雪下的植物，在极短的生命里早早地绽放出极为灿烂的花朵，结出可以连接下一个春天的果实。

1878年，格拉斯曼的《扩展的学问》（1844版）的第二版出版。格拉斯曼在序言中提到，黎曼的学生汉克尔曾在1867年论述复数体系的理论（Theorie der complexen Zahlensysteme）时强调他的学说的重要意义，将1/10的内容用于介绍他的工作。这说明，格拉斯曼临终岁月里是知道自己的著作已经被人接受了的，这些对格拉斯曼来说多少是个安慰。

格拉斯曼之成就与著作的未被认可，还反映在其人生际遇上。虽然几经尝试，但终其一生，格拉斯曼都未能在大学谋到一个教数学的差事。发现格拉斯曼价值的汉克尔和克莱布什不久年纪轻轻就辞世了；德国的莫比乌斯、爱尔兰的哈密顿和意大利的贝拉维提斯够分量，但在别处有要提倡和拥护的东西；而热心肠的施莱格尔（Victor Schlegel，1843—1905）人微言轻，热情超过能力。其实，这种革命性的发现被忽视，历史上早有先例，格拉斯曼倒也不是例外。然而，正如格拉斯曼所坚信的那样，真理是永恒的。今天的数学物理领域，格拉斯曼所创立的数学是其中灿烂的瑰宝，格拉斯曼的学问会为有心于数学与物理的人们提供源源不断的灵感而不仅仅只是作为顺手工具的便利。

4.8 格拉斯曼著作的哲学味

格拉斯曼是个用哲学武装了头脑的数学家，恰恰是对一般与抽象的强烈喜好，才引导他得到诸多的有价值的思想。格拉斯曼发明的是形式系统，一种纯数学，他的形式理论确实是一般性的、抽象的（his theory of forms was indeed marvelously general and abstract）。形式的一般理论自然超前于具体的数学分支（the general theory of forms should thus precede all special branches of mathematics）。多少数学家没有能力越过哲学的门槛儿，不能为自己的体系奠定哲学的基础（lay the philosophical foundation of his system）。新的数学体系让格拉斯曼处理一些几何和物理问题时显得得心应手。

格拉斯曼1844年成功出版了他的《扩展的学问》，后世论者认为该书的特点是其内容的丰富与概念的新颖（the richness of content and the newness of the concept），提供了大量的具有哲学意味的一般定义（general definitions of a philosophical nature）。书中的思想是那么新颖、那么抽象，且乍看起来那么没用，而这才是真学问该有的样子。格拉斯曼为该书撰写了非常有趣的也是具有非常重要历史意义的哲学性导言。比如，格拉斯曼写道："鄙人早就注意到，几何无论如何不能如算术或者组合理论那样被看作是一个数学的分支，几何同自然界中的存在，也即空间，相联系……因此，形式科学不需要开始于公理，而是定义形成了它们的基础。纯数学是形式的理论。（Thus it is that the formal science need not begin with axioms; instead definitions form their foundation. Thus pure mathematics is the theory of forms.）"形式的一般理论要超前于具体的数学分支，物理又何尝不是!

无独有偶，如同格拉斯曼的《扩展的学问》（1844版），哈密顿关于四元数的第一本著作 Lectures on Quaternions（四元数讲义，1853），也包含着阐述此学问得以产生的哲学思考，是真正的金子。但是，因为第一本没引起什么反响，两人也都在十几年后写了第二本。格拉斯曼《扩展的学问》（1862版）改了副标题，而哈密顿1866年的新书则改名为 Elements of Quaternions（四元数原本）。这两本重写的书都是加长版，改变了原有的表述形式，关键是删去了那些哲学思考，以便迎合世俗、赢得认可。这一点真让人唏嘘不已。其实，何必呢。在笔者看来，真正的大学者只需要耐心地等待他的时代的到来，实在没必要放下身段去迎合世俗。思想超前于自己所处的时代一个身段，愚以为这可作为真正思想者的判据。

5. 格拉斯曼的物理学成就

1845年，格拉斯曼发表了 *Neue Theorie der Elektrodynamik*（电动力学新论）一文，但当时没人注意。到了1875年，克劳修斯重又发表了同样的结果[*]。然而，终究格拉斯曼的大胆思想还是被人们注意到了。如下这句话，Indem ich nun die Ampérè'sche Annahme, nach welcher, wie es seyn muss, die gegenseitige Einwirkung zweier unendlich kleinecn Stromtheile zu Grunde gelegt wird, einer genaueren Prüfung unterwarf, so ergab sich mir dieselbe als höchst unwahrscheinlich（此处我要将安培假设，其根据是两无限小电流元的相对作用，置于精确的证明之下，在我看来结果显示这相当地不可能），是直接挑翻牛顿第三定律的论断啊，即不存在作用等于反作用[**]。凭此一句，格拉斯曼就可以位列伟大物理学家之列。格拉斯曼研究电动力学有充分的数学基础，线元（电流元）之间的相互作用的表述就是线之代数的分内事儿。1853年，格拉斯曼发表了一篇论颜色混合的论文。至今他的三色理论还被当作格拉斯曼律被教授。三原色理论指出，颜色可以由三种基本色通过叠加而得到，而所谓的叠加是线性叠加。这正是矢量的加法。不过，他的三色理论和亥尔姆霍兹（Helmholtz，1821—1894）的理论不一致。格拉斯曼还阐述过声音的理论、力学和晶体学，后者见于他自晶体构造的一般规律导出晶型的努力（Ableitung der Krystallgestalten aus dem allgemeinen Gesetze[***] der

---

[*] Rudolf Clausius. Über ein neues Grundgesetz der Elektrodynamik（电动力学的新规律）, Poggendorffs Annalen CLVI, 1875: 657-660.

[**] 牛顿第三定律不成立，也没啥大不了的。后来，到1926年干脆有交换作用的机制，即作用是个三体问题而非相互作用的两体问题。这些内容在初等物理中早该交代清楚了。

[***] 原文如此。单数形式应为das Gesetz.

Krystallbildung）。其实，格拉斯曼著作之1844版的完整书名为：Die Lineale Ausdehnungslehre, ein neuer Zweig der Mathematik dargestellt und durch Anwendungen auf die ubrigen Zweige der Mathematik, wie auch auf die Statik, Mechanik, die Lehre vom Magnetismus und die Krystallonomie erlautert，副标题里提到他的《扩展的学问》的应用就包括晶体学（Krystallonomie）。线之代数和晶体学是一体的，且就是建立在格拉斯曼引入的矢量外积、内积的概念之上的，这个认识在固体物理、晶体学的课本中应该显性地提及。对于三维物理空间，设有三个线性独立的基矢量 a_1, a_2, a_3，不要求其是正交的（七个晶系中正交的是少数），构成一个参照框架（frame），倒框架（reciprocal frame）的基为 b^1, b^2, b^3，则依定义

$$b^1 = \frac{a_2 \wedge a_3}{a_1 \wedge a_2 \wedge a_3} \ , \quad b^2 = \frac{a_3 \wedge a_1}{a_1 \wedge a_2 \wedge a_3} \ , \quad b^3 = \frac{a_1 \wedge a_2}{a_1 \wedge a_2 \wedge a_3}$$

有此关系可形式上拓展到任意维空间。一般流行的晶体学教科书中，会写成

$$b_1 = \frac{a_2 \times a_3}{a_1 \cdot (a_2 \times a_3)} \ , \quad b_2 = \frac{a_3 \times a_1}{a_1 \cdot (a_2 \times a_3)} \ , \quad b_3 = \frac{a_1 \times a_2}{a_1 \cdot (a_2 \times a_3)}$$

这个表达式除了形式上没区分空间和倒空间以外，也忽略了在三维空间这个特例中外积同叉乘的关系。这让笔者在学习和教授晶体学时遭遇了长时期的困惑。阉割了的学问，容易让人糊涂。

多余的话

　　线（段）是基本的几何对象，它还是基本的物理对象。学物理，上来先是线性的关系，欧姆定律、胡克定律、光电效应公式，都是线

性定律，这其实是说一般的well-behaved函数可作线性近似

$$f(x, \lambda) \approx f(x_0, \lambda) + f_x(x_0, \lambda)(x - x_0)$$

这种线性思维在诸多研究中大多是一个不求甚解的偷懒行为，也是无奈行为，到二次型所表示的数学与物理，难度就不是一般的数学教授能扛得住的了。微分1-形式也是关于线的学问，是热力学的框架数学。另外，线就是线，直线与曲线都是线——引力场中的测地线其实是弯曲空间里的直线。牛顿的质点力学，基本功就是如何表述作为轨迹的曲线。关于线的学问太重要了，自然地它占据了我们的科学和科学史的大部。

研究格拉斯曼让我对线性代数这个全世界理工科人都要学习的科目有了全新的认识。2020年12月19日我认识到，所谓的线性代数是对lineale Algebra（linear algebra）的误译，正确的翻译应是"线之代数"，即人家本义的algebra about line segment（关于线段的代数），一时间怅然若失。这个学问来自数与点、数与线之乘积的扩展。就着错误的概念学习，不明白一门学问的缘起与本义，耽误了多少人的宝贵时光。想起了《西游记》里的那句名言，"不闻至人传妙诀，空教口困舌头干！"学问是讲究传承的，这一点不服不行。

我们小时候学过一点儿浅浅的几何与代数，浅得连基本的经典力学入门都不够用，殊不知几何、代数本是一体的，作为对自然认识进程的产物是和物理学同步进化的。不能用于几何的代数不是真正的代数，反之，不能用于代数的几何也不是真正的几何。格拉斯曼、哈密顿和克利福德等人奠立的几何代数，是能用于几何的代数学；与此相对，代数几何（algebraic geometry）则利用抽象代数技术研究多变量多项式的零点集合的几何问题。你眼里看到的是代数还是几何，是几

何代数还是代数几何，还是个浑然一体，全在于你自己。格拉斯曼的代数更适于发展物理，因为它有多矢量的概念，有内积、外积以及其它的乘积，有内禀的运算法则。对矢量和赝矢量不加区分，会让电磁学理论始终是一团糊涂酱。用矢量导数及逆矢量导数表示的麦克斯韦方程组，用多矢量和克利福德代数重写的经典力学、电动力学，读者们闲来不妨都了解一下。

格拉斯曼的成就，内积与外积的概念就足以使其进入数学家的殿堂。（多）矢量之间存在内积和外积，是同时对相互独立和相互关联的描述。矢量内积和外积的概念，其实在复数乘法中早已现端倪。方程 $x^2 = -1$ 有两个根 $\pm i$，这让 $z = x + iy$ 和 $\bar{z} = x - iy$ 具有内在的共轭对称性。在诸多物理情景中，它们应该是同时出现的。$z\bar{z} = x^2 + y^2$，加上熟悉的勾股定律，其意义就不言而明了。对于复数 $z = x + iy$ 和 $w = u + iv$，有 $z\bar{w} = xu + yv + i(yu - xv)$，右侧第一项为 $xu + yv$，第二项 $yu - xv$。你看到了矢量的内积和外积，而且还注意到了问题的难点在那个 i 上？看来，新的学问未必来自什么思想的革命，更可能是因为学问的丰足。**别人家学术的进步，体现的是学问的惯性力量。所谓自然的规律是按照自己的脾气秉性被人类认识的**，信矣哉。

毕竟是引入新学问，格拉斯曼作为创始人也难免有考虑不周的地方。一般意义的内积，定义为一个 p 多矢量同另一个 q 多矢量之补的外积。在 n 维空间中的结果当然是 $(p+n-q)$ 多矢量。按理说，当 $p = q = 1$ 时，结果应该是个 n 矢量，就是我们现在说的赝标量。然而，格拉斯曼却希望这结果是此前定义的标量积，是一个数，这样他自己就为后来的退化堕落的"矢量分析"铺平了道路。矢量分析，按法国著名数学家迪厄多内的说法，是那些毫无灵性的烂文人拿格拉斯

123

曼和哈密顿的思想胡编乱造的（which uninspired lacks concocted out his and Hamilton's ideas）。迪厄多内作为纯粹数学家对数学不严谨的矢量分析的厌恶之情溢于言表。

我注意到一个事实，1834年在奥托中学时，格拉斯曼同时教数学、物理、神学、德语和拉丁语。此外，音乐是格拉斯曼一生的挚爱，他甚至在学校里指挥一个乐队。写到这里，笔者特别想借此机会说出自己的一个观点："我们的社会该提高对教师的要求了。"多专多能的老师才是合格的。如果我们愿意贯彻这个理念，我们的国家将因此受益无穷，而首先受益的将会是我们的中小学老师们自己。

格拉斯曼的博学、高产是令人惊讶的。除了此处重点介绍的《扩展的学问》和《梨俱吠陀》译本以外，在1844—1861年间格拉斯曼还发表了17篇包括物理学在内的论文，还有一些数学、语言甚至植物学的课本与字典，包括1861年的*Lehrbuch der Arithmetik*（算术教程）。为了评价格拉斯曼的高产，有必要顺带提一句：格拉斯曼于1849年结婚，在接下来的日子里他除了产生了诸多的思想成就以外，还连着生了11个孩子。在这一点上，他也是继承了其父的优点。格拉斯曼继承了父亲的数学思想，成为一个数学领域的开创者，后来他的一个儿子赫尔曼（Hermann Ernst Grassmann）成了数学教授，算是圆了他的梦想。所谓念念不忘，必有回响，就是这样的吧。

建议阅读

[1] Michael J. Crowe. A History of Vector Analysis. Dover Publications, Inc., 1967.

[2] Vincent Pavan. Exterior Algebras: Elementary Tribute to Grassmann's Ideas. ISTE, 2017.

[3] Alfred North Whitehead. A Treatise on Universal Algebra with Applications.

Cambridge University Press, 1898.

[4] Hermann Günther Grassmann. Gesammelte Mathematische und Physikalische Werke （数学物理全集）, 3 Bde., Friedrich Engel (ed.). Teubner, 1894–1911.

[5] Hermann Günther Grassmann. Geometrische Analyse Geknüpft an die von Leibniz Erfundene Geometrische Charakteristik（同莱布尼茨发明的几何特征相联系的几何分析）. Weidmann'sche buchhandlung, 1847.

[6] Hermann Günther Grassmann. Die Lineale Ausdehnungslehre, ein Neuer Zweig der Mathematik. Wiegand, 1844. English translation by Lloyd Kannenberg, The Linear Extension Theory: A New Branch of Mathematics, Open Court, 1995.

[7] Hermann Günther Grassmann. Die Ausdehnungslehre, Vollständig und in Strenger Form Begründet. Enslin, 1862. English translation by Lloyd Kannenberg, Extension Theory, American Mathematical Society, 2000.

[8] Hermann Günther Grassmann. Neue Theorie der Elektrodynamik. Annalen der Physik und Chemie, 1845, Band LXIV (1): 1-18.

[9] Hermann Günther Grassmann. Wörterbuch zum Rig-Veda（《梨俱吠陀》词典）. Brockhaus, 1873.

[10] Hermann Günther Grassmann. Rig-Veda（梨俱吠陀）, vol.1 & vol.2. Brockhaus, 1876–1877.

[11] Augustin Cauchy. Sur les Clefs Algébriques. Comptes Rendus de l'Académie des Sciences de Paris, 1853, 36: 70-75, 129-136&161-169.

[12] Hans-Joachim Petsche, Gottfried Keßler, Lloyd Kannenberg, Jolanta Liskowacka (eds.). Hermann Graßmann Roots and Traces: Autographs and Unknown Documents. Birkhäuser, 2009.

[13] August Ferdinand Möbius. Der Barycentrische Calcul. Leipzig, 1827.

[14] Henry George Forder. The Calculus of Extension. Cambridge University Press, 1941.

[15] William Kingdon Clifford. Application of Grassmann's Extensive Algebra. American Journal of Mathematics, 1878, 1 (4): 350-358.

[16] J. Dieudonné. The Tragedy of Grassmann. Séminaire de Philosophie et Mathématiques, fascicule, 1979, 2: 1-14.

[17] Edward W. Hyde. Grassmann's Space Analysis, fourth edition. John Wiley & Sons, 1906.

06　　　　哈密顿

哈密顿，爱尔兰数学家、物理学家、神童、语言天才，痴迷诗与哲学。哈密顿3岁随叔叔学习，13岁就掌握了欧洲的所有语言，15岁即研读拉格朗日和拉普拉斯的力学，17岁起研究开始有成果，21岁大学未毕业时成为皇家天文学家、教授，30岁时获爵士封号。哈密顿发展了新的光学理论和新的动力学理论，把力学和光学看成统一的学问；他把复数看成代数偶，发明了四元数，带来了矢量分析。许多用哈密顿命名的内容成了近代物理的基础，包括哈密顿原理、哈密顿量、哈密顿－雅可比方程，等等。

射线系统，锥形折射，

最小作用量原理，哈密顿动力学，

哈密顿量，哈密顿－雅可比方程，

代数，二元数，四元数，矢量分析

The central conception of all modern theory in physics is "the Hamiltonian."

—Erwin Schrödinger[*]

1. 引子

在物理学文献中，出现频次最高的名字是哪个？牛顿？爱因斯坦？我个人觉得是哈密顿。牛顿把他的姓氏Newton活成了力的单位，以及形容词形式的Newtonian，出现在Newtonian mechanics（牛顿力学），Newtonian gravitation（牛顿引力），Newtonian absolute space and time（牛顿的绝对时间与绝对空间）等词汇中。爱因斯坦的姓氏Einstein依然只是个姓氏，人们谈论相对论时会提及Einstein's theory of relativity（爱因斯坦相对论），Einstein tensor（爱因斯坦张量）。在他们两位中间时代的哈密顿，不仅把姓氏Hamilton活成了Hamiltonian，且Hamiltonian既是形容词出现于Hamiltonian optics（哈密顿光学）等概念中，还是个专有名词。Hamiltonian作为名词，汉译哈密顿量。哈密顿量，不严格地说它对应系统的能量，是一个表达式、一个算符、一个量，是那种在物理学各个分支中，也许热力学是个例外，总是随时会出现的物理学基础概念。有沉迷于理论物理因此也就对理论物理不甚了了的人甚至宣称世界就是个哈密顿量。据说，这个世界上任何时刻都有人在输入Hamilton (ian)这个词。

1865年，美洲大陆上诞生的新贵国家，美国，也设立了科学院。设立科学院的头等大事，是从别的地方找真有学问的人作为外籍成员来抬高自己。

---

[*] 所有近代物理理论的中心构造是哈密顿量。——薛定谔

美国科学院为自己圈定了15位最杰出的科学家作为它的外籍成员，位列第一的就是哈密顿。哈密顿是他所处时代最伟大的科学家（即数学家和物理学家），这一点毫无疑问。哈密顿被誉为最富有想象力的数学家（the most imaginary mathematician）。如果计及历史的因素，笔者还真未必肯把牛顿的成就置于哈密顿之上。当然了，时间是单向的，历史性带来的分量无法扣除，牛顿在自然科学方面的崇高地位是无法撼动的。对牛顿的地位心有不甘的，笔者读到的只有拉格朗日（Joseph Louis Lagrange，1736—1813），其曾言道"只需要构造一个世界体系……（We cannot find mone than once a system of the world to establish...）"——爱因斯坦的文字里没有这样的想法的流露。哈密顿也有资格发出拉格朗日式的感叹，但是我没见到过。哈密顿对数学和物理的贡献比牛顿多，在重要性上也未必稍有逊色。近世代数是可以和微积分相媲美的。

2. 哈密顿小传

威廉·罗文·哈密顿爵士（Sir William Rowan Hamilton，1805—1865），爱尔兰数学家、物理学家、天文学家。哈密顿既是个纯数学家，也研究物理学应用的数学，所谓的mathematics for physics，对光学、力学和代数都作出了奠基性贡献。在哈密顿看来，光学是纯粹的科学，代数是纯粹时间的科学。哈密顿将牛顿力学改造

哈密顿爵士

成了哈密顿力学，为了得到电磁学的代数他发展出了四元数，结果四元数构成了三维空间中转动的恰当数学表述。四元数作为算符（operator）在60年后才等来它的operand（作用对象），即所谓的spinor（旋量），旋量把量子力学提升到了一般研究量子力学的学者都不碰的层面。量子力学，请记住可称它为波动力学，会在哈密顿那里找到概念的源头，那几乎就是个关于构造哈密顿量及求其本征函数的事业。

哈密顿1805年出生时，其父（Archibald Hamilton，1778—1819）与母（Sarah Hutton，1780—1817）分别为27岁和25岁，正当壮年。哈密顿的父亲是个小律师，但其叔叔詹姆斯（James Hamilton）毕业于都柏林三一学院，是一位古典学者，在家乡的塔尔博特城堡（Talbots Castle）开办一所学校。哈密顿3岁时开始跟叔叔一起生活，这让他很早就接触了学校，其不凡天分也就早为人所识。詹姆斯叔叔注意到小威廉具有杰出的语言天分，在他的悉心教导下，小威廉5岁就相当程度地掌握了拉丁语、希腊语和希伯来语，到13岁时已经学会了他能接触到的所有语言，这包括所有的古典和现代欧洲语言，此外还有叙利亚语、波斯语、阿拉伯语、梵语、印度斯坦语（Hindustani，书面语为Hindi-Urdu，印地－乌尔都语），甚至马拉地语（一种印度北部印度－雅利安人说的语言）和马来语。哈密顿一直保有超常的语言能力，即便到了晚年，他也依然能阅读波斯或者阿拉伯语的东西自娱自乐。

关于哈密顿的语言学习经历，有必要多啰唆几句。小威廉3岁时来到叔叔家，就开始读英文圣经。詹姆斯叔叔认识到自己有个卓越的侄子，他教孩子拼写的方法是梳理字典，单音节、双音节、多音节，那些常人一辈子用不到的词也一样要学。然后，小威廉依然还是3岁哈*，是古典语言的学习，先

---

* 　个人观点，任何一门语言的入门，半年时间都差不多了。也就是说，学校给学生开
　　一门语言课，应以半年为限。剩下的，全靠自学与应用。

是希伯来语，接下来学拉丁语与希腊语，小威廉到8岁时能随时逮着大人飙大段的拉丁语演说词。具体到底会到什么程度，笔者无从知晓，无从判断，也无力判断。在小威廉13岁的时候，他爹吹牛说威廉除了所有的欧洲语言以外还会东方的那些语言，包括孟加拉语、叙利亚语之类的。他爹说"他也要学中文，但是都柏林弄不到中文书啊！"。真难为天才的亲爹了。小威廉跟他亲爹一样是善于显摆的，但是詹姆斯叔叔很明智，他不让小威廉去显摆，他知道太多的赞许是鲜有聪明的孩子长大了还继续聪明的原因。

1813年，8岁的小威廉接到了人生的第一单重任。那一年美国计算神童科尔本（Zerah Colburn）到都柏林来显摆，据说此人能20秒内算出4294967297的两个素数因子*，小威廉奉命出战，两人比赛心算。年长一岁的美国来客明显技高一筹，赢得了这场比赛。好强的小威廉觉得这是因为自己在语言学习上花费了太多的时间，他愤然决定在语言学习方面要少花点儿时间，把腾出来的时间多花一点儿在数学上。一说这场比赛是在1818年，比较可信。反正这次相遇对哈密顿的影响很大，此后他脑子里总喜欢计算。计算的习惯保持了一生。

哈密顿在13岁前是如何学数学的，记载很少，但是那时候他已经学习法国数学家克莱洛（Alexis Clairaut，1713—1765）的《代数》一书了，并且拟了个题目A Compendious Treatise of Algebra（代数纲要）来总结自己学习的心得。在学完了欧几里得几何以后，1821年詹姆斯叔叔送给他一本解析几何，这本书让哈密顿把花在古典学上的注意力，或者说热爱，转移到了科学上。看看，最能展现早熟天才的领域——数学、音乐和语言，哈密顿三样占了两样。据说哈密顿读数学如读小说（he could read mathematical treatises as

---

* 这个数是费马数F_5。费马猜测形如$F_n = 2^{2^n} + 1$形式的数都是素数。1732年，欧拉指出$4294967297 = 641 \times 6700417$。笔者估计这个美国天才是背熟的结果。

one reads a novel），能够在脑海中同所读书籍的作者用同样的词汇对话（he could discourse in his mind on equal terms with the authors he read）。在数学方面，哈密顿优秀得令人发指，他善于深度抽象和繁琐计算，被誉为分析钻头（analytic borer）。

文科方面，除了古典学，威廉觉得自己在诗歌创作方面也非常优秀，他曾想过放弃科学去专心写诗。他一生中交往过大诗人，给恋人写过诗。在哈密顿的一生中，确实可见科学与诗是同一个创造精神的两面（he saw science and poetry as two aspects of the same creative spirit）。在1834年的 *On a General Method in Dynamics*（论动力学的一般方法）一文中，哈密顿赞叹拉格朗日的天体力学就是科学之诗。

哈密顿15岁起开始学习牛顿力学和拉普拉斯的天体力学，他甚至指出了拉普拉斯《天体力学》一书中的一个错误*，引起了爱尔兰皇家天文台的天文学家布林克雷（John Brinkley，1766—1835）的注意。1821年，16岁的哈密顿开始学微积分，用的是法国人的 *Leçons de Calcul Differential*（微分教程）。1822年，哈密顿就写了 *Preliminary Remarks on Division*（关于除法的初步论述），这为他发明四元数这一关键可除代数奠定了基础（多少连高等数学都一天未学的人误以为自己会除法啊！）。18岁那年，哈密顿进了都柏林的三一学院，学习数学和古典学，成绩是爆棚分数（off-the-chart grades）。21岁本科还没毕业时，哈密顿已经被任命为爱尔兰皇家天文学家，成了安德鲁天文学讲席教授。哈密顿把家搬进了位于顿辛克（Dunsink）的天文台，在那里度过了一生。哈密顿在他那个时代被当作一个著名的天文学家，今天他在人们心目中是个物理学家、数学家，或者是数学物理学家。在这一年，布林克雷

---

* 　笔者没找到具体指的什么错误。看来只能通过自己阅读拉普拉斯的《天体力学》来发现了。

博士，哈密顿就是接替他的苏格兰皇家天文学家的位置的，指着哈密顿说："This young man, I do not say will be, but is, the first mathematician of his age.（这个年轻人，不是说他会是，而是就是，他所处时代首屈一指的数学家。）"就这，人家还写道："The time I have given to science has been very small indeed; for I fear becoming again infatuated with it ...（我花在科学上的时间其实很少，我怕我又为它着迷……）"

哈密顿是个有哲学气质的人，热爱抽象与理想，会到康德的哲学里去寻找代数的基础。哈密顿宣称他的科学灵感来自形而上的理想主义。哈密顿一直努力要将自己提升到世俗之外的境界（Hamilton constantly tried to elevate himself to an ultramundane world）. 哈密顿信奉形而上的现实主义（metaphysical realism），他是第一拨阅读康德并将之当真的爱尔兰科学家，他对康德的研究让他相信超复数必然存在，也一定能构造出来，因为康德认为数是从对时间的纯粹直觉构造而来的（Kant's idea of constructing number from the pure intuition of time）。后来，他的成就证明他是对的。有人说，C'est une mine d'érudition（此人是个博学的矿藏）。

1835年，30岁的哈密顿获得骑士封号，成了Sir William Rowan Hamilton。

哈密顿爵士的传世之作包括：

1) *Elements of Quaternions*（四元数原本），Longmans，1866

2) *Lectures on Quaternions*（四元数讲义），Hodges and Smith，1853

3) *On the Argument of Abel*（论阿贝尔的论证）

4) *On Conjugate Functions, or Algebraic Couples*（论共轭函数或者代数偶）

5) *On Equations of the Fifth Degree*（论一元五次方程）

3. 哈密顿的数理成就

哈密顿的成就，不好严格地区分是数学还是物理。哈密顿对物理学的贡献体现在光学和力学领域。虽然他和法拉第、麦克斯韦是同时代人，但因为没有研究实验，故哈密顿对电磁学不太精通。哈密顿对光学和力学的贡献本质上还是数学的，与变分原理有关，后来哈密顿动力学导向新的几何学以及量子力学，更是其数学威力的展现。哈密顿后半生的精力集中在发明和阐述四元数上。

3.1 光学

哈密顿对光学的兴趣发生在光的波动与颗粒说争论的顶峰时期。1824—1827年哈密顿读大学期间，关于光的本性的论战在法国以波动说的胜利而终结，而在英国这个争论则刚开始。哈密顿以天文学家的身份开启职业之旅，对光感兴趣也是理所当然。1822年，17岁的哈密顿出手所做的第一项工作是几何，比如吻圆、代数曲线与面间的接触、外展与包络（development and envelop）等，这自然就要研究线簇，进一步地就和光学的caustics（焦散线）*联系上了。哈密顿写过很多光学论文，但是日期不明，且是凌乱的手稿。1823年，哈密顿研究焦散线，1824年写了*On Caustics*一文，紧接着向爱尔兰科学院提交了论文*The Theory of Systems of Rays*（射线系统理论），首次报告应该是在1827年。在这篇文章里，哈密顿发展了新方法，这个方法后来被用到了动力学的研究。1827年，哈密顿发明了新的光学理论，可以用一个一般性的方法研究光学系统。该理论的一个关键概念是特征函数，一个光学系统可由一个特征函数描述。哈密顿一遍又一遍地重写他的射线系统理

---

*　　这不是个好翻译，不该强调"散"。

133

论，不停地加入新的思考，这个过程一直持续到了1833年。射线系统理论是几何光学的杰作，它本质上是数学，确切地说是几何理论，无法兼顾光的波动特性。

1832年，哈密顿预言了双轴晶体的光锥形折射现象（conical refraction），这个预言可与历史上勒维耶（Urbain Le Verrier，1811—1877）和亚当斯（John Couch Adams，1819—1892）凭借计算预言海王星的存在相媲美。双折射晶体是1818年布鲁斯特发现的。哈密顿预言，一束准直的光进入双折射晶体，当光沿着一个光轴传播时，其折射的结果在晶体内是个光锥，出了晶体以后是一个空心的光柱，这是内锥形折射。哈密顿也设想到了可能存在外锥形折射（下图）。锥形折射现象迅速被实验证实，这让哈密顿名声大噪，并为他1835年赢得了皇家科学院的奖章。

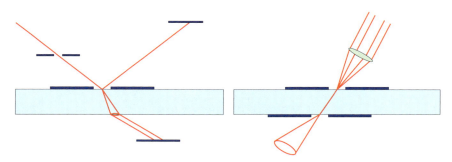

双折射晶体里的锥形折射现象。左图为内锥形折射，右图为外锥形折射

3.2 力学

力学才是物理学的基石。哈密顿从拉格朗日和拉普拉斯而非牛顿那里开始学习力学。在哈密顿那里，光学和力学是一回事儿。他发现一般力学系统的运动可以用描述光在非均匀介质中传播同样的规律来描述（Hamilton discovered that the motion of a general mechanical system was governed by exactly the same laws as a ray of light propagated in an inhomogeneous medium）。1826年，年仅21岁的哈密顿认识到关于射线与轨迹之间的光学－力学完全类比，射线光学不仅能用于光学，还能用于力学。1834年，哈密顿把他的研究方法拓展入了力学，创立了描述粒子体系运动的一般方法，更一般、更抽象。哈密顿此项研究的目的是美学的而非实用的，在他那里统一力学和光学不涉及任何新的概念，只是形式上的统一。

哈密顿1834、1835年的两篇同名论文 *On a General Method in Dynamics*（论动力学的一般方法），主线是哈密顿原理，其实就是对最小作用量原理的发展，数学方法上则是变分法。在哈密顿那里，作用量是拉格朗日量的时间积分，强调一下，拉格朗日量和拉格朗日方程都是哈密顿引入的。哈密顿的分析揭示了更深刻的数学结构，尤其是动量和位置之间的对称（对偶）关系。对变分原理、哈密顿动力学的详细介绍超出作者的能力和本书的范围，读者请参阅相关的专业著作。

十九世纪末，赫兹（Heinrich Hertz，1857—1894）批评了哈密顿的理论，指出其与光或物质的构成无关。哈密顿的理论可以用于力学与光学，但未必统一了它们。哈密顿的方法是数学方法，但不是物理理论。赫兹的论断有历史的局限性。哈密顿的特征函数概念提出60年后，布朗斯（Ernst Heinrich Bruns，1848—1919）从哈密顿的力学特征函数往回得到了光学的特征函数，不过给弄成了几何光学的光程函数方法（eikonal method of geometrical optics）。

虽然拉格朗日和哈密顿力学是为了分立系统构建的，但是对于连续体系的研究也适用，电磁学、量子力学、量子场论都采用哈密顿力学的表述。到了1920年代，索末菲（Arnold Sommerfeld，1868—1951）在他的 *Atombau und Spektrallinien*（原子结构与谱线）一书中更是高度赞扬了哈密顿的理论。哈密顿的动力学理论不仅适用于经典力学，也可用于量子力学，一点儿也没有过时的迹象。哈密顿的理论是量子时代的基础物理理论。索末菲等人1916年的文章将量子化条件同力学的偏微分方程联系起来（link up the quantum conditions with the partial differential equations of mechanics）。至于波动力学的基本方程，即薛定谔方程，那就是按照熵公式 $S = k\log W$ 对哈密顿 – 雅可比方程的改造（参见拙著《量子力学——少年版》）。薛定谔云：

"The hamiltonian principle has become the cornerstone of modern physics ... his famous analogy between mechanics and optics virtually anticipated wave-mechanics.（哈密顿原理是近代物理的基石……他关于力学与光学的著名类比实际上预示了波动力学的存在。）"诚非虚言。今日的物理学习者，对待哈密顿的学问，还是应该系统深入学习才是。

力学一门，始于亚里士多德，由伽利略奠基为一门现代科学，牛顿赋予了力学以数学体系，自此有了成体系的力学，固有牛顿力学之说。牛顿力学，经拉格朗日力学而至哈密顿力学，由欧拉 – 拉格朗日方程、哈密顿 – 雅可比方程而到达高峰。再往后，经马赫的批判，赫兹的重现表述，或者还有庞加莱、阿诺德等人的发展，力学都不再有新系统的出现，其后的理论物理皆以哈密顿力学为基础。拉格朗日力学和哈密顿力学也是进入微分几何、场论、量子力学、规范场论等领域的门户。学力学的人一定要弄清楚两个问题：1) 为什么要从牛顿力学发展到拉格朗日力学？2) 为什么要从牛顿力学和拉格朗日力学发展到哈密顿力学？哈密顿力学的关键概念有那么几个，包括不变量方法（守恒律）、正则变换、哈密顿 – 雅可比方程、作用量 – 角不变量、辛几何，等等。

经典力学的基本原理是最小作用原理，即粒子的实际路径是使得 action，作用（量），$S = \int L(q^i, \dot{q}^i; t)\mathrm{d}t$，取极值的路径。量 $L(q^i, \dot{q}^i; t)$ 称为

拉格朗日量。从拉格朗日量出发，作勒让德变换，可得到哈密顿量 $H = p_i q^i - L(q^i, \dot{q}^i; t)$，其中 $p_i = \partial L / \partial q^i - L(q^i, \dot{q}^i; t)$。笔者在此提醒各位好好研究研究勒让德变换。它是光学中研究焦散线的关键。这里的拉格朗日量到哈密顿量的变换、热力学中各种热力学势之间的变换，都是勒让德变换。这样做的思想基础是，变换了的公式体系在数学上要保证描述同样的物理。其中深意，值得琢磨。

由拉格朗日量和哈密顿－雅可比方程，可以导出哈密顿运动方程

$$\dot{p}_i = -\partial H / \partial q^i ; \quad \dot{q}^i = \partial H / \partial p_i ; \quad \partial H / \partial t = -\partial L / \partial t$$

可见，哈密顿方程是 $2n$ 个一阶微分方程，而欧拉－拉格朗日方程是 n 个二阶微分方程。尽管哈密顿方程未必就好解，但它提供了其它的好处。比如，坐标和动量是差不多对称（形式上多个负号，相应的几何是辛几何）的独立变量。如果系统有一个对称性使得某个广义坐标不出现在哈密顿量中，对应的动量就是守恒的，在其它方程中这个广义坐标都可以忽略，这相当于把体系变成了一个有 $(n-1)$ 个广义坐标的体系。使用拉格朗日表述，虽然相应的动量依然是守恒的，但是所有的广义坐标还都要出现在拉格朗日方程中。拉格朗日表述和哈密顿表述为经典力学理论的深入提供了基础，也是通向量子力学的桥梁。

哈密顿运动方程易于通过变换研究，这是它的一个优点。不显含时间 t 的哈密顿量，对应能量守恒的体系，哈密顿方程为

$$\dot{p}_i = -\partial H / \partial q^i ; \quad \dot{q}^i = \partial H / \partial p_i$$

关于这个方程引入了正则变换的说法，即由 $H(p_i, q^i)$ 变换后得到的 $H(P_i, Q^i)$ 满足同样形式的方程，

$$\dot{P}_i = -\partial H / \partial Q^i ; \quad \dot{Q}^i = \partial H / \partial P_i$$

因此该方程也被称为正则方程（canonical equation）。

哈密顿力学走向量子力学是通过哈密顿－雅可比方程导出（拼凑出）量子力学的薛定谔方程的。在哈密顿－雅可比方程中出现的函数S，哈密顿主函数 $S(q, t; q_0, t_0)$，就是对拉格朗日量关于时间的变上限（同时允许改变相应的路径终点）积分

$$S(q, t) = \int_{(q_0, t_0)}^{(q, t)} L \mathrm{d}t$$

对S作关于端点q的变分，故有 $\delta S = p\delta q$，得 $p = \partial S / \partial q$。由定义

$$S(q, t) = \int^{(q, t)} L \mathrm{d}t$$

对S作关于端点t的变分，得

$$\delta S = L\delta t + \frac{\partial L}{\partial \dot{q}} \delta q = -H \delta t$$

其中用到了端点处的变分 $\delta q = -\dot{q}\delta t$（速度 $\dot{q} = \mathrm{d}q / \mathrm{d}t$ 是微分），故有 $H = -\partial S / \partial t$，此即哈密顿－雅可比方程。理解此处的内容需要学会固定端点和活动端点的多变量变分，这些都是哈密顿发展出来的学问。

哈密顿－雅可比方程特别对找出力学系统的守恒量有用，**这是唯一的粒子运动可以表述为波形式的力学表达**。它就来自光学，所以后来就成了波动力学（wave mechanics）的基础，这让薛定谔捡了个便宜，有了波动力学的方程；后来狄拉克认识到了其中的问题，让费曼捡了个便宜，有了量子力学的路径积分表述。在量子力学中，哈密顿量是算符，

$$\hat{H} = \frac{\hat{p}^2}{2m} + V(\hat{r})$$

而动量算符的定义是 $\hat{p}_x = -i\hbar\partial_x$。写出哈密顿量，或者编造哈密顿量，简直成了做理论物理的代名词了。这一点在量子场论中尤其明显。此是后话，

打住。

3.3 四元数

哈密顿伟大成就之一在于认识到所谓的复数不过就是有代数结构的二元数，或者叫代数偶（algebraic couple）。复数能表示二维空间里的转动，那么是否存在一个数学对象能自然地表示三维空间里的转动呢？哈密顿想把他的代数偶的概念推广到三重的情形（triplet）[*]。哈密顿发现不可能从偏微分方程出发构建triplet的数学理论。（It is not possible to establish a theory of triplets from partial differential equations.）

为了构造他的triplet，哈密顿整整花了13年时间，期间多次放下又拾起（因为根本没有与二元数意义相仿的algebraic triplet），是数学与形而上的本能让他坚信triplet的存在。"三"在哈密顿的生活与哲学中是个很难逾越的坎儿。他毕业于三一（Trinity）学院，而Trinity，即圣父、圣子、圣灵的三位一体，是西方宗教的根本概念。三而一的思想，是根深蒂固的trinity的回响（one though three, an obvious echo of the trinity）。三分叙事（trichonomous logic）是西方文明的传统。柯勒律治（Samuel Taylor Coleridge，1772—1834）是对哈密顿影响很大的诗人。对柯勒律治来说，事分三重（triad）是基本的哲学，他的意志、思维与生活的三重存在同康德的把所有的认知手段都分成三重（triadic arrangement）（见于康德的《判断力批判》）一脉相承。三重存在的思想也有见到胜利的地方。比如，麦克斯韦等人发展起来的颜色的三原色理论。颜色的三原色理论实际上是技术性的，不是科学，不具有数学的triplet所要求的严谨性。最重要的是，我们生活在

---

[*]　西文triplet可以用于各种场合表示三元素组成的集合，但是汉语翻译总是将之具体化。此处为了减少失真，有时候会用西文表示。

139

三维物理空间里,哈密顿要发明的是对应三维空间矢量的那种三重存在(triplet),包括三元数。追求mathematical triplets和metaphysical triads在哈密顿那里是同时的、统一的事情。

哈密顿首先想到的是构造 $x+\mathrm{i}y+\mathrm{j}z$ 形式的三重数,其中 $\mathrm{i}^2=-1, \mathrm{j}^2=-1$。求三元数的平方

$$(x+\mathrm{i}y+\mathrm{j}z)(x+\mathrm{i}y+\mathrm{j}z)$$

时会出现 ij 和 ji 项,令 $\mathrm{ij}=0$ 或者 $\mathrm{ij}=-\mathrm{ji}$ 能使得三元数同自身的乘积还是三元数,以及让三元数模平方同自身的乘积还是三元数的模平方。但是,两个任意三元数的乘积和两个任意三元数模平方的乘积,其结果都是四项,关于后一点可从式

$$(a^2+b^2+c^2)(x^2+y^2+z^2)=(ax-by-cz)^2+(ay+bx)^2+(az+cx)^2+(bz-cy)^2$$

看出来。两个三元数的乘积可以令 $\mathrm{ij}=0$ 或者 $\mathrm{ij}=-\mathrm{ji}$ 变成三项,而两个三元数模平方的乘积是四项平方的和,哪儿有点儿不对劲儿哈。这个问题让哈密顿苦恼多年。

1843年10月16日在和夫人一起沿着运河去爱尔兰皇家科学院开会的路上,哈密顿感到灵光一现(an under-current of thought was going on in my mind):如果是四元数的话,很可能使得数的乘积和数模平方的乘积分别具有同样的数和数模平方的形式。也就是说他需要研究的是

$$a+\mathrm{i}b+\mathrm{j}c+\mathrm{k}d$$

为此需要引入第三个虚数 $\mathrm{k}^2=-1$。激动万分的哈密顿在布鲁厄姆(Brougham)桥侧刻下了公式

$$\mathrm{i}^2=\mathrm{j}^2=\mathrm{k}^2=\mathrm{ijk}=-1$$

在接下来的路上他的脑子转开了,迅速开始了计算。到了会场他立马告诉朋友他的发现,并获得允许在11月13日下次会议上报告。构造三元数和四元数

的过程中，放弃乘法的交换律是关键一步，确实需要勇气和胆识。满足 $xy \neq yx$，$x(yz) \neq (xy)z$ 这样乘法的代数，内容可丰富了。或许是在同爱森斯坦（Ferdinand Gotthold Max Eisenstein，1823—1852）讨论的时候，哈密顿才决定放弃乘法的交换律的。哈密顿寻找三重数的动机本来就是为了描述三维转动，而三维转动的特征就是非交换性。

四元数是 $q = a + x\mathrm{i} + y\mathrm{j} + z\mathrm{k}$ 这样的数，其中的三个虚数 i, j, k 满足

$$\mathrm{i}^2 = \mathrm{j}^2 = \mathrm{k}^2 = \mathrm{ijk} = -1$$

以及

$$\mathrm{ij} = -\mathrm{ji} = \mathrm{k}$$
$$\mathrm{jk} = -\mathrm{kj} = \mathrm{i}$$
$$\mathrm{ki} = -\mathrm{ik} = \mathrm{j}$$

四元数的纯虚数，即 $r = x\mathrm{i} + y\mathrm{j} + z\mathrm{k}$，可以描述或者称为是三维空间里的世界矢量，而 $\mathrm{ij} = \mathrm{k}$ 反映的就是所谓矢量乘法的右手定则。三维矢量的这种表示以及叉乘的右手定则都是对四元数简化而来的矢量算法的结果，美国科学家吉布斯（Josiah Willard Gibbs，1839—1903）为此付出了很多努力（现在看来影响非常负面），可惜这些没人告诉我们。笔者本人当年就一直傻傻地以为矢量分析是什么基本的算法——直到很晚很晚的时候我才听说过四元数，而三维矢量是四元数的纯虚部。在构造四元数的当天，哈密顿就得到了我们今天称之为矢量点乘（标量积）和叉乘的东西。四元数被构造，哈密顿揭示了牺牲普通代数（实数）的规则依然能得到有意义的代数（有针对性应用的代数）。这开启了近世代数。

哈密顿觉得四元数的标量项可能表示时间。我们知道后来的物理学就是这样的，不过不是把时空简单地表示成 $q = ct + x\mathrm{i} + y\mathrm{j} + z\mathrm{k}$ 这样的四元数，而是写成 $(x, y, z; \mathrm{i}ct)$ 的样子，将之理解为双四元数（biquaternion）。这是后

话。哈密顿曾撰文*Algebra as the Science of Pure Time*（作为纯粹时间之科学的代数），这个深刻的哲学思考是哈密顿的思想宝藏，其对物理学发展的影响不可估量。

哈密顿本来就关注的是复数表示转动的能力。四元数也具有表示转动的能力，当四元数作为算子（operator）时，它作用的对象（operand）是旋量，在60年后才被发现。四元数是描述转动的正确打开方式。相关的知识，希望大家有机会学学（参见拙著《云端脚下》）。笔者当年学刚体力学的时候，书里介绍的是转动的欧拉角表示。欧拉角是历史上引入描述刚体转动的没错，但是欧拉角不唯一而且不构成群，所以它不是描述转动的好选择。当年读比如狄拉克或者樱井纯的量子力学，看人家的转动表示时一头雾水，后来才明白人家对四元数熟悉得很。

哈密顿关于四元数的思想，见于他的两本书，1853年的*Lectures on the Quaternions*（四元数讲义）和1866年的*Elements of Quaternions*（四元数原本）。*Lectures on Quaternions*太长、太艰涩，于是哈密顿决定写个简版的，但结果是越写越多。Hamilton could not do justice to his own vision of quaternions. 是啊，他本人是很难写出自己心目中的四元数。直到哈密顿辞世以后，哈密顿所写的关于四元数的内容才由其子埃德温（Edwin Hamilton）编辑成了巨著*Elements of Quaternions*，正文762页，其中引言59页。哈密顿对学问的态度由此可见一斑。这让笔者想起了泡利的传记*No Time to be Brief*。关于哈密顿此人，也许他的传记应该是*No Way to be Brief*。浅薄无声是我们这些俗人的宿命；对于哈密顿这样的巨擘，其思想的流淌波澜壮阔。

多余的话

天才是早早遇到好老师的普通人。哈密顿天赋异禀，但也是因为跟随学问大又懂教育的叔父长大的才有了后来的辉煌成就。如果跟着他那就会吹牛的父亲长大，估计他也就是一个比一般人强一点儿的聪明人吧。

有成就的人须早有远大的志向。1822年，17岁的哈密顿在致妹妹爱丽莎的信中写道："多少世代的伟大头脑合力在高处建立起了广大而又美轮美奂的科学殿堂，用不可磨灭的文字在那里刻上了他们的名字；但是这大厦尚未建成，想为其增砖添瓦一点儿也不晚。我还没到达其脚下，但我渴望有一天会攀上顶峰。"诵读一遍这青春飞扬的句子，怎不让人豪情万丈：Mighty minds in all ages have combined to rear upon a lofty eminence the vast and beautiful temple of science, and inscribed their names upon it in imperishable characters; but the edifice is not completed: it is not yet too late to add another pillar or another ornament. I have yet scarcely arrived at its foot, but I may aspire one day to reach its summit! 哈密顿要让爱尔兰在科学世界伟大（to make Ireland great in the scientific world），他做到了。古老的中华民族，也期待一个这样的人。毛润之先生有诗句云："为有牺牲多壮志，敢教日月换新天。"中华的学子，当在少年时有攀登科学高峰的志向，也要有人早点儿指点给他们科学高峰之所在。

什么是不同凡俗？笔者研究科学巨擘的时候，发现他们中的许多人都清楚地认识到了自己的不同凡俗。当哈密顿重拾热情研究代数的时候，他写道："I differ from my great contemporaries, my 'brother-band', not in transient or accidental, but in essential and permanent things: in the whole spirit and view with which I study science.（我有别于我的那些伟大的同时代者，我的同行兄弟们，不在于那些短暂的、偶然的事物，而是在于那些本质的、永恒的事物，即在于我研究科学的整个精神与眼界上。）"

不过，不要以为天才就备受上天眷顾，哈密顿这样的绝世天才也不免遭人冷落。1824年还在上大学的时候，青春正当年的哈密顿向朋友的妹妹凯瑟琳（Catherine Disney）求爱，遭拒，抑郁以至要自杀。1831年，26岁已名满天下的哈密顿向一位诗人奥布里·德维尔（Aubrey De Vere）的妹妹埃伦（Ellen de Vere）求婚，又遭拒*。两年后，28岁的哈密顿才终于娶了海伦（Helen Marie Bayly），一位乡下牧师的女儿，算是结婚成家了。中国人讲成家立业，而且是三十而立，在天才哈密顿身上，立业远在成家之前。哈密顿是个大智慧的人。再大智慧的人，一生中也有他独有的魔障。Catherine Disney和algebraic triplet，就是哈密顿心中的两道坎儿，后面那道坎儿他凭着智慧越过了，世间从此有了四元数，而前面那道坎儿他终究没能越过去。1853年，哈密顿捧着他终于写成的*Lectures on the Quaternions*来到了奄奄一息的Catherine Disney的病榻前，老泪纵横。这个他19岁时一见钟情、一生无缘却又始终放不下的女人，以及构造出四元数之前为之花费了13年绝望岁月的algebraic triplet，这两道坎儿是哈密顿这个伟大神童一生的主旋律。哈密顿的诗写得不咋地（笔者总觉得英语不是诗的语言），但他确实有诗人的情怀。"Hamilton was no Werther, and yet he felt like one inside（哈密顿不是维特[*]，但他是个内心住着个维特的人）."

哈密顿是个创造者，思如泉涌。哈密顿一生中不停地写，在笔记本上、碎纸片上，甚至写在鸡蛋壳上、自己的指甲上。1843年的布鲁厄姆桥的传奇简直是应有之义。哈密顿去世后，哈密顿的好朋友、数学家格莱维斯（John Thomas Graves，1806—1870）收集了他的手稿。格莱维斯还向哈密顿的亲朋好友征集他的信件，最后编成了三大册的 *Life and Letters*，共2090页。其后，在1968年和1974年，哈密顿的后人又在老家的阁楼里找到了成筐的哈密顿的信件。

哈密顿是个完美主义者，对学问，自己的、别人的，都特别挑剔。有两件事儿值得提起。其一，四元数具有广泛的数学意义和物理意义，它首先指向一般意义的多元数（polyplets or set of numbers）。格莱维斯在构造algebraic triplet的时代也是实践者。在哈密顿发明四元数两个月后，即1843年12月，格莱维斯就发明了八元数。格莱维斯把文章交给哈密顿审稿，结果就因为哈密顿是个出了名的完美主义者，这审稿时间拖得太长，就因为八元数变成了凯莱数，因为1845年3月凯莱（Arthur Cayley，1821—1895）在英国的哲学杂志上率先发表了相关结果。哈密顿只好向格莱维斯道歉。这件事似乎未影响格莱维斯对哈密顿的崇拜，在哈密顿辞世后依然是他主动整理了哈密顿的学术遗产，这在人类学术史上绝无仅有。其二，1835年，英国人杰拉德（George Birch Jerrard，1804—1863）提交了一篇文章，宣称找到五次方程的一般解表示。哈密顿受命审阅这篇文章，因为他也长期研究一元五次方程解的问题。哈密顿花了一个晚上给出了这篇论文的报告，

---

[*] 德国文豪歌德的小说*Die Leiden des jungen Werthers*（少年维特之烦恼）中的主角。

认为这篇文章包含了很多聪明的数学，但是没有提供一般解。下个月杰拉德干脆宣称找到了任意次方程的解，论文还是交由哈密顿审阅。哈密顿认为杰拉德的方法不能解五次方程，这当然基于他自己对五次方程的研究。在1836年5月31日这一天，哈密顿给杰拉德写了一封124页的长信，详细阐明为什么他给出负面结论。一天手写124页长的审稿意见，这个世界上大概不会出现第二回了。

哈密顿是罕有的诗人科学家，他年纪轻轻就认识到抽象与推广比获得具体的结果重要。他把力与运动的研究变成一个特征函数的研究，方便学问的统一与推广，有利于人们一眼就能看透宇宙的奥秘（comprehending the universe at a single glance）。一个人很难在阅读过哈密顿后不对他由衷地升起崇敬的心情。哈密顿曾写道："我，一个久在井底泥泞里的挣扎者，确信我已经让淤泥退后，一直在努力辨别多少（我捞起来的）料是来自智识的清泉，多少是来自物质世界的泥泞底色。"愿虔诚的学人终有一日都能见识到什么是智识的清泉。

建议阅读

[1] Thomas L. Hankins. Sir William Rowan Hamilton. The John Hopkins University Press, 1980.

[2] Robert Perceval Graves. Life of Sir William Rowan Hamilton. Hodges, Figgis, & Co.: vol. I, 1882; vol. II, 1885; vol. III, 1889.

[3] The Mathematical Papers of Sir William Rowan Hamilton. Cambridge University Press: J.L. Synge (eds.)，vol. I, 1931; A. W. Conway & A. J. McConnell (eds.), vol. II, 1940; H. Halberstam & R. E. Ingram (eds.), vol. III, 1967; B. K. P. Scaife (ed.), vol. IV, 2000.

[4] Otto F. Fischer. Universal Mechanics and Hamilton's Quaternions: A Cavalcade. Axion lnstiture, 1951.

[5]   Otto F. Fischer. Five Mathematical Structural Models in Natural Philosophy with Technical Physical Quaternions. Axion lnstiture, 1957.

[6]   Sean O'Donnell. William Rowan Hamilton: Portrait of a Prodigy. Boole Press, 1983.

[7]   Shubham Dwivedi, Jonathan Herman, Lisa C. Jeffrey, Theo van den Hurk. Hamiltonian Group Actions and Equivariant Cohomology. Springer, 2019.

[8]   Craig G. Fraser. Hamiltonian Dynamical Systems: History, Theory, and Applications. Springer, 1995.

[9]   Jürgen Moser. Integrable Hamiltonian Systems and Spectral Theory. Scuola Normale Superiore, 1981.

[10] Ana Cannas da Silva. Introduction to Symplectic and Hamiltonian Geometry. IMPA, 2007.

[11] Heinrich Bruns. Das Eikonal（光程函数）. Leipzig, 1895.

[12] William Rowan Hamilton. On a General Method in Dynamics. Philosophical Transactions of the Royal Society Part II, 1834: 247-308; Philosophical Transactions of the Royal Society Part I, 1835: 95-144.

07 克利福德

克利福德是十九世纪英国的天才数学家、物理学家、科学哲学家、作家，享年仅34岁。克利福德开创的几何代数为现代物理和数学提供了紧致优雅的表述以及开疆拓土的工具。他对几何学这门关于空间的自然科学有深入的思考，短短几句话就定义了微分几何、广义相对论、规范场论的主调。克利福德是一位无与伦比的哲学与自然科学的表述者，其文章字字珠玑，于细微处皆见大学问；他是他那个时代唯一一个给普罗大众讲数学还能让大众觉得听懂了的数学家。克利福德还是个儿童文学作家。

几何代数，乘积，空间理论，

形而上学，儿童文学

Stupor mundi[*]

1. 克利福德小传

克利福德（William Kingdon Clifford，1845—1879），物理学家、数学家、哲学家、作家型的通才，一个路过人世仅仅34年的天才。克利福德1845年出生于英国西南部的埃克塞特，15岁考上伦敦国王学院和剑桥三一学院，大学期间除了数学他在古典学和文学方面也是杰出的，1867年在剑桥大学著名的tripos（三角凳）考试中获得了争辩者第二（second wrangler）的优异排名（曾取得这个成绩的还有开尔文、麦克斯韦等），1868年当选剑桥三一学院的研究人员。1871年，克利福德在26岁时获聘伦敦学院大学（London College University）数学与力学教授，1874年在29岁时当选英国皇家学会会士（member of Royal Society），1875年当选形而上学[**]学会会士。克利福德在对格拉斯曼之扩展的学问（Ausdehnungslehre）以及哈密顿的四元数深入研究的基础上建立起了几何代数，即以他的姓氏命名的克利福德代数（Clifford algebra）。本文提及的关于几何积的系统学问，源于他1878年发表的《格拉斯曼扩展的代数之应用》一文。克利福德是顶级的物理学家，他的

伏案工作的克利福德

---

[*]　这个世界里的奇迹
[**]　metaphysics，字面意思"物理学之后"，因为亚里士多德相关的论述被编纂在他文集的《物理学》部分的后面。

《动力学原本》一书光看其副标题*An Introduction to the Study of Motion and Rest in Solid and Fluid Bodies*就足以理解动力学的内涵。那个让爱因斯坦变得伟大的"引力是时空几何的表现"之思想也来自克利福德，他于1870年公开报告、1876年才出版的*On the Space-Theory of Matter*（论物质的空间理论）一文中已确立了广义相对论的主导思想，而他在《精确科学的常识》一书中关于空间的几句论述简直就是规范场论和微分几何的大纲。他在哲学论述中提出的mind-stuff（思维原料）这一概念，可能震撼过很多人。

克利福德的学术成就，仅从他的著作列表人们就能获得大致的感觉。克利福德著作如下：

1) *On the Scientific Basis of Morals*（论道德的科学基础），1875

2) *Elements of Dynamic*（动力学原本），1879—1887

3) *Seeing and Thinking*（见与思），1879

4) *Lectures and Essays*（讲义与散文集），1879

5) *Mathematical fragments*（数学散篇），1881

6) *Mathematical Papers*（数学论文），1882

7) *The Common Sense of the Exact Sciences*（精确科学的常识），1885

即便对这些书的厚度及其所包含的原创思想之深度没有一点儿感觉，光看这些书目，考虑到克利福德只活了短短的34个春秋，就足以令人肃然起敬。克利福德曾计划撰写一系列从学问起源迅速过渡到最新进展的数学教科书，可惜天不假年。

其实，不同于上面列举的这些书，克利福德的四篇短文章，1870年的*On the Space Theory of Matter*，1872年的*On the Aims and Instruments of Scientific Thought*（论科学思想的目的与传播），1877年的*The Ethics of Belief*（信仰的伦理），1878年的*Applications of Grassmann's Extensive*

Algebra（格拉斯曼扩展的代数之应用），才是更震撼的。其中，物质的空间理论奠定了广义相对论的思想格调，而格拉斯曼扩展的代数之应用则产生了一个更加系统、更加深刻的新代数。

顺便说一句，克利福德1875年结婚，婚后育有两个孩子。克利福德喜欢孩子，关注儿童教育，在1874年还是单身的时候就为孩子们写下了一些童话，收录于题为*The Little People and Other Tales*（小人儿与其它传说）的小册子中。

克利福德被誉为思维极度敏锐且具有伟大原创精神的人（un homme d'une extraordinaire perspicacité et d'une grande originalité），而且诗人气质十足，相信数学研究需要迩近诗人之创造本能的想象力。他也是为数不多的被自己的天才累垮了的人。此外，他还是一个喜欢逗孩子的人、一个敢冒险的人，据说他曾用脚把自己倒吊在教堂尖塔的铁公鸡上。

2. 克利福德的数学成就

克利福德是数学天才，26岁就当上了数学教授。克利福德对同时期英伦以及欧洲大陆上的重要数学家的工作都了如指掌，完美地演绎了丰沃学术土壤上的传承与创新。他1873年关于双四元数、1882年关于几何代数分类以及1877年关于黎曼面的论著都是经典之作。克利福德1878年关于德国人格拉斯曼扩展的学问的发展，是数学、物理史上的一个里程碑。

1878年的克利福德针对哈密顿的四元数（*Lectures on Quaternions*，1853; *Elements of Quaternions*，1866）已学有所成，但他坦承刚接触格拉斯曼的扩展的学问（*Ausdehnungslehre*，1844; *Ausdehnungslehre*，1862）没几

天，不过他对格拉斯曼的工作给予了高度评价，"我对那个非凡的工作极为赞赏，我坚信它的原理会为数学的未来带来广泛的影响（I may, perhaps, therefore be permitted to express my profound admiration of that extraordinary work, and my conviction that its principles will exercise a vast influence upon the future of mathematical science.）"。克利福德说对了，而且是通过自己的工作让自己的断言变得无比正确的。

克利福德发现格拉斯曼的乘积是基于数与数的乘积，格拉斯曼的内积、外积关注的是其应用几何的语境而非乘法本身，而四元数的乘积则是算符同操作对象间的乘积。克利福德把四元数纳入基于格拉斯曼代数所构建的新代数里。考察四个点，或叫单元，$\iota_0, \iota_1, \iota_2, \iota_3$，按照格拉斯曼的观点，$\iota_0\iota_1 = \iota_1 - \iota_0$ 是矢量（这个式子里包含着**转动也是平移**的既浅显又深刻的道理，这一点应该在相对论理论中有所体现）。在哈密顿考虑的问题里，$\iota_0\iota_1$，$\iota_0\iota_2$，$\iota_0\iota_3$ 是三维空间里互相垂直的矢量，他引入的四元数 $q = a + xi + yj + zk$ 中的 i 的作用是把 y 轴转到 z 轴上，即把 $\iota_0\iota_2$ 变成 $\iota_0\iota_3$。但是从 $\iota_0\iota_2$ 到 $\iota_0\iota_3$ 的转动相当于（在无穷远处的）平移 $\iota_2\iota_3$（这把转动和平移之间的硬性区分给消解了啊。笔者见过的物理教科书似乎不曾提起）。可记 i $= \iota_2\iota_3$，其作用为 i$\iota_0\iota_2 = \iota_0\iota_3$。可见 i $= \iota_2\iota_3$ 是直角单位四元数（rectangular versor）。但是

$$\mathrm{i}\iota_0\iota_2 = \iota_2\iota_3\iota_0\iota_2 = -\iota_2^2\iota_0\iota_3 = \iota_0\iota_3$$

故有 $\iota_2^2 = -1$。同理可得 $\iota_1^2 = -1$；$\iota_3^2 = -1$。进一步地，可证

$$\mathrm{i}^2 = \iota_2\iota_3\iota_2\iota_3 = -\iota_2\iota_2\iota_3\iota_3 = -1$$

同理可证，$\mathrm{j}^2 = -1$，$\mathrm{k}^2 = -1$，$\mathrm{ij} = \mathrm{k}$。也就是说四元数代数都可以在这里再现。但是，克利福德发现，他这样构造代数的方式没有维度的限制，而四元数里的矢量是三维（世界）空间里的矢量。

考察任意 n 个单元 $\iota_1, \iota_2, \cdots, \iota_n$，其线性组合代表 $(n-1)$ 维空间上的一个

点。它们可以构成非常复杂的代数——克利福德代数。克利福德代数的威力太强大了。举个简单的例子。克利福德将 n 个单元形成的所有偶数阶项所构成的代数称为 n-way 代数。考察 3-way 代数，三个单元 $\iota_1, \iota_2, \iota_3$，所有的偶数阶项为 $(1, \iota_2\iota_3, \iota_3\iota_1, \iota_1\iota_2)$。令 $\mathrm{i} = \iota_2\iota_3$，$\mathrm{j} = \iota_3\iota_1$，这个代数可记为 $(1, \mathrm{i}, \mathrm{j}, \mathrm{ij})$，而这就是四元数代数，它揭示了四元数代数实质上是个两单元的代数。克利福德代数博大精深，远不是本书能介绍的，有意从物理的角度找到一点儿感觉的读者，请参阅相关专业文献。

随便读读克利福德的书，可以消解许多学物理时脑海涌现过的疑惑。一个是关于力和位移的乘积问题。力作用的效果是和作用过程相关联的，用力可以表现为对被作用物体陪伴了一段路程。将牛顿第二定律 $F = m\dfrac{\mathrm{d}^2 x}{\mathrm{d}t^2}$ 改造成

$$\int_{v_1}^{v_2} mv\mathrm{d}v = \int_{x_1}^{x_2} F\mathrm{d}x$$

的形式，其中积分

$$\int_{v_1}^{v_2} mv\mathrm{d}v = \frac{1}{2}mv_2^2 - \frac{1}{2}mv_1^2$$

将力对位移的积分 $\int_{x_1}^{x_2} F\mathrm{d}x$ 当作一个物理量，名之为功 W，这个公式可以诠释为力对物体做的功等于物体动能 $E_k = \dfrac{1}{2}mv^2$ 的改变。注意，这里有个坑，上述积分 $\int_{x_1}^{x_2} F\mathrm{d}x$ 考虑的是一维空间的情形，乘积 $F\mathrm{d}x$ 估计被很多人当成了 $2 \times 3.14 = 6.28$ 这样的算术积了。在二维、三维空间里，$F\mathrm{d}x$ 应该有什么数学呢？或者说，一般地，$F\mathrm{d}x$ 所表达的力 F 这个矢量同位移 $\mathrm{d}x$ 这个矢量之间的乘积该是什么样的乘积呢？

在有牛顿微积分之前，关于力与位移如何耦合的问题，在杠杆平衡问题中是有初步讨论的：设有一个杆，一个支点将其分成两侧，在两侧各施加一个力，当两边的力同支点到该力的垂直距离之积相等时，$F_1\ell_1 = F_2\ell_2$，杠杆达到平衡。公式 $F_1\ell_1 = F_2\ell_2$ 中的积是算术积，但前面强调了距离是支点到力

的垂直距离。在我们日常使用杆秤和天平的情形中，因为重力总是向下的，而平的状态（物理判据是水平面）本身就是由是否与重力垂直所决定的，因此平衡时力同支点到着力点间的距离相垂直是自动得到保障的。这样，平衡条件 $F_1\ell_1 = F_2\ell_2$ 里使用算术积是否合适的问题就糊弄过去了。

然而，天平、杆秤的平衡是测度（measure）为零的事件，是例外而非常态，更多的时候体系会被弄得围绕着支点转了起来。那么，一般情况下施加一个力所产生的、与平衡或者转动有关的物理效应该怎么描述呢？为此，教科书里突然就冒出来了力矩的概念，$M = r \times F$，并且强调 r 是参照点到着力点的空间矢量，$\times$ 这个乘法叫叉乘（cross product），叉乘出来的结果，力矩 M，也是矢量，并且按照 $r \to F \to M$ 的顺序构成右手定则。一众教科书在那里起劲地阐述如何使用右手定则，却不去问这叉乘是个什么乘法、哪儿来的？又，$r \to F \to M$ 构成右手定则，不对，在二维的平面里可没有什么右手定则，但力加到恰当的地方一样引起转动啊？

力矩 $M = r \times F$ 引出了一个力和距离的叉乘。为了表示力陪伴一定距离所做的功，人们引入了

$$W = \int_{x_1}^{x_2} F \cdot \mathrm{d}x$$

形式的表示，其中 $F \cdot \mathrm{d}x$ 之间的乘法叫点乘，也被称为标量积、内积（这儿有点儿乱）。这下问题好像清楚了：力矢量和位移矢量之间有两种乘积，点乘和叉乘，点乘同做功有关，而叉乘同力矩有关。但是，什么情况下该点乘、什么情况下该叉乘啊（下页图）？这个问题让我从中学起一直很困惑。其实，这个困惑人家克利福德一百多年前早就给我们解决了，但我们的物理教科书假装不知道。

推的人是在做功呢还是在产生力矩呢？

在克利福德的几何代数中，两个矢量的几何积定义为 $ab = a \cdot b + a \wedge b$，其中 $a \cdot b$ 是格拉斯曼的内积，$a \wedge b$ 是格拉斯曼的外积。那个让笔者从中学起就疑惑不解的力到底是做功还是产生力矩的问题，也迎刃而解。当力矢量 F 和位移矢量 $\mathrm{d}x$ 相遇时，它们的积从一开始就天然地是几何积，$F\mathrm{d}x = F \cdot \mathrm{d}x + F \wedge \mathrm{d}x$，其中的内积项 $F \cdot \mathrm{d}x$ 就是做功，而外积项 $F \wedge \mathrm{d}x$ 与力矩有关。当然，这里面还有两个尚待澄清的问题。其一，力矩 $M = r \times F$ 中的叉乘仅存于三维空间中，叉乘和外积之间还差个单位赝标量 $I = \sigma_1 \sigma_2 \sigma_3$；其二，力矩中的 r 是相对于参照点的位置矢量，不是位移矢量。力矩这种同位置有关的量，按照克利福德的话来说，是有大小、方向和位置（magnitude, direction and position）的物理量，需要格外注意。这里的问题，可能同力的角色是否合适有关。我们不妨改而考虑位置矢量 r 和动量矢量 p 之间的积，$rp = r \cdot p + r \times p$，其中 $r \times p$ 是我们熟悉的角动量，而

$$r \cdot p = \frac{1}{2}\frac{\mathrm{d}I}{\mathrm{d}t}$$

I 是转动惯量，这个内积 $r \cdot p$ 出现在维里定理（virial theorem）里。有些文献就称之为virial（力）*。矢量 r, p 都是有大小和方向的量，但是 $r \wedge p$ 有大小、方向和位置，也就是说当两个矢量通过外积耦合到一起时，那个矢量的位置任意性没了。

克利福德代数克服了四元数代数只适用于三维空间的局限以及其中的一些错误认识，它适用于任意维空间，而且有除法。更重要的是，它发展了格拉斯曼的扩展的学问，对应任意 n 维矢量空间的克利福德代数是一个 2^n 维的代数，这个多重、多层次的代数具有强大的计算能力、紧致的表达能力。用它学习经典力学、电动力学、量子力学、相对论和规范场论，推导的过程会简化许多，也避免了一些概念上的混杂不清。举例来说，用几何代数表达，麦克斯韦方程组就是简单的一个式子，$\nabla F = J$。

3. 克利福德的物理学成就

克利福德的人生只有短短的34年，且成为了一流的数学家，因此他即便热衷物理，其投入物理研究的时间也不可能多。但是，对于天才来说，成就不是用投入精力与时间的多少来衡量的。作为一个一流数学家，克利福德对数学家认识世界的局限有清醒的认识，"没有数学家能够对当前力学教科书中使用的物质、力、惯性之类的语言赋予意义（No mathematician can give any meaning to the language about matter, force, inertia, used in current text-books of mechanics.）"。也因此，克利福德将一些宝贵的时间用于物理学的阐释与研究，他的只言片语都比所谓职业物理学家有更高的物理素养，都

$*$ 　　力的拉丁语名词为vis。

更有深度、意义与价值。克利福德有过人的教导他人的本领，是清晰的表达者、令人叹服的演讲者。

克利福德留下一本物理教科书，*Elements of Dynamic*（动力学原本），开篇短短的几句话就把力学的那点儿家底儿交代清楚了。描述运动的学问叫动理学，kinematics（κινυμα，motion），分为点粒子的平动（translation）、刚体的转动（rotation）与绕动（twist，即translation + rotation），以及弹性体的形变（strain）；而根据力的规则计算运动的学问叫动力学，dynamics（δυναμις，force），分为描述静止情形的statics（静力学）和发生运动情形的kinetics（运动学）*。statics是kinetics的特例。无须多深入，笔者即已佩服得五体投地。无法详细介绍这本书，我就把这本书的谋篇列在这里，大家看看结构吧。《动力学原本》分为三部分：

Book I. Translations

chapter 1: steps

chapter 2: velocities

chapter 3: general orbits

Book II. Rotations

chapter 1: steps of a rigid body

chapter 2: velocity-systems

chapter 3: special problems

Book III. Strains

chapter 1: strain-steps

---

* 其实kinetics才是动力学。statics不是kinetics的对立面。

chapter 2: strain-velocities

这里的step是指由平动造成的位置改变，这个概念在后来的力学书里没有了。关于力学，从质点的kinematics开始到质点与刚体的dynamics，然后是弹性体的strain，如果愿意的话可以接下来研究hydrodynamics（流体动力学）和aerodynamics（空气动力学），可以说是逻辑清晰。真心希望我国的力学人才培养体系能注意到这本书的存在。

在一篇1880年由他人整理发表的题为《能量与力》的文章中，克利福德再一次体现了他作为一流数学家理解物理基本概念之深刻与清晰。兹摘录几句，以飨读者。"不谈论关于动量的定律就不足以解释力（force cannot be explained without stating a law of nature concerning momentum）""动量变化依赖于相对其它物体的位置变化"，强调力不是孤立的因素，由此可引向机械能守恒；"动能是动量被携带的速度（energy of motion is the rate at which momentum is carried along）"，这句谈论的是 pv，即活力（vis viva）。能量守恒定律的意义在于："能量守恒是无价的负面定律，它让我们以绝对的把握去拒绝无数的、因为好像能解释自然的复杂性而看起来有些诱人的假说。（It is invaluable as a negative law. It enables us to reject with absolute certainty countless hypotheses that would otherwise be temptingly appropriate to elucidate the complexities of nature.）"这些简单的阐述读来都有醍醐灌顶的效果。

当然，仅仅诠释物理不足以奠定一个人物理学家的地位，创造了物理学才算。克利福德凭借1876年的《论物质的空间理论》一文就足以厕身有思想的伟大物理学家之列。此文不过寥寥三百余字，大意如下。黎曼说有不同的三维空间，我们只能用经验找出我们到底生活在什么样的三维空间。平面几何的公理适用于纸张，但纸张真有褶子，遇到褶子这平面几何公理就不成立了。对三维空间立体几何公理在实验范围内成立，但也未必对任何角落都成

立。克利福德说，这启发他想到，为了解释物理现象，也许可以认为对任何小的空间范围，立体几何公理都不成立。如此看来，

1) 如同大体平直的地面上存在起伏的山丘，存在小的空间区域，其中一般的几何规律是不成立的；

2) 这种空间被弯折或者扭曲的性质如同波一样从一处传递到另一处；

3) 空间曲率的变化发生在物质的运动中，不管这物质是重物还是类以太的那种；

4) 物质世界里只有这种曲率的变化，当然啦要满足连续性。

熟悉广义相对论的人都知道，后来广义相对论的描述几乎从未脱离这篇短文的框架。克利福德是第一个认识到引力可以用变曲率空间加以模型化的人。

1879年3月3日克利福德辞世，1879年3月14日爱因斯坦诞生。

展现克利福德惊人的概念清晰此一特点的，是他的《精确科学的常识》第二版，内容包括number（数）、space（空间）、quantity（量）、position（位置）和motion（运动）五章，据说原计划还有mass（质量）一章，但因为克利福德早逝，可惜未能如愿完成。也难怪人们感叹："If he had lived we might have known something.（如果他还活着我们可能会已经知道了些什么。）"

此书开篇第一章谈论number，认识之深刻就可见其后来成就的必然。克利福德从最基本的地方开始思考，提取数的乘法有交换律和结合律。再对interchange（交换）和alternation（交替）这些在方程理论、量子物理、场论中的关键概念进行思考。定义是要依据操作的，或者物理现实的。其实考察乘法发生的简单自然过程，会发现有些乘法是操作（operation）作用于对象的那种（不怕你笑话，我是大三学量子力学时才第一次听说operator， operation，后来很晚才听说 operand 的）。把减仍当作是加，数字就有了方向，就有了负数。**负数之间的乘法该有相应的物理才不会是荒唐的。**思考这些会带来困扰，但也会提升我们的能力。我们发明的每一个操作（operation，运算）都相当于问一个问题，这些问题可能有也可能没有答案。如果对于没有答案的情形我们把问题的答案形式地写下来，并且谈论它们，好像它们意味着点儿什么似的，我们就可能是在那里瞎扯（talk nonsense）。但是这些瞎扯不可以当垃圾丢弃掉。我们可以扩展，概念（词语）意义的逐渐扩展可能是最有力的研究工具，当然也应以同问题成比例的谨慎对待之。这一段可看作是克利福德一生的人生哲学和工作信条，他最伟大的成就，提出几何代数，恰是在格拉斯曼《扩展的学问》基础上把内积和外积给写到一起。

乘法的发展是扩展的学问的一个好例子。从简单的自然数与自然数的乘积，比如 $2 \times 3 = 6$，扩展到操作与操作对象之间的乘积，比如 $D3 = 6$，D 代表加倍（double）的操作，考虑到减法引入了负数，然后就有负数乘上负数的问题。这个问题对于小孩子来说就是个扯淡的问题，负负得正，什么意义啊？有了对意义、对对象的不断扩展，负负得正才有了意义。试举两例。电荷是极性的标量，分正负，依据库仑定律 $F \propto q_1 q_2$，两个负电荷 $-q_1$ 和 $-q_2$ 之间，同两个正电荷 q_1 和 q_2 之间一样，是斥力。另一个例子，是格拉斯曼的外积，$a \wedge b = (-a) \wedge (-b)$，意思是说平行四边形 $a \wedge b$ 和 $(-a) \wedge (-b)$ 的面积相等、取向相同。这样的内容，笔者以为，在我们给小孩子讲述负负得正的时候，是无论如何要想着法子给他们物理图像清晰的例子的，否则，大可以等到老师自己听说过一个例子以后再教。

克利福德最终成了几何代数之父，他对几何之基础的认识太深刻了。笔者简短地读了《精确科学的常识》中 space 一章的几段，都有要落泪的感觉。"几何是一门自然科学（GEOMETRY is a physical science）。点不是小到无穷的粒子，而是线之相邻两部分的边界，而线是面之相邻两部分的边界，而面是空间之相邻两部分的边界。点是我们可见和可知的事物，不是我们在思想里构造的抽象。"这颠覆了笔者一贯阅读得来的知识，而我选择接受他的观点。"只有当我们有可以随处携带且被携带到任何地方都不会改变其长度的测量杆时，测量距离才是可能的。""如果我们假设 1) 不同物体经历相同的改变；2) 任何物体被带回到远处时占据同样的空间，则我们设想物体从一处挪到另一处时长度会发生改变也未尝不可以。需要保证的是在一处吻合的两个物体，哪怕是经过不同的路径被带到了别处，也是吻合的，除非有别的原因造成了相反的结果。""不过，有没有可能长度确实仅仅是因为挪到别处就改变而我们一无所知呢？（Is it possible, however, that lengths do really change by mere moving about, without our knowing it?）"这段简短的叙述，规范场论和微分几何的思想全在里面了。我很好奇，外尔、列维－齐维塔他们是否确实读过这一段！有兴趣的读者，请参阅拙著《云端脚下》中的规范场论一章。

顺带说一句，克利福德研究哈密顿的四元数，他把矢量称为极性的量。今天在一些不能分清楚 B 为什么和 E 不是一类物理量的物理教科书中，会把 E 称为极矢量，而把 B 称为轴矢量。这个极矢量概念的来源，应该算在克利福德的头上。使用克利福德代数的语言，电磁场强度为 $F = E + BI$，其中 I 是克利福德代数意义下的赝标量。

4. 克利福德的哲学与科学方法论

克利福德是深刻的哲学家，他在30岁时当选英国形而上学学会会士。克利福德这样的哲学家，个人认为同型号的有后来的英国人罗素、彭罗斯和德国人外尔等，他们的哲学思想是在创造过数学、物理的具体实践基础上的言之有物，是能写入人类智慧史的。在笔者看来，哲学最恰当的分类是分成两类，即言之有物的哲学和不知所云的哲学。

克利福德是受斯宾诺莎影响的自由主义者，他的为那些不屑于学一丁点儿数学与物理的哲学家所喜爱的概念创造包括mind-stuff（思维原料）和tribal-self（部落自我，出自1875年的 *On the Scientific Basis of Morals*）。在 *The Ethics of Belief*（信仰的伦理）一文中，克利福德指出，"头脑的单纯、地位的卑微，都不能让我们逃避诘问我们信仰的普遍义务（No simplicity of mind, no obscurity of station, can escape the universal duty of questioning all that we believe.）""一言以蔽之，证据不足即相信，大谬也（To sum up: it is wrong always, everywhere, and for anyone, to believe anything upon insufficient evidence.）"。这后一句话的英文比较啰唆，笔者更喜欢它的法文译文il était immoral de croire des choses sans preuve，据此译为"未经证实即相信是不道德的"，更加掷地有声。当然了，这样的科学家的信仰宣言是得罪人的。此文经常和美国哲学家詹姆斯（William James，1842—1910）1896年的 *The Will to Believe*（相信的意愿）背靠背出版，算是人类文化史上的一件趣事。

对于数学家和物理学家来说，克利福德的哲学文字是字字珠玑。"我们通过赋予那些能够使得原先没有答案的问题拥有答案之字词或者符号以新的含义，从而把荒唐转化成意义。（We turn the nonsense into sense by giving a new meaning to the words or symbols which shall enable the question to have an answer that previously had not answer.）"这是数学、物理创造者的经验之谈啊。读读格拉斯曼、哈密顿等人的著作，就知道克利福德在说啥。

5. 克利福德的童话

据说克利福德喜欢写诗。按维基条目，克利福德创作有童话集*The Little People*（小人儿）。现存的文献有一本Juliet Pollok（朱丽叶·波洛克）编著的*The Little People and Other Tales*（1874），从书名看是1874年编纂的Juliet Pollok, William Kingdon Clifford, Walter Herries Pollok（瓦尔特·赫里斯·波洛克）三人的合集。既然这个童话集是克利福德婚前一年就出版了的，可见克利福德确实就是一个喜欢孩子的人，不是有了自己的孩子才去给孩子写童话。这本书被后来的出版者誉为具有重要文化意义的历史性著作，可惜因为一直找不到文本，恕笔者不敢置喙。据说当克利福德送给女小说家艾略特（George Eliot，1819—1880）这本童话集时，书中还夹上一首小诗，最后四句可粗略翻译如下：

Listen to this baby-talk:	听那幼儿的呢喃，
'Tisn't wise or clear;	自是懵懂、含混；
But what baby-sense it has	可这幼儿的心事，
Is for you to hear.	是让你听的啊。

多余的话

　　研究克利福德的生平与学问，我一直琢磨他到底是如何读书、如何研究、如何著述的，他毕竟只活了短短的34年啊。同样是读书人，这读书人和读书人的差别也忒大了点儿。想说说笔者对读书境界的认识。一类读书人的境界是过目成诵，英文的说法是有一双eidetic eyes。野史云，王安石向苏洵夸赞自己的儿子王雱"读书只一遍，便能成诵"，被苏洵回怼："我还没听说过谁家孩子念书要念两遍的！"这种对几乎没有多少内涵的母语文本的快速把握虽然一般人做不到，但也不值一提（我承认我做不到，但我依然觉得这是最低层面的，我这么做一点儿也没有逻辑上的困难）。这读书的第二重境界是读一遍便能理解，并且还能融合自己的思想转述与他人，类似某些天才音乐家，一首曲子听一遍就能演奏，而且是用自己的理解天衣无缝地表现出来。克利福德这类人读书，大概属于我要说的第三重，就是对那些数学、物理、哲学方面的巅峰典籍看一遍即有深刻见解，并且还能做出突破性的发展。克利福德读书若不是在这第三重境界，他的时间根本不够。

　　作为一个当了多年学生和多年教师的人，关于教书和做学问，笔者多少有一些感慨。我觉得吧，作为教师，拥有好学的姿态和不停地学习的实践是起码的任职资格。因为我的一直不学无术，我作为教师只欠世界半个道歉，而我若一直固步自封，那我就欠世界一个半道歉了，毕竟不学无术可能事关天资不足，是可以自我原谅的，而固步自封就纯属思想问题了。

建议阅读

[1] William Kingdon Clifford. Applications of Grassmann's Extensive Algebra. American Journal of Mathematics, 1878, 1(4): 350-358.

[2] Robert Tucker (ed.). Mathematical Papers by William Kingdon Clifford. MacMillan and Co., 1882.

[3] William Kingdon Clifford. Elements of Dynamic: An Introduction to the Study of Motion and Rest in Solid and Fluid Bodies. MacMillan and Co., 1878—1887.

[4] William Kingdon Clifford. Energy and Force. Nature, 1880, June 10: 122-124. (身后由 F. Pollock整理的)

[5] William Kingdon Clifford. The Common Sense of the Exact Sciences, second edition. Kegan Paul, Trench & Co., 1886.

[6] William Kingdon Clifford. The Ethics of Belief. Contemporary Review, 1877.

[7] William Kingdon Clifford. Seeing and Thinking. Macmillan and Company, 1879.

[8] Mansfield Merriman, Robert S. Woodward. William Kingdon Clifford. Prabhat Prakashan, 2018.

[9] Chris Doran, Anthony Lasenby. Geometric Algebra for Physicists. Cambridge University Press, 2003.

[10] D. Hestenes, Garret Sobczyk. Clifford Algebra to Geometric Calculus: A Unified Language for Mathematics and Physics. Springer, 1987.

[11] Alexander Macfarlane. Lectures on Ten British Mathematicians of the 19th Century. Chapman and Hall, 1916.

08 勒庞

勒庞，法国医生、社会学家、社会心理学家、物理学家。勒庞对大众心理、社会心理、人类学、文化演化等诸多内容进行了科学考察，撰写了大量开创性的著作，其中诸多思想还影响了后世科学家的思考。勒庞是一流的科学家，他所有的著作都首先是科学著作。勒庞的物理学著作涉及他所处时代的所有前沿话题，包括原子内能、物质－能量转化、宇宙的物质基础、放射性物质等，其关于力的演化、物质的产生与消失、物质与能量的去实体化方面的思考，都是思想家型物理学家的水准。勒庞最为人称道的是《乌合之众》一书，被誉为影响世界的20本书之一。勒庞享年90岁。

大众心理学，社会心理学，
文明演化，物理学，混沌与有序

Sapere aude.*

1. 引子

2019年8月5日，笔者的朋友圈里涌进了两篇网文，一篇与德国哲学家康德有关，一篇与法国社会学家勒庞有关。在阅读这两篇文章时，笔者想起了自听说过这两人名字起我本人所获得的关于这两人及其著作的印象（的变迁），有些话如骨鲠在喉，不吐不快。在我们使用的语境中，我们对人家的偏见是不是太深了？他们可不单纯是文科教授啊。

先说康德（Immanuel Kant，1724—1804）。传说康德的三大批判特别难读。前述网文从一张某人读《纯粹理性批判》中译本的照片谈起，说正在看的那一页估计是该书的内封面——敢再往里多翻一页都是智力上的挑战。国际上也有拿《纯粹理性批判》英文版第一句打赌的逸事，说能读完第一句的算是好汉。认为康德的著作不好读，我猜有两个原因。首先，我们是不是拿康德的著作当philosophie, philosophy或者哲学读了？康德经过长期努力在45岁时当上柯尼斯堡**大学的逻辑与形而上学（Logik und Metaphysik）教授，他是科学家，是一辈子凭数学、物理吃饭的。地震研究（见于1756年发表的 *Geschichte und Naturbeschreibung der merkwürdigsten Vorfälle des Erdbebens, welches an dem Ende des 1755sten Jahres einen großen Theil der Erde erschüttert hat*等三篇论文）、关于太阳系的形成与演化，还有星云说（见于1755年出版的*Allgemeine Naturgeschichte und Theorie des Himmels*一书***），这些才是康德

*　　敢于做一个思考的人。
**　　Königsberg，今属俄罗斯，名Калининград（加里宁格勒）。
***　　此书的汉译名为《自然通史和天体理论》。

见学问的地方。康德的数学、物理知识是一流的，这些知识贯穿于他的三大批判，比如关于强度量无限趋于零的一段论述就大大加深了笔者对热力学的理解，知道温度不过是和压强一样的强度量（intensive quantity），就会觉得拿绝对温度不可达到来装神弄鬼一通高论有点儿莫名其妙。绝对温度不可达到和绝对真空不可达到一样是个自然而然的事情。没有科学研究经验的人对康德在《纯粹理性批判》的第一句就对Erfahrung（经验、感觉、摸索、驾驭的意思）那么推崇，恐怕不易理解。康德一辈子从未离开过的家乡小镇柯尼斯堡，出过的大科学家（指影响世界的数学家和物理学家）不可胜数，比如有希尔伯特、闵可夫斯基（Hermann Minkowski，1864—1909）、索末菲、基尔霍夫（Gustav Kirchhoff，1824—1887）、哥德巴赫（Christian Goldbach，1690—1764）、雅可比等等，这些人哪一个不是形象如长虹贯日、名声如响雷贯耳？然而，论数学与物理，康德并不逊色许多。其二，康德著作的英文版和中文版确实不好读，可那根本不是人家康德的文字啊！比如到处流传的《实践理性批判》中关于"头顶的星空和内心的道德律令"的那一段，原文如下："Zwei Dinge erfüllen das Gemüt mit immer neuer und zunehmender Bewunderung und Ehrfurcht, je öfter und anhaltender sich das Nachdenken damit beschäftigt: Der bestirnte Himmel über mir, und das moralische Gesetz in mir." 德语大白话啊，可以给德语中级班同学作朗读练习用的啊。英语可以把最后一句翻译成the starry heaven over me, the moral laws in me，也是大白话。翻译康德著作的其它段落皆可如法炮制，你非要给人家翻译成佶屈聱牙、不战而屈人之兵的唬人样子，那不是康德的错。至于有些人既不掌握康德会的那些基础知识又不阅读康德自己写的文字，甚至根本没读过康德文字的译文，却到处传谣说康德的书难读，那属于下意识地跟出版社过不去的敌对行为。顺便说一句，德语《康德传》的中文译者是罗章龙同志。

康德大家都熟，许多人也隐隐约约知道他是个科学家，故不作深入介绍了。有一位因为一本影响世界的社会学著作可能会被误认为文科学者的人，是法国人勒庞。勒庞自称是医生，以医官的身份在军队服役过，是社会学家、社会心理学家、发明家、物理学家，但是中文的勒庞介绍一般只说他是社会学家、社会心理学家、作家。有必要详细介绍一下勒庞这个放在通才型学者里面也算杰出与另类的人物了。

2. 勒庞小传

勒庞（Charles-Marie Gustave Le Bon，1841—1931），法国医生、社会学家、社会心理学家、发明家、业余物理学家。Le Bon源自法国历史上显赫的卡诺家族，卡诺家族的先人中有热力学奠基人萨迪·卡诺（Sadi Carnot，1796—1832）及其侄子——法兰西第三共和国总统玛利·弗朗索瓦·萨迪·卡诺（Marie François Sadi Carnot，1837—1894）。勒庞1860年进入巴黎大学学医，1866年获得医生资质，自此以后勒庞便自称勒庞大夫，虽然他一直没有正经地当医师。在上大学时勒庞就开始撰写文章，当然是关于疾病的文章。1866年，勒庞出版了第一本著作*La mort apparente et inhumations prématurées*（假死与早葬），在该书中讨论了死亡的定义，是相关话题法律意义上讨论的先驱。

勒庞

1870年普法战争爆发，勒庞以医官的身份参军。在战争中，勒庞见证了战争的残酷，考察了战争造成的悲惨景象，尤其是战败一方的感受。战后，勒庞写下了关于军队的纪律与指挥问题以及人遭遇压力与苦痛时行为的反思。这些反思赢得了军方的赞扬，后来成了法国圣西尔军校以及其他军校的教材。普法战争结束后，勒庞被授予法国荣誉军团骑士称号。

1870年代，勒庞对人类学发生了兴趣，后来的一段时间里其曾在欧洲、亚洲和非洲做了大量旅行考察，其中1884年考察亚洲文明是受法国政府的委派。这些考察活动的结果，一是让勒庞有了文化主要受遗传因素影响的观点，二是由此撰写了关于阿拉伯文明、印度文明、东方主要文明的一系列专著。这些专著都应当从多学科的视角加以解读。勒庞支持文化进化的生物决定论观点，提出脑壳容量同智力之间的关联，其1879年的 *Recherches anatomiques et mathématiques sur les variations de volume du cerveau et sur leurs relations avec l'intelligence*（关于脑容量变化及其与智商的关系之解剖学与数学的研究）一文让他获得了法国科学院的大奖。

1920年，勒庞作为生理学与相关科学（psychology and allied sciences）教授从巴黎大学退休。1931年勒庞辞世，享年90岁。勒庞终其一生思考不止、著述不止。在其生命的最后一年，勒庞还出版了更见学术底蕴的《历史哲学的科学基础》一书。勒庞部分著作目录罗列如下：

1) *La mort apparente et inhumations prématurées*（假死与早葬），1866

2) *Traité pratique des maladies des organes génito-urinaires*（生殖－泌尿器官疾病），1869

3) *La vie (Traité de physiologie humaine)*（人类生理学），1874

4) *L'homme et les sociétés — Leurs origines et leur histoire*（人与社会——起源与历史），1881

5) *La civilisation des Arabes*（阿拉伯文明），1884

6) *Histoire des Civilisations de l'Inde*（印度文明史），1886

7) *Les premières civilisations de l'Orient*（东方主要文明），1889

8) *Les civilisations de l'Inde*（印度文明），1893

9) *Les lois psychologiques de l'évolution des peuples*（人类进化的心理规律），1894

10) *Psychologie des Foules*（乌合之众），1895

11) *Psychologie du socialisme*（社会主义心理学），1898

12) *Psychologie de l'éducation*（教育心理学），1902

13) *La psychologie politique et la défense sociale*（政治心理学与社会性防御），1910

14) *Les opinions et les croyances*（观点与信仰），1911

15) *La révolution française et la psychologie des révolutions*（法国大革命与革命心理学），1912

16) *Aphorismes du temps présent*（时局箴言），1913

17) *La vie des vérités*（真理的生命），1914

18) *Enseignements psychologiques de la guerre européenne*（欧洲战争的心理教训），1915

19) *Premières conséquences de la guerre: transformation mentale des peuples*（战争的首要后果：人的精神转变），1916

20) *Hier et demain. Pensées brèves*（过去与未来：随想），1918

21) *Psychologie des temps nouveaux*（新时代心理学），1920

22) *Le déséquilibre du monde*（世界的失衡），1923

23) *Les incertitudes de l'heure présente*（时局的不确定性），1924

24) *L'évolution actuelle du monde, illusions et réalités*（世界的真实进化——幻觉与现实），1927

25) *Bases scientifiques d'une philosophie de l'histoire*（历史哲学的科学基础），1931

除此之外，勒庞还发表过大量关于解剖学、心理学、社会学、物理学的论文（见下）。由于勒庞的一些书籍和文章不易找到，加之作者才疏学浅对手头现成的资料也不能很好地领会，故而不敢深谈，殊为遗憾。

3. 勒庞的大众心理学

让勒庞名满天下的是他的著作《乌合之众》，笔者也是从这本小册子知道勒庞的。这本书1895年出版，法文名为*Psychologie des Foules*，字面意思是大众心理学，是勒庞心理学著作系列中的一本。这个系列包括社会主义心理学、教育心理学、政治心理学和新时代心理学，等等。该书的英文译名为*The Crowd: A Study of the Popular Mind*，可算平淡中肯。有意思的是中文译本，书名为《乌合之众》，书名将重点放在人上了。乌合之众，语出《后汉书·耿弇传》，意思是像乌鸦似的聚集在一起的一帮人。将书名定为《乌合之众》，相较原文贬义溢于言表。当然，《乌合之众》的译法也没有冤枉勒庞。《乌合之众》表现的是作者的完全精神自由，它对抗所有的意识形态，左的和右的。这本书大受欢迎，是因为它说出了许多人不敢说出的话。作为乌合之众中的一员，人们也有理由和习惯瞧不起乌合之众。《乌合之众》曾被选为改变世界的20本书之一。

然而，即便是《乌合之众》这样的一本通俗小书，勒庞也是拿它当科学论文写的。你看它的章节目录，妥妥的使用手册的范儿。当笔者得知勒庞是医生、科学家时，忍不住会心一笑。《乌合之众》分为三部分：第一部分为民众的灵魂，4章；第二部分为民众的观点与信仰，4章；第三部分为民众的分类与描述，5章。其中，第二部分或许是勒庞1911年所著 *Les opinions et les croyances*（观点与信仰）一书的前驱。

《乌合之众》为简单聚合的群体画了一幅心理肖像，其过人之处在于建立在科学认知基础上的一针见血。勒庞列举了群众心理的三个关键特征——匿名性、传染性和暗示，指出匿名性为一个群体中的个体提供了一种不可战胜的感觉，并导致个体责任感的丧失，使得个体变得原始、无理和情绪化。自我克制的缺乏使得个体屈服于本能，从而自觉接受"集体潜意识"的控制。《乌合之众》这本书被不同文化背景的人出于不同目的大量引用。兹略举几句，供读者品味："Elles ne peuvent exercer qu'un rôle destructeur（他们只会扮演破坏者的角色）""Ignorance générale de la psychologie des foules（群体心理的普遍性无知）""La foule est toujours dominée par l'inconscient（群体总是由无意识控制）""La foule est aussi aisément héroïque que criminelle（群体极易像罪犯一样逞英雄）""Impulsivité, mobilité et irritabilité des foules（群体的冲动、易变与易怒）""Rien n'est prémédité chez les foules（群体做事率性而为）""Suggestibilité et crédulité des foules（群体的易惑与轻信）""Exagération et simplisme des sentiments des foules（群体情感的夸张与直白）""Les foules ne sont pas influençables par des raisonnements ... Elles pensent par images, et ces images se succèdent sans aucun lien（群体不受理性影响……他们用图像思考，而这些图像缺乏关联）""Les foules sont les conservateurs les plus tenaces des idées traditionnelles（群体是对传统观念坚定不移的保守派）""La puissance des mots est liée aux images qu'ils évoquent et est indépendante de leur sens réel（言辞的威力在于其唤起的图像，与其真正意

义无关）"等等。

特别引起笔者注意的是勒庞关于群体行为的描述，他注意到了群体的自组织以及从混乱中产生有序的过程，这是后来的多体物理以及远离平衡态体系的热力学的关键思想。比如这句"C'est grâce à lui que l'ordre peut sortir du chaos（多亏了煽动者，从混沌中产生了有序）"。（扰动使得）从混沌中产生了有序，多么熟悉的表达啊。如果见过针尖碰触过冷水引起的瞬间结冰现象*，就能更加深刻地体会勒庞的这句话。1984年，比利时化学家普利高津（1917—2003）出版了 *Order out of Chaos*（从混沌到有序）一书，阐发了远离平衡态的体系如何从混沌中产生有序，为理解生命的起源提供了新的视角。此外，勒庞探讨了群体自组织产生它的规律的过程，而物理学家安德森（Philip Warren Anderson，1923—2020）在 *More Is Different*（多者异也）一文中明确指出多粒子体系在不同层面上会产生其独有的规律，这是凝聚态物理一样是最高深物理理论的理由。注意，普利高津是1977年度诺贝尔化学奖得主，安德森是1977年度诺贝尔物理学奖得主，巧合乎，还是勒庞的影响开花结果了呢？

有评论家高度评价《乌合之众》，谓勒庞是有眼界的思想家。其实，哪有什么眼界，那更多的是学问功底问题。勒庞对乌合之众的批判，恰是建立在对la masse inorganique（一盘散沙的群体）的科学认知之上的。**学问一事，没有完备，便没有深刻**。生命是这个宇宙中最复杂的物质体系——多粒子、多层次、远离平衡态、自支撑还能自组织，再没有比生命群体更难研究的对象了，也没有比生命及生命群体的研究对研究者学识之渊博要求更高的了。《生命是什么？》所表达的对生命的初步的、推测性的思考是薛定谔（1933年度诺贝尔物理学奖得主）做的。勒庞和他的《乌合之众》表明，如果没有全面系统的科学训练和卓有建树的研究实践，一个人凭什么是社会学家呢？

*　水的均质形核结冰温度在零下41℃。

4. 勒庞的物理学成就

在勒庞的诸多学术论文中，下列的几篇从题目来看应该算是物理学论文：

1) *La luminescence invisible*（不可见发光），1899

2) *Le rayonnement électrique et la transparence des corps pour les ondes hertziennes*（电射线与物体对赫兹波的透明性），1899

3) *De la transparence des corps opaques pour des radiations lumineuses de grande longueur d'onde*（光学介质对长波光辐射的透明性），1899

4) *La variabilité des espèces chimiques*（化学元素的变化），1900

5) *Les formes diverses de la phosphorescence*（多种形式的磷光），1900

6) *L'uranium, le radium et les émissions métalliques*（铀、镭与金属放射性），1900

7) *La matérialisation de l'énergie*（能量的实体化），1904

8) *Le monde intermédiaire entre la matière et l'éther*（物质与以太中间的世界），1904

9) *La dématérialisation de la matière*（物质的去实体化），1904

10) *La dématérialisation de la matière comme origine de la chaleur solaire et de l'électricité*（作为太阳热与电之起源的物质去实体化），1905

11) *Le rôle de la vitesse dans les phénomènes*（速度在现象中的角色），1908

显而易见，勒庞考虑的物理问题不仅范围广，而且意识超前，其境界之高可不是一般职业物理学家有的。不可见的发光（放射性）、热与电起源之物质的去实体化、物质的去实体化、速度在现象中的角色，这些都是后来近代物理的主题。笔者未能认真研究这些论文，有些一时也找不到，故不敢乱说。然而，仅就这些文章题目而论，都没有理由认为勒庞不是一个相当出色的物理学家。

勒庞的物理学专著彰显了更高的学术水平。勒庞的物理学专著包括 *L'évolution de la matière*（物质的演化，1905）、*La naissance et l'évanouissement de la matière*（物质的产生与消失，1907）、*L'évolution des forces*（力的演化，1907），都是大师级人物的作品，在欧洲（尤其是法国）的物理学界有深刻的影响。这些著作恰好出现在原子物理和相对论发展的关键时期，它们被翻译成多种文字并被广泛引用。笔者就是在撰写《相对论——少年版》时从参考文献中得知勒庞是大物理学家的。谈论时间、空间、物质这些物理概念与力的关系，勒庞《力的演化》一书中的一些章节是经典。而在《物质的演化》一书中，原子内能、物质–能量转化、宇宙的物质基础、物质的解离、放射性物质、光造成的能量泄露，这些原子物理和狭义相对论的时髦主题，勒庞都能从容驾驭，娓娓道来。在1907—1908年的背景下，世界上达到这个水平的物理学家屈指可数。浏览勒庞的《物质的产生与消失》一书，笔者忽然理解了西方物理学家为何能为量子场论想到产生算符和湮灭算符的概念，为什么在光学和固体物理中要研究evanescent state（倏逝态）了。

多余的话

1995年夏末，笔者曾去到巴黎的拉雪兹神甫公墓（cimetière du Père-Lachaise），可是我不知道勒庞这位著名的通才型学者就葬在那里，未能前往凭吊。如今草就此文，期盼能有助于澄清人们对勒庞的形象认知，也算是一份迟到的敬意。

　　勒庞学问驳杂，成就斐然，其著作不乏开山之作。然而让他成名的却是《乌合之众》这本薄薄的小册子。在勒庞的作品中，这本小书属于通俗类，它的知名不是因为有多么重的学术分量而恰恰是因为它通俗。勒庞的《政治心理学》的读者可能远少于《乌合之众》。巨擘型学者的心血之作，尤其是开山之作，一般是要在寂寞中眼巴巴地等待它的赏识者。及至有了赏识者，尾随而来的群众型学者也只是人云亦云而已，他们甚至不会亲自动手去翻一翻那样的著作。举例来说，维特根斯坦（Ludwig Wittgenstein，1889—1951）的 *Tractatus Logico-Philosophicus*（逻辑哲学论），便属于此类。我猜测勒庞的《历史哲学的科学基础》也难免这样的命运。它们都对读者的要求太高了。

　　《乌合之众》让勒庞名满天下，而他更多具有深刻洞见的学术著作却无人知晓，那么对于乌合之众的心理，勒庞可算是真的了如指掌的啦。想必他一点儿也不会因此而失望。然而，在真正理解一部作品之前，了解一下作者及其作品的全貌，或许是有帮助的吧。比如，读读1911年才出版的《观点与信仰》再回头去读《乌合之众》，感觉便不一样。

建议阅读

[1] Olivier Bosc. Gustave Le Bon: Un Mythe du XXe Siècle?（勒庞：二十世纪之谜？）. Société d'études soréliennes, 2010, 1 (28): 101-120.

[2] Raymond Queneau. Gustave Le Bon（古斯塔夫·勒庞）, Sixtus Éditions, 1990.

[3] Michel Korpa. Gustave Le Bon. Hier et Aujourd'hui（勒庞——昨日与明朝）. France-Empire, 2011.

[4] Ilya Prigogine, Isabelle Stengers. Order out of Chaos: Man's New Dialogue with Nature. Bantam New Age Books, 1984.

09 庞加莱

庞加莱是近代法国伟大的数学家、物理学家、哲学家、工程师，也被誉为人类最后一个啥都懂的人，其学问达到了现象级的深度。庞加莱是一个自成一类的科学家，主导了他所处时代的数学与物理，对所有他投身其中的领域都作出了重大贡献，其对相对论和量子力学的贡献是奠基性的、一锤定音式的。庞加莱还是哲学家，其实用偶然主义哲学对科学实践具有普遍的指导意义，而他的那些普及科学的优雅文字将持续影响这个世界。

数学物理，庞加莱引理，拓扑学，庞加莱圆盘，三体问题，相对论，量子化条件，引力波平庸的人关注非凡的事物，伟大的人关注平凡的事物。[*]

——帕斯卡

1. 引子

物理学有一个分类法是按照研究对象的数目划分的，包括单体问题、两体问题、少体问题和多体问题。近些年来，很多人的聊天词汇里多了个三体的概念。三体问题（three-body problem），一开始是个特别自然的天体物理问题：太阳－地球－月亮这样的靠万有引力相互作用的三体体系是否是稳定的？这是个标准的杞人忧天。三体的动力学问题没有闭合形式的通解，对于一般的初始条件都会表现出混沌行为（chaotic behavior）。混沌从此成了一个重要的交叉学科概念。这个概念就出自法国伟大的数学家庞加莱的工作。1890年，庞加莱在一篇长达270页的论文里为三体动力学问题的解决提供了系统的思想和数学技术，还让混沌等概念成为了一个社会性概念，被众多的领域所采用。

提起数学家，有个关于数学家判据的说法和庞加莱引理（Poincaré's lemma）有关，非常有趣。如果有一个人睡得迷迷瞪瞪的，你一脚把他踹醒，问"什么是庞加莱引理？"答不上来的，肯定算不上数学家。庞加莱引理有如此高的地位，可用作数学家的判据，估计会让许多人感到惊讶。庞加莱引理谈论的是开单位球上微分形式的零调性质。若 U 是 R^n 空间的开球，$E^k(U)$ 是 U 上的微分 k-形式（differential k-form）空间，则对于 $k \geq 1$，存在线性变换 $h_k: E^k(U) \to E^{k-1}(U)$，使得 $h_{k+1} \circ d + d \circ h_k = \mathrm{id}$，其中 d 是外微分符

[*]　据说出自帕斯卡的 *Pensées*，但笔者没找到这句的原文。

号，id是identity（单位算符）的缩写。庞加莱引理的推论之一是，若ω是开单位球体上的一个微分k-形式，且 dω = 0，则存在一个微分 (k - 1)-形式，有 dβ = ω。在矢量分析或者微分拓扑中，外微分为零的形式，dω = 0，是闭合形式；而一个微分k-形式如果是外微分，ω = dβ，则称其是恰当形式（exact form）。一个恰当形式肯定是闭合的，但逆命题不一定成立。在可收缩的域上，庞加莱引理保证闭合形式也必是恰当的。这部分对于未学过高等数学的读者来说有点儿难度，可以跳过。读者需要记住的是，这个庞加莱引理的推论在物理学上有诸多应用，（引力、电磁的）势理论，斯多克斯定理（Stokes theorem），这些物理学上至关重要的内容都与其有关。一般的物理教科书不走高深路线，不太提这些内容，但如果你熟悉这些内容，你在学数学物理的时候容易有豁然开朗的感觉。不教高深的东西恰恰让许多简单的东西看起来不易理解。

庞加莱被誉为人类最后一个什么都会的学者（the last universalist），一个全面型的专家（universal specialist），他对数学、物理以及哲学的贡献是全面的、独特的。庞加莱是自成一类的学者。对庞加莱，笔者怀有无限的崇敬。

2. 庞加莱小传

庞加莱（Henri Poincaré，1854—1912），法国数学家、物理学家、工程师、哲学家，毫无疑问的polymath，被数学界称为最后一个啥都懂的人。他之后的希尔伯特也算是数学啥都懂吧，但论物理就差多了——量子力学中的希尔伯特空间是冯·诺伊曼（John von Neumann，1903—1957）提出来的。

法语维基百科词条比较谨慎，称庞加莱为最后的啥都懂的大学者之一（un des derniers grands savants universels）。庞加莱1854年出生于法国南锡的一个大户人家，父亲是南锡大学的医学教授。之所以说庞加莱出身大户人家，是因为这家人才辈出，其中他的一个堂弟Raymond Poincaré是法语学院的院士（fellow of Académie française），在1913—1920年之间是法国总统。与此可比的是热力学奠基人卡诺（Sadi Carnot，1796—1832），其父是巴黎工科学校（Institut Polytechnique de Paris）的数学物理教授，后来他的一个侄子成了法国总统。

书房里的庞加莱

庞加莱小时候身体不好，由其母欧也妮（Eugénie Launois，1830—1897）亲自启蒙教育。庞加莱1862年进入南锡帝国学校（Lycée impérial de Nancy，如今已改名为庞加莱中学）上了11年学，各科全优，被数学老师称为数学大魔头。庞加莱1873年进入巴黎工科学校，1875年毕业。在巴黎工科学校，庞加莱跟着厄米特（Charles Hermite，1822—1901）学数学，成绩依然优异并在1874年发表了第一篇学术论文*Démonstration nouvelle des propriétés de l'indicatrice d'une surface*（面指标性质的新证明）。1875—1878年间，庞加莱在巴黎矿业学校（École des mines）学习，1879年获得采矿工程师学位；同期从巴黎大学毕业，在厄米特指导下获得了科学博士学位，论文题目为 *Sur les propriétés des fonctions définies par les équations aux différences partielles*（论由偏微分方程所定义之函数的性质）。具体说来，庞加莱这是发明了新方法研究偏微分方程的性质，他不仅研究这些方程可积的问题，还是第一个研究这些方程一般几何性质的人。

庞加莱的第一份工作是1879年在卡昂（Caen）大学当讲师。在那里，他得到了一个重要研究成果，是关于自守函数的。到了1881年，年仅27岁的庞加莱即已经确立了欧洲最伟大数学家的身份。1881年庞加莱转往巴黎大学，在1881—1882年间他发展了新的数学分支——微分方程的定性理论，对于某些微分方程在未加求解的情形下就可以获悉一些关于解的最重要信息。庞加莱1881年初到巴黎大学时被委任教授数学分析，后来他占据的教席涉及力学、数学物理、概率论、天体力学和天文学等诸多学科。1883—1897年间庞加莱在巴黎工科学校教授数学分析，1896年获得巴黎大学的数学天文学和天体力学的教席。庞加莱备受法国学术界推崇，1886年32岁时即当选法国数学学会主席，1900年再次当选，1902年又当选法国物理学会主席。1887年33岁的庞加莱入选了法国科学院，1906年成为其主席；1908年庞加莱还当选了法语学院（Académie française）的成员。法语学院也是法国学术机构（Institut de France）*下设的机构，是涉及法语事务的专门学术团体，始终保持40名成员的规模。1893年，庞加莱加入法国国家标准局，参与时间同步校准的工作，这份工作引导他考虑划分国际时区以及在运动物体间如何进行时间校准的问题，而这是狭义相对论的关键。庞加莱还曾三次当选法国长度标准局（Bureau des Longitudes）主任。物理量标准的建立是学（做）物理

---

*　翻译成法国学院？法国协会？不要和另一个学术机构法兰西学院（Collège de France）弄混了。

的起点，庞加莱的相对论成就与其在标准局的任职经历有关——读者是否还记得爱因斯坦创立狭义相对论时是在瑞士国家专利局工作的？庞加莱以数学家、物理学家的身份闻名于世，但也一直没有放弃他矿业工程师的身份，1881—1885年他负责法国北部铁路的修建，1893年升为矿业集团主任工程师，1910年升为总监（inspector general）。

庞加莱比较著名的数学成就包括：

1) Automorphic functions, uniformization（自守函数，单值化）

2) The qualitative theory of differential equations（微分方程的定性理论）

3) Bifurcation theory（分岔理论）

4) Asymptotic expansions, normal forms（渐近展开，范型）

5) Dynamical systems, integrability（动力学系统，可积性）

6) Mathematical physics（数学物理）

7) Topology / Analysis situs（拓扑）

8) Number theory（数论）

9) Algebraic geometry（代数几何）

至于天文与物理，庞加莱在这些方面的成就包括提出了混沌理论，其对经典力学、流体力学、电磁学和光学的贡献可能不是很显著，但是对量子力学和相对论的建立其贡献却是奠基性的、一锤定音式的。

在庞加莱身后，法国科学院为他出版了11卷的文集（Œuvres publiées sous les auspices de l'Académie des Sciences），具体地：

Tome 1,　　Équations des différentielles（微分方程）

Tome 2,　　Fonctions Fuchsiennes（福克斯函数）

Tome 3, Équations des différentielles, Théorie fonctions（微分方程，函数理论）

Tome 4, Théorie des fonctions（函数理论）

Tome 5, Algèbre, Arithmétique（代数，算术）

Tome 6, Géométrie, Analysis situs（几何，拓扑）

Tome 7, Principes de Mécanique analytique, Problème des trois corps（分析力学原理，三体问题）

Tome 8, Mécanique céleste, Astronomie（天体力学，天文学）

Tomes 9-10, Physique mathématique（数学物理）

Tome 11, Mémoires divers-Livre du Centenaire de la naissance de Herni Poincaré (1854—1954)（各种纪念文章，百年诞辰纪念文集）

此外，庞加莱尚有大量的关于数学和各科物理课程的讲义，比较有名的有《天体力学讲义》三卷等。

庞加莱还是个热心的数学、物理普及者，为公众撰写了不少书目。庞加莱的部分著作目录如下：

1) *Sur les propriétés des fonctions définies par les équations aux différences partielles: premiére thése*（论由偏微分方程所定义之函数的性质），Gauthier-Villars, 1879

2) *Les méthodes nouvelles de la mécanique céleste*（天体力学新方法），Gauthier-Villars, Tome 1, 1892; Tome 2, 1893; Tome 3, 1899

3) *La science et l'hypothèse*（科学与假说），Flammarion，1902

4) *La valeur de la science*（科学的价值），Flammarion，1905

5) *Cours d'astronomie générale*（普通天文学教程），École polytechnique，1907

6) *Science et méthode*（科学与方法），Flammarion，1908

7) *Savants et écrivains*（学者与作家），Flammarion，1910

8) *Ce que disent les choses*（事如是说），Hachette，1911

9) *Dernières pensées*（最后的思想），Flammarion，1913

鉴于庞加莱的学术地位与影响，他的著作大多有多种语言的版本，《科学与方法》《科学与假说》等还有中文版。

顺便说一句，和欧拉一样，庞加莱的眼神不好。

3. 庞加莱的数学成就

庞加莱首先是个职业数学家，涉猎了几乎所有的数学领域。其实，数学哪有什么领域。记得希尔伯特曾说过，数学不分专业，只分会与不会。试图介绍庞加莱的数学成就超出本书的范围，尤其是超出作者的能力。此处仅摘取两个比较著名的例子给予简短的介绍。

3.1 庞加莱圆盘

庞加莱圆盘是一个由意大利数学家贝尔特拉米（Eugenio Beltrami，1835—1900）提出但经庞加莱才变得驰名的双曲几何模型。考察平面上的一个圆盘，用复数表示，就是集合 $D = \{z \in C \mid |z| < 1\}$。如果我们赋予其每个点上以如下的度规，其切矢量 v 的长度为

$$\|v\| = \frac{1}{1 - \overline{z}z} \|v\|_{Eucl.}$$

这就是庞加莱圆盘。它是一个双曲空间，一个无穷大的度规空间，就是哈姆雷特口中的那个能让他感到是无穷空间之王的果壳（Hamlet: I could be bounded in a nutshell and count myself a king of infinite space）。

庞加莱圆盘是一个无穷双曲平面的反演（几何）模型，自守函数

$$f_{a,\,\alpha}(z) = e^{i\alpha} \frac{z - a}{1 - \overline{a}z}$$

保庞加莱圆盘的结构不变，而且构成群。庞加莱圆盘有许多有趣的几何性质，比如两点之间的直线（测地线）是同庞加莱圆盘的边界相正交的圆的一段圆弧（下图），过直线外一点有无数条直线和该直线平行。

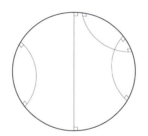

庞加莱圆盘。同圆盘边界正交的
圆弧是庞加莱圆盘上的直线

庞加莱圆盘的研究启发了数学家以及数学家以外的思考几何的人们。受庞加莱圆盘问题的启发，荷兰版画家埃舍尔（Maurits Cornelis Escher，1898–1972）在1958年一口气创作了四幅名为《圆的极限》的版画作品，为庞加莱圆盘铺排问题的一个绝妙的艺术体现。

庞加莱圆盘。左图为埃舍尔版画作品《圆的极限》之三，右图为庞加莱圆盘的6-4-2三角铺排花样

3.2 庞加莱猜想

庞加莱这样的数学家，其思考的问题远超自己能解决的问题范围。1900年，研究拓扑的庞加莱提出了如下的猜想："任意单连通的、闭合的3-流形都与3-球同胚，即从拓扑学的观点看，它们是相同的。"所谓3-球 S^3，就是 $x^2 + y^2 + z^2 + w^2 = R^2$ 所定义的球。3-球具有平凡的基本群（trivial fundamental group），即其上的任意环都可以收缩为一个点。有趣的是，庞加莱猜想的高维推广在原初猜想被证实之前就证实了，而庞加莱猜想本身要到2002、2003年才由俄罗斯数学家佩雷尔曼（Григорий Яковлевич Перельман，1966—）在前后三篇文章里证明了，2006年通过同行评议的认可。佩雷尔曼拒绝了因此要授予他的菲尔兹奖以及克雷数学研究所设立的大奖，尤其令笔者敬佩。庞加莱猜想位列七个千年数学问题之列，其意义不是笔者能置喙的，有兴趣的读者请参阅专业评论。

4. 庞加莱的数学物理成就

庞加莱是数学家，自然地，针对物理他首先关注天体物理这个作为物理学起源的问题。通过万有引力相互作用的两体问题有严格的解析解，自然人们想把这个问题推广到三体问题甚至 n-体问题（n 是个小的自然数）。1887年，瑞典国王奥斯卡二世悬赏征求三体问题的解，最后该奖授予了庞加莱。庞加莱并没有解决三体问题，甚至他的论文还包含许多错误，但是，庞加莱的论文开启了天体物理的新时代。庞加莱在论文中首次提出了存在混沌运动的概念。混沌（chaos），指一种对初始条件极度敏感的动力学行为。混沌理论如今已经成为了一个重要的数学分支，并渗透到物理、化学、社会学等多门学科。

庞加莱对物理学的重大贡献，体现在他是量子力学和相对论非同寻常的奠基人上。

4.1 量子力学

庞加莱对量子力学的重要贡献，是他于1912年证明了能量量子化是得到普朗克黑体辐射公式

$$e_\nu = \frac{4\pi \nu^2}{c^3} \frac{h\nu}{\exp(h\nu/kT)-1}$$

（差个因子2。为什么要再乘上个因子2是物理学史上的重要话题）的充分必要条件。庞加莱的这个工作，为自1900年普朗克用能量量子化假设，即一定频率的光其能量为 $h\nu$ 的整数倍，得到黑体辐射后物理学家们理解（摆脱）量子概念的努力画上了句号。实际上，普朗克一直在努力要证明能量量子化是没必要的，如果不是错的，甚至后来为此得到了零点能等重要概念。直到庞加莱

的这个数学证明出来，普朗克才消停，而不是如一般量子力学文献所述，到了1905年爱因斯坦用能量量子化解释了光电效应的实验结果就消停了。庞加莱此一工作在众多的量子力学教科书中未见有提及。笔者再次重申，从理论严谨性的角度来看，庞加莱的这个论证是不可或缺的，否则能量量子化一直就是个让人，至少是普朗克本人，无法放心的假设。这个证明，是普朗克、爱因斯坦这种数学水平的人不可能完成的任务[*]。从实用的角度来看，它是通往量子统计和固体量子论的桥梁，懂得这个道理后更加容易理解量子统计。

庞加莱在1911年开始思考一个问题，是否不引入量子不连续性也能得到普朗克公式（Henri Poincaré, Sur la théorie des quanta〔关于量子的理论〕, J. Phys.2, 5-34, 1912）？他发现结论是否定的。庞加莱分析了振子同原子运动之间的能量分配问题。振子的平均能量和辐射的能量密度关系是基于随机相近似（random phase approximation）得到的。还是从玻尔兹曼分布开始，若相空间体积元为 dV ，则状态在此空间里的概率为 $e^{-E/kT}dV$ ，这是统计基本原则。换个表达，可以表示为能量间隔里的概率， $dW = Ce^{-E/kT}\omega(E)dE$ ，其中按定义状态密度函数为 $\omega(E) = dV/dE$ ，这是能量 E 所包含的相空间体积 V 关于能量的导数。庞加莱研究函数

$$\Phi(\alpha) = \int_0^\infty e^{-\alpha E}\omega(E)\,dE$$

的性质。系统的平均能量为 $\bar{E} = -\dfrac{\Phi'(\alpha)}{\Phi(\alpha)}$ ；也就是说，平均能量和状态密度函数 $\omega(E)$ 是通过拉普拉斯变换联系起来的。对于经典振子， $\omega(E) = 1$ ，则有 $\bar{E} = \dfrac{1}{\alpha}$ 。若振子的平均能量是 $U = \dfrac{\varepsilon}{e^{\varepsilon/kT} - 1}$ ，则这意味着量子化的能量 $n\varepsilon$, $n = 0, 1, 2, 3\cdots$ ，因为 $\bar{E} = \dfrac{\varepsilon}{e^{\varepsilon/kT} - 1}$ ，意味着 $\Phi(\alpha) = 1/(1 - e^{-\alpha\varepsilon})$ ，展开

$$\Phi(\alpha) = 1/(1 - e^{-\alpha\varepsilon}) = 1 + e^{-\alpha\varepsilon} + e^{-2\alpha\varepsilon} + \cdots$$

<hr>

[*]　我这句话是错的。爱因斯坦1907年的论文可以看作是对这个问题的证明。这里的教训是，掌握文献要全面。

189

所以得到相应的状态密度函数

$$\omega(E) = \delta(E) + \delta(E - \varepsilon) + \delta(E - 2\varepsilon) + \cdots$$

庞加莱的结论是，和 $U = \dfrac{hv}{e^{hv/kT} - 1}$ 形式的平均能量兼容的唯一权重函数就是

$$\omega(E) = \delta(E) + \delta(E - \varepsilon) + \delta(E - 2\varepsilon) + \cdots$$

普朗克量子化是普朗克公式所表示的分布的充分必要条件。没有统计力学和数学的深厚功底，是得不到这种结果的。庞加莱此一工作，表现出了令人们感觉迷惑的思维跳跃。其实，在学问融会贯通的庞加莱那里，没有什么思维跳跃。我们感觉到跳跃，是因为我们知道的少（这句化自马赫）。

庞加莱对相对论和量子力学的贡献都是奠基性的、一锤定音式的。他对量子化条件作为黑体辐射公式的充分必要条件的一锤定音，其意义不下于强调洛伦兹变换要构成群对狭义相对论的意义！这一点，在物理文献中竟然长期被忽略了。能够率先认识到这一点，笔者为自己感到骄傲。

4.2 相对论

庞加莱对经典力学的体系非常清楚。作为一个数学家，他对欧拉研究方程之变换不变性应该是秒懂的，虽然笔者未见到庞加莱谈论相对性（relativism）一词的具体文字。庞加莱将相对性原理表述为所有物理现象应遵循的原理。与此可相提并论的是居里（Pierre Curie，1859—1906）把对称性提升为物理研究对象。此外，庞加莱是巴黎乡度标准局的一员，对时钟，尤其是相互间运动的钟表的校准问题，是他长期思考的问题。在1898年的《时间测量》一文中，他指出时间只有约定（convention）的意义。约定的观点，让庞加莱对一些错误概念没有批判（也与性格有关），或许因此错过了一些发现。

早在1881年庞加莱就研究了让 $x^2 + y^2 - z^2 = -1$ 不变的变换，这实际上

是 (2, 1)-维空间的双曲几何，而狭义相对论，就数学而言，不过是(3, 1)-维空间的双曲几何而已。庞加莱对狭义相对论的关键贡献是他认为洛伦兹变换应该构成群，这才最终敲定了洛伦兹变换的具体形式。洛伦兹变换构成的群，叫洛伦兹群，而包括平移对称性的更大的时空变换群则称为庞加莱群。相对论的数学与物理在庞加莱群中。狭义相对论归功于爱因斯坦，是因为爱因斯坦从运动钟表之间的时间同步问题得出了一个微分方程，而该方程的解恰恰就是洛伦兹变换。

庞加莱于1912年辞世，广义相对论是1915年底构造出来的，但广义相对论后期津津乐道的引力波（onde gravitique）概念却是初见于庞加莱1905年的论文。加速运动电荷产生电磁波，庞加莱通过类比，提出加速质量也许会辐射引力波。关于这个类比，笔者不敢轻易接受。电荷是极性的存在，正负电荷的世界追求局域电中性，总和为零的电荷分布有电偶极矩（dipolar moment），加速的电荷辐射电磁波。质量是非极性的，没有质量偶极矩的说法，加速质量是否会辐射引力波，没有理论支持。爱因斯坦的引力波推导，是勉强硬凑的，他自己也为此感到不好意思。

庞加莱一直教授物理。他的 *Électricité et optique*（电学与光学）讲义，笔者粗略翻翻，发现里面有很多值得参考的地方。法国人对电学、光学的贡献甚多，其中很多细节，我指的是学问被创造的细节，应该加入到我们的教科书中去。

5. 思想者、文人庞加莱

庞加莱是思想者。作为一个拥有数学、物理背景的哲学家，他的观点同罗素（Bertrand Russell，1872—1970）和弗雷格（Gottlob Frege，1848—1925）之数学是逻辑的分支的观点恰恰相反。庞加莱相信直觉才是数学的生命，数学不可能从逻辑导出来因为它不是分析的。庞加莱的科学哲学被称为实用偶然主义。我觉得这和庞加莱浓厚的物理背景有关。就物理学而言，公理化是结尾处的努力而不是学问的来源。

庞加莱推崇约定在物理学中所扮演的重要角色，故他被认为是约定主义（conventionalism）的拥趸。他认为牛顿第一定律（伽利略的惯性定律）不是经验的，而是力学约定的框架假设；物理空间的几何也是约定的。物理场的几何或者如温度梯度之类的物理量（如果是研究这类问题的话）那样是可以改变的。可以把空间描述成非欧几里得几何的，但也可以将之描述成欧几里得空间，不过其度规要随温度的分布而改变。当然啦，人们还是习惯于欧几里得几何的空间。

庞加莱留下了诸多散文集，包括《科学与假说》《科学的价值》《科学与方法》《数学与逻辑》《学者与作家》等等，都是读来脍炙人口的佳作。《科学与方法》是他在法国心理学会的讲座所缀成的集子，其中的思想被总结为创造与发明在精神层面包括两个层次：其一是对问题之可能解的随机组合，其二是批判性评价，亦即选择。《科学与假说》是二十世纪科学哲学的经典，笔者印象比较深的一句是 "Le savant doit ordonner; on fait la science avec des faits comme une maison avec pierres; mais une accumulation de faits n'est plus une science qu'un tas de pierres n'est une maison.（学者要做整理的工作。从事实构建科学如同用石头垒房子，但事实的累积可不是科学，如同一堆石头还不是房子。）" 在《科学的价值》一书里，庞加莱指出数学有三重目的，首先是为了研究自然提供工具（Elles doivent fournir un instrument pour étude de la nature），也即物理的目的；此外还有哲学目的和美学目的。所谓的哲学目的，是说应该协助哲学深化数、空间、时间的概念。关于数学的物理目的与美学目的，庞加莱认为我们不可牺牲任何一个。这两个目的是不可分的，达成其一的最佳办法是瞄准另一个，至少绝不可让另一个逸出视野（ces deux buts sont inséparables et le meilleur moyen d'attendre l'un c'est de viser l'autre, ou du moins de ne jamais le perdre de vue）。庞加莱如是说。

在《科学的价值》一书中更是有许多广为流传的佳句，如 "Les mathématiques méritent d'être cultivées pour elles-mêmes（数学本身就值得耕耘）" "Aussi l'homme ne peut être heureux par la science, mais aujourd'hui il peut bien moins encore être heureux sans elle（人类不会因为科学而幸福，但在今天没有科学可能就幸福不起来了）" "Il ne faut donc pas croire que les théories démodées ont été stériles et vaines（不能以为过时的理论从此就是不育的、空洞的）" "Et puis, pour chercher la vérité, il faut être indépendant, tout à fait indépendant. ... si nous voulons être forts, it faut que nous soyons unis（为了探求真理，人应当是独立的，彻底地独立……如果想是强大的，我们就应该是个'一'）"。愿意做科学的年轻朋友们，不妨仔细琢磨一下这最后一句。**人不硬气，学问也会缺乏刚性。**

多余的话

庞加莱一生中花了大量的时间用于把他的学术成果以及其它的科学知识予以通俗化（vulgarisation de science）。法语的vulgarisation de science可以译为科学的通俗化，或科学的庸俗化，或科学的低俗化，皆可。vulgarisation de science的具体实践到底会落入什么境界，我觉得这取决于当事人是什么层面的学者。庞加莱的科学通俗化作品在笔者这等半吊子职业科学家看来依然是营养丰富的专业经典。在科学家中间的庞加莱，如同艺术家中间的印象派画家。他的著作表达他的思想，但仿佛是在和你讨论，时常句子中会冒出短语"ce n'est pas tout（这不是全部）"。笔者以为，这句话应该写到我们所有的教科书中，告诉读者们，尤其是学生们，当前表述的根本不是问题的全部，更不是这门学问的全部。

庞加莱因为写作速度极快而被说成是个没耐心的人（C'était un homme impatient qui écrivait vite），他甚至赢得了一本名为《庞加莱：没有耐心的人》的传记，也是没谁了。写得快，难免潦草有错误，萝卜快了不洗泥是庞加莱文章的一大特点，这是他被人诟病的地方。然而，这也正是创造头脑的通病——他没有时间去做那些一流甚至一流以下的学者的活儿。帕斯卡的no time to be brief，托马斯·杨不愿意拿实验去证实正确的理论，庞加莱的作文没时间修改，都是不愿把时间花在创造以外的事务上。一个沉浸于创造的人，必然是个内心丰富、外观无味的人。不过，这位科学巨擘的表达有时也可以是很俏皮的，比如论起外语，庞加莱就说"... parler les langues étrangères, voyez-vous, c'est vouloir marcher lorsqu'on est boiteux（说外语，就好比腿瘸了还想走路）"（见 *La mécanique nouvelle*），看到这句我都笑出声了。与庞加莱的腿瘸了还想走路可为昆仲的，是外尔论用外文写作的"驰骋时的胯下无马"的比喻。

人们会好奇，是什么让庞加莱成为那么富有创造力的天才的？答案是，天资聪颖、过目不忘以及对科学问题持久的全力以赴。此外，他还能有意识地忙着一个问题，而潜意识里在忙着另外一个问题。庞加莱有能力直击问题的核心，包括问题的缘起与具体的细节。庞加莱读别人的文章，都是直奔结果，然后自己构造论证过程。他访问德国哥廷恩时，那里的学生们都愿意和他讨论问题。如果发现没有新意，他经常性的评论就是"À quoi bon?（有啥意思嘛！）"。

在笔者心目中，庞加莱是近神的存在，爱因斯坦和他相比也是黯然失色的。庞加莱首先是个职业数学家，对于所有的数学领域，其实还包括当时所有的物理领域，他投身其中，他丰富、他拓展出新的领域。一个人可以在那么广阔的领域里有那么多那么深刻的创造，真的是匪夷所思。笔者从一开始就放弃了对他作全面介绍的企图，力有不逮，这也是没法子的事儿。对庞加莱感兴趣的读者，请自行追加阅读他的著作或者关于其人其事的专著。

作为巨擘型的学者，庞加莱记忆力超群是无疑的，据说他是个永不满足的阅读者，且过目不忘（Poincaré était un lecteur insatiable et qu'il mémorisait facilement ce qu'il lisait）。和欧拉一样，庞加莱一生中长时间受视力问题的困扰。但是，因为内眼识天，视力差一样可以做空间的想象，可以沉浸在几何与拓扑的弯弯绕里（Il ne dessinait pas très bien, mais faisait preuve de beaucoup d'imagination spatiale grâce à une solide vision intérieure, qui lui permettait de se plonger dans les méandres de la géométrie et de la topologie）。庞加莱是精神世界里的丛林、沙漠与高山的探索者、冒险者。（Poincaré was an explorer and adventurer, but of the jungles, deserts, and mountains of the spirit. He made fantastic journeys, but all those adventures took place in his mind.）庞加莱的这种心算能力，我指的是不动纸笔就能进行数学的前沿探索的能

力，殊为罕见。我个人认为，过目不忘、内眼识天，这种能力是天赋，但我们俗人也不妨专门训练训练一回，那肯定也是有益的。不过，把心算理解为多位数整数的加乘这种小孩子玩意儿就不必了。对于职业数学家、物理学家的培养，下盲棋训练庶几可用作入门教程，能盲推庞加莱猜想的证明者可以准予毕业。盲棋训练的想法，源起老祖宗传下来的一个故事。李肇《新唐书志》载：

> 王积薪棋术功成，自谓天下无敌。将游京师，宿于逆旅。既灭烛，闻主人妪隔壁呼其妇曰："良宵难遣，可棋一局乎？"妇曰："诺。"妪曰："第几道下子矣！"妇曰："第几道下子矣！"各言数十。妪曰："尔败矣！"妇曰："伏局。"积薪暗记。明日覆其势，意思皆所不及也。

庞加莱因其超常智力、学问渊博、成就斐然而傲立于科学家的世界。有评论认为作为科学家庞加莱自成一类（Henri Poincaré was in a class by himself）。这样的人，独自一人，源源不断地为人类带来那么多的新知。研究对他来说完全是私人的生活方式。由此观之，所谓的"大抵学问是荒江野老屋中二三素心人商量培养之事"，一下子就暴露了钱钟书先生所指的学问肯定不是庞加莱所拥有的那种具有普遍意义的学问。即便是素心人，三个人凑一起最恰当的事业也是斗地主而不是做学问。指望拉帮结伙开大会去思考最前沿的科学问题，想想都觉得滑稽。

建议阅读

[1] Henri Poincaré. Sur le Problème des Trois Corps et les Équations de la Dynamique（论三体问题与动力学方程）. Acta Mathematica, 1890, 13: 1-270.

[2] June Barrow-Green. Poincare and the Three Body Problem. AMS, 1997.

[3] Eric Temple Bell. Men of Mathematics: The Lives and Achievements of the Great Mathematicians from Zeno to Poincaré. Touchstone, 1986.

[4] A.A. Logunov. Henri Poincaré and Relativity Theory. Nauka, 2005.

[5] William B. Ewald (ed.). From Kant to Hilbert: A Source Book in the Foundations of Mathematics, 2 vols. Oxford University Press, 1996.

[6] Henri Poincaré. Les mathematiques et la Logique（数学与逻辑）. Revue de Métaphysique et de Morale, 1905: 815-835; 1906: 17-34, 294-317.

[7] Ferdinand Verhulst. Henri Poincaré: Impatient Genius. Springer, 2012.

[8] Jean-Marc Ginoux, Christian Gerini. Henri Poincaré: A Biography Through the Daily Papers. World Scientific, 2014.

[9] Jeremy J. Gray. Linear Differential Equations and Group Theory from Riemann to Poincaré. Birkhäuser, 2000.

[10] Ernest Lebon. Henri Poincaré: Biographie, Bibliographie Analytique des Écrits（庞加莱：档案与著述的分析文献学）. Gauthier-Villars, 1909.

[11] Henri Poincaré. La Mesure du Temps（时间的测量）. Revue de Métaphysique et de Morale, 1898, 6: 1-13.

[12] Peter Galison. Einstein's Clocks and Poincaré's Maps: Empires of Time. W. W. Norton & Company, 2004.

[13] Jean-Paul Auffray. Einstein et Poincaré: Sur les Traces de la Relativité（爱因斯坦与庞加莱：相对论的足迹）. Le Pommier, 1999.

[14] Henri Poincaré. Sur la Dynamique de l'électron. Comptes Rendues de l'Académie des Sciences, 1905, 140: 1504-1508.

[15] Henri Poincaré. Sur la Dynamique de l'électron. Rend. Circ. Matem. Palermo (1884-1940), 1906, 21: 129-175.

[16] Henri Poincaré. Les Géométries Non-euclidiennes. Revue Générale des Sciences Pures et Appliquées, 1891, 2: 769-774.

10 薛定谔

薛定谔，奥地利物理学家、文化学者。薛定谔是二十世纪最伟大的物理学家之一，他1926年的波动方程是量子力学的奠基性方程，改变了物理学的进程；此前1922年他为外尔理论引入虚因子 $\sqrt{-1}$ 是规范场论诞生的关键一步，后来的波动方程与此一脉相承。薛定谔还是杰出的科学理论作家、文化学者，他基于物理学思考的《生命是什么？》一书开启了分子生物学并且带来了准周期结构的概念，他的众多科学理论讲座和散文为后世物理学家的成长提供了丰厚的文化营养。

虚数，规范场论，量子力学，
薛定谔方程，生命，准周期，
时空结构，世界观

Deus factum sum.*

1. 引子

差不多自100年前起，任何一个学物理的人都会遇到薛定谔这个名字。薛定谔这个名字联系着量子力学的基本方程，即薛定谔方程 $i\hbar\partial_t\Psi = H\Psi$。实际上，早在他写下这个惊世骇俗的方程之前，他就凭借着 $\sqrt{-1}$ 开始了一场拯救外尔的统一场论的行动。对于薛定谔来说，薛定谔方程就是虚系数的扩散方程而已。这个方程之于氢原子问题的解是量子力学理解原子光谱及元素周期表的钥匙。此外薛定谔还是相对论和统计物理的大家。这些是学物理的人都耳熟能详的薛定谔的事迹。此外，在物理学的恶俗文化部分，薛定谔的名字还同一只不幸的猫联系在一起，出现在一些不正经的和假装正经的物理论述中。薛定谔还是个有哲学品味的物理学家，且他首先是一个文化学者，他的名为《生命是什么？》的小册子简直是分子生物学的宣言，提供了1962年诺贝尔生理学或医学奖和2011年诺贝尔化学奖的思想基础，而他的诸多科学文化讲座集，如《自然与希腊人》《科学与人文》《思维与物质》《我的世界观》等等，都是后世物理学家的文化营养源泉。薛定谔还热爱诗歌，翻译诗并且经常写诗，虽然诗写得不咋地。有一种说法，薛定谔思想之深阔、成就之伟大（range of ideas, greatness of work）世上罕有其匹。

---

*　我就变成了神。——薛定谔在 *What Is Life?* 一书中引用了此句拉丁语。

199

2. 薛定谔小传

薛定谔（Erwin Schrödinger，1887—1961），奥地利物理学家、文化学者，量子力学的奠基人之一。薛定谔1887年出生于奥地利维也纳，是父母的独子，其父亲Rudolf Schrödinger是个植物学家。薛定谔的外祖父鲍尔（Alexander Bauer）是维也纳工业学校的化学教授，而外祖母是英国人，因此薛定谔是被姨妈先教会说英语的。以上这些事实或许有助于我们看清楚薛定谔之所以能通晓多种语言、能横跨多个领域进行学术研究的早期教育基础。

薛定谔于1906—1910年期间在维也纳大学跟随著名物理学家艾克斯纳（Franz S. Exner，1849—1926）和哈森诺尔（Friedrich Hasenöhrl，1874—1915）学物理。按照德语版维基百科的说法，薛定谔于1910年在23岁时获得物理学博士学位（现代意义上的硕士），导师为哈森诺尔，1911年做了艾克斯纳的研究助理，1914年完成了habilitation（即可以做大学的私俸讲师了）。1914—1918年第一次世界大战期间，薛定谔在奥地利的炮兵部队中服役。1920年薛定谔到德国的耶拿大学做了著名物理学家维恩（Max Wien[*]，1866—1938）的助手。注意，艾克斯纳、哈森诺尔、维恩都是一流的物理学家，且他们都有研究黑体辐射的经历，而黑体辐射研究是量子力学的缘起[**]。1920年秋薛定谔在斯图加特大学获得编外教授职位，1921年获得布雷斯劳（Breslau）[***]大学的正教授职位，但当年就挪到了瑞士的苏黎世大学，接替此前爱因斯坦和劳厄担任过的理论物理教授位置，1927年到德国柏林大

---

[*] 在德语里Wien就是Vienna，维也纳。
[**] 更多内容参见笔者2021—2022年在《物理》杂志上连载的《黑体辐射公式的多种推导及其在近代物理构建中的意义》一文。
[***] 弗罗茨瓦夫（Wrocław）的旧称，今属波兰。

学接替普朗克的位置。薛定谔在瑞士期间倒腾出了著名的薛定谔方程。1933年，薛定谔离开德国到了英国的牛津，同年和狄拉克分享诺贝尔物理学奖。因牛津大学的位置未能协调好，这以后他也去过美国的普林斯顿，1936年回到其祖国奥地利的格拉茨大学工作。1938年德国吞并奥地利后，薛定谔逃出奥地利，几经转折，后来定居爱尔兰的都柏林直至1955年，其间就职于都柏林高等研究院，这算是回到姥姥娘家生活了一段时间。1956年，薛定谔重回老家维也纳，在那里度过了人生最后的时光。1961年1月4日，薛定谔辞世，享年74岁。薛定谔墓碑的十字架上刻着他的公式$i\hbar\dot{\Psi} = H\Psi$，维也纳大学树立的一尊大理石雕像上也刻着他的这个公式（下图）。

薛定谔无疑地是一个不可多得的通才型学者，不过他属于大器晚成型的。他完成了几项重要的科学突破，也为我们留下了丰硕的思想遗产，散见于他的众多著述中。薛定谔的部分著作目录如下：

1) *Abhandlungen zur Wellenmechanik*（波动力学），Barth，1927

2) *Four Lectures on Wave Mechanics*（波动力学四讲），Blackie and Son，1928

3) *Über Indeterminismus in der Physik — Ist die Naturwissenschaft milieubedingt? Zwei Vorträge zur Kritik der naturwissenschaftlichen Erkenntnis*（论物理中的不确定性），Barth，1932

奥地利维也纳大学摆放的薛定谔雕像

4) *Science and Human Temperament*（科学与人类气质），Allen and Unwin，1935

5) *What Is Life?*（生命是什么？），Cambridge University Press，1944

6) *Statistical Thermodynamics*（统计热力学），Cambridge University Press，1946

7) *Gedichte*（诗学），Küpper，1949

8) *Space-Time Structure*（时空结构），Cambridge University Press，1950

9) *Science and Humanism*（科学与人文），Cambridge University Press，1951

10) *Nature and the Greeks*（自然与希腊人），Cambridge University Press，1954

11) *Expanding Universe*（膨胀的宇宙），Cambridge University Press，1956

12) *Science Theory and Man*（科学理论与人），Dover，1957

13) *Mind and Matter*（思维与物质），Cambridge University Press，1958

14) *Meine Weltansicht*（我的世界观），Zsolnay，1961

15) *Was ist ein Naturgesetz?*（什么是自然规律？），Oldenburg，1962

1984年，奥地利科学院出版了四卷本的薛定谔全集（Gesammelte Abhandlungen, Vieweg, 1984），分为卷一《对统计物理的贡献》、卷二《对场论的贡献》、卷三《对量子理论的贡献》、卷四《一般科学性及普及性论述》。

从上述这个著作目录可以看出，薛定谔是个具有人文情怀的大科学家。此外请注意，薛定谔这个奥地利人可以轻松地用母语德语和英语、法语撰写科学论文，且随时会引用希腊语和拉丁语，由此也可见薛定谔必是个了不起的文化学者。笔者想说，薛定谔首先是一个文化学者，有不少专门谈论文化与哲学的论述，其次才是一个参与了奠立量子力学以及规范场论和统计力学的物理学家。薛定谔深受哲学的影响，终其一生致力于研究斯宾诺莎（Baruch Spinoza，1632—1677）、叔本华（Arthur Schopenhauer，1788—1860）和马赫（Ernst Mach，1838—1916）等人的哲学，此外还喜欢研究颜色与博物学。薛定谔在*Mind and Matter*一书中有句云："The world extended in space and time is but our representation.（时空中张开的宇宙不过是我们的表示。）[*]"此中可见叔本华之名著*Die Welt als Wille und Vorstellung*（作为意志与表象的世界）的影子。

3. 用量子化条件挽救外尔新世界几何理论

薛定谔从1910年起就开始发表研究论文，内容涉及声光电磁、颜色问题、X射线、原子与分子物理以及固体比热等，几乎可以说是包罗万象，但都没有获得让他足以成为一流物理学家的研究成果。物理学史一般认为1925年底构造量子力学波动方程是薛定谔成为一流物理学家的辉煌转折点，在这一年还可见未成名因而十分焦虑的他在笔记中曾诘问自己"你是谁？你到底打算怎么着的？"。不过，从马后炮的角度看，笔者以为薛定谔做出一流工作的时间应是1922年，在这一年他完成了关于外尔新世界几何的工作（见于 Hermann Weyl, Gravitation und Elektrizität, Sitzungsber. Preuss. Akad. Berlin, 465-478, 1918），不过他因此挽救的外尔理论要到他1926年的波动方程出来以后有了新量子力学，1927年福克（Влади́мир Алекса́ндрович Фок，1898—1974）加上了波函数的变换，伦敦（Fritz London，1900—1954）从量子力

---

[*]　意为在我们头脑中的表象。

学的角度加以再诠释（re-interpretation），1929年外尔重回这个问题，才最终有了规范场论。有趣的是，外尔1926年初帮助薛定谔解量子力学的氢原子问题，确立了薛定谔波动方程的地位，几乎第二年新量子力学就被用于外尔1918年的理论，让他的那个不成功的尝试成了相对论和量子力学之上的智力挑战和智力成就。1929年，外尔重新回到他1918年思考的问题上，发表了 *Elektron und Gravitation I*（电子与引力I）一文，规范场论正式诞生。薛定谔和外尔这两个高人之间的互相帮助，是俗人理解不了的境界。

薛定谔1922年的论文题目是《关于单电子量子轨道一个值得注意的特性》（Über eine bemerkenswerte Eigenschaft der Quantenbahnen eines einzelnen Elektrons, Zeitschrift für Physik 12, 13-23, 1922），在这篇文章中，薛定谔建议将外尔1918年引入的那个饱受爱因斯坦批评的时空长度变换因子 $e^{-\frac{e}{\gamma}\int A_\mu dx^\mu}$ 中的 γ 定义为

$$\gamma = \frac{h}{2\pi\sqrt{-1}}$$

这可以说是挽救外尔理论的第一步。爱因斯坦当时对外尔理论的批评是，时空长度变换因子 $e^{-\frac{e}{\gamma}\int A_\mu dx^\mu}$ 会导致依赖于历史的原子物理，而这是不可接受的。薛定谔的建议有两方面的意义。其一，因为引入了普朗克常数，这样就把外尔的统一电磁学和引力的努力同（老）量子力学联系了起来，虽然 Quantenmechanik 这个词1924年才出现。一俟薛定谔的波动方程于1926年初发表，1927年福克就补上了波函数变换，有了规范场论。其二，薛定谔引入的 $\gamma = \frac{h}{2\pi\sqrt{-1}}$ 中有 $\sqrt{-1} = \pm i$，这带来了这个理论中数系的扩展，这是规范场论这样的理论之威力的源泉。注意，不是 $\sqrt{-1} = i$，而是 $\sqrt{-1} = \pm i$，故而薛定谔方程写成 $-i\hbar\partial_t\Psi = H\Psi$ 的形式也未尝不可。一些场合下讨论的是 $\sqrt{-I}$，其中 I 是任何恰当定义的unital item（单位对象）。i 后来用于相对论意义下的时空坐标和电磁势的表示，但不能见到 i 就以为是复数，那里是双四元

数。详细讨论见拙著《云端脚下》。薛定谔一直思考这个方向的问题，即统一场论，这也是他和爱因斯坦、外尔可为伯仲的地方，他的《时空结构》一书表明他是相对论、统一场论方向的一流学者。顺便说一句，欲学会广义相对论，可将爱因斯坦的 *Grundlage der Relativitätstheorie*（相对论基础）、列维 – 齐维塔的 *The Absolute Differential Calculus*（绝对微分）、外尔的 *Zeit · Raum · Materie*（时间·空间·物质）、薛定谔的 *Space-Time Structure*（时空结构）、狄拉克 *Theory of General Relativity*（广义相对论）放在一起参校，没有学不会的道理。或者说，若一个人这五本书读下来还理解不了广义相对论，那他可能就得安心于读通俗演义了。笔者个人的感受是，读这几本书没读懂也是一种享受。

在论文中，薛定谔指出，那个能得到（氢原子）能量谱的量子化条件，$J = 2\tau\bar{T} = nh$，其中 J 是角动量，$\bar{T}$ 是系统在一个周期内的平均动能，可以使得表达式 $e^{-\frac{e}{\gamma}\int A_\mu dx^\mu}$ 中的指数对于系统一个周期的积分是 $\gamma^{-1}h$ 的整数倍。他接着用开普勒轨道、塞曼效应、斯塔克效应、塞曼效应与斯塔克效应的混合，以及相对论质量变化*（的开普勒问题）来验证他这个说法的有效性。当然啦，薛定谔的推导中少不了一些"Wenn und Aber（如果和不过）"，这就是科学的真实干法。其实，这些努力的乱凑，用的是经典力学中的关系 $\bar{T} = -E$。这里的核心是薛定谔假设电子在原子中只有静电势，从而将静电势 eV 的积分同轨道联系起来，或者在相对论质量变化（的开普勒问题）一节中，先将二维积分

$$\int_0^\tau (p_x \dot{x} + p_y \dot{y}) dt$$

倒腾成

$$\int_0^\tau (\dot{p}_x x + \dot{p}_y y) dt$$

* 这是个历史遗留的错误概念。

205

而这就和eV扯上关系了。这样，量子化条件$J = 2\tau\overline{T} = nh$就可以用到$e^{-\frac{e}{\gamma}\int A_\mu dx^\mu}$中的积分项上了，得出个近似结果$e^{-\frac{nh}{\gamma}}$。如果电子沿轨道的运动带来"长度"变化，每个周期过后时空就会有"长度"变化$e^{-\frac{h}{\gamma}}$，这是被爱因斯坦给否决了的诠释。薛定谔说，他很难相信这是量子化条件的偶然数学结果而没有深刻的物理意义。注意到有两个量纲为作用量的物理常数，一个是普朗克常数h，一个是e^2/c，于是薛定谔选择假设$\gamma = \dfrac{h}{2\pi\sqrt{-1}}$，因为$\sqrt{-1}$使得那个变化因子变成了模为1的复数，就能有效避免所谓的电子运动带来的"长度"变化了。笔者以为，薛定谔这么做其重要意义在于，后来为引力与电磁相互作用的统一理论添加波函数变换就没有任何心理上的障碍了，那是规范场论诞生的关键一步。值得一提的是，薛定谔1932年的两篇论述引力场中的狄拉克电子的论文（Diracsches Elektron im Schwerefeld I, L'électron de Dirac dans la theorie de la relativité générale）对于后来的规范场论的发展也都有深刻的启发意义。

4. 构造量子力学波动方程

薛定谔首先是因他1926年给出的量子力学波动方程而出名的，确切地说那是关于电子的波动方程。1926年，薛定谔分四部分发表了*Quantisierung als Eigenwertproblem*（量子化是本征值问题）一文，此外还有*An Undulatory Theory of the Mechanics of Atoms and Molecules*（原子与分子力学的波动理论）和*Über das Verhältnis der Heisenberg-Born-Jordanschen Quantenmechanik zu der meinen*（海森堡－玻恩－约当的量子力学同鄙人的量子力学之间的关系）。这六篇文章，是关于波动力学的构造以及对海森堡（Werner

Heisenberg，1901—1976）的"你那波动力学是什么玩意儿"的回复。所谓的薛定谔方程，即 $i\hbar\partial\psi/\partial t=H\psi$ ，后来成了量子力学的标志。薛定谔方程（1926）、泡利方程（1927）和狄拉克方程（1928）一起支撑起了量子力学大厦。

对于学物理的人来说，薛定谔是如何"推导"出 $i\hbar\partial\psi/\partial t=H\psi$ 这个方程的，是个非常有趣的话题。一种说法是从玻尔兹曼（薛定谔在维也纳大学的师爷）的方程 $S=k\log W$ 出发的，注意 W 是德语 Wahrscheinlichkeit（概率）的首字母，也是德语 Welle（波）的首字母。研究波的方程，W 当然是主角，则方程可改写为 $W=e^{S/k}$，把 W 用希腊字母 ψ 代替，要想让函数 $e^{S/k}$ 同量子（就是要有普朗克常数 h）以及波（就是要有虚宗量函数 $e^{i\theta(x,t)}$）的概念搭上关系，可以把玻尔兹曼常数 k 用 $i\hbar$ 替换，这样研究对象就成了 $\psi=e^{S/i\hbar}$。因为作为函数宗量的 $S/\hbar$ 必须是个无量纲的量，故 S 的量纲必为作用量（action）。那么，经典力学里有量纲为作用量的物理量 S 吗？还真有！在著名的哈密顿－雅可比（Hamilton-Jacobi）方程

$$\frac{\partial S}{\partial t}+H=0$$

里就有。将 $\psi=e^{S/i\hbar}$ 代入这个方程，形式上就能得到薛定谔方程 $i\hbar\partial\psi/\partial t=H\psi$ 了。

另一个说法是，薛定谔还是从经典的平面波函数 $\Psi(r,t)=\psi_0 e^{i(kx-\omega t)}$ 出发，用德布罗意关系 $\lambda=h/p$，$\nu=E/h$，其中 p, E 分别是电子的动量和动能，把波函数改造成

$$\Psi(r,t)=\psi_0 e^{i(px-Et)/\hbar}$$

的量子波函数的形式。薛定谔从电子的能量－动量关系作为波的色散关系以约束方程的可能形式出发。如果采用相对论质能关系 $E^2=p^2c^2+m^2c^4$，则相

应的波动方程就是克莱因 – 戈尔登（Klein-Gordon）方程

$$-c^2 \frac{\partial^2 \psi}{\partial x^2} + \frac{m^2 c^4}{\hbar^2} \psi = -\frac{\partial^2 \psi}{\partial t^2}$$

但是，Klein-Gordon方程不能够得到氢原子谱线的精细结构（说白了，精细结构的意思是能量是多量子数的函数），于是薛定谔就放弃了这个方程。薛定谔转而采用低速电子近似的能量 – 动量关系

$$E = mc^2 + \frac{p^2}{2m}$$

作为色散关系，于是得到了这样的色散关系对应的波动方程，即薛定谔方程 $i\hbar \partial \Psi / \partial t = H\Psi$。若采取能量 – 动量关系

$$E = \frac{p^2}{2m} + V$$

作为色散关系，V是电子的势能，选取波函数形式 $\Psi(r, t) = \psi_0 e^{i(px-Et)/\hbar}$，可得薛定谔方程 $i\hbar \partial \Psi / \partial t = H\Psi$，其中

$$H = -\frac{\hbar^2}{2m} \frac{\partial^2}{\partial x^2} + V$$

其实，注意到经典物理中有扩散方程（传播方程）$\frac{\partial W}{\partial t} = D \frac{\partial^2 W}{\partial x^2}$，在左侧加上 i 就是一维自由电子的薛定谔方程了。薛定谔自己当然是明白这一点的，他1931—1933年有几篇文章就是从扩散方程角度讨论量子力学及其波动方程的（参阅Max Jammer, The Philosophy of Quantum Mechanics, John Wiley & Sons, 1974）。

薛定谔方程被誉为二十世纪最伟大的物理学成就之一，按照狄拉克的说法，它包含很多物理以及全部的化学（... much of physics and, in principle, all of chemistry）。将该方程用于氢原子，薛定谔得到关系 $E = E(n, l, m)$，即

电子轨道能量是三个量子数 (n, l, m) 的函数。配合泡利引入的自旋量子数 m_s，这四个量子数 $(n, l, m; m_s)$ 之间的关系完美地再现了元素周期表的结构。这可看作是薛定谔方程正确的一个有力证据。

薛定谔在《量子化是本征值问题》一文中努力要为他得到的方程找到正当的理由，故而这篇文章长达整整140页[*]。当然了，最小作用量原理是经典力学的唯一原理。薛定谔花了大量的工夫构造能得到薛定谔方程的作用量表达式。进一步讨论具体细节超出本书的范围，有兴趣的读者可以参阅薛定谔的原文，或者拙文《薛定谔方程该写成什么样子》以及《色散关系与波动方程构造》等。

薛定谔方程可以说是科学史上最重要的方程之一。它关于氢原子的解是对它的"正确性"的第一个支持。记住薛定谔方程并试着照葫芦画瓢演算一遍如何解氢原子问题，你会发现你的谈吐从此就不一样了。

5. 薛定谔的猫

薛定谔的大名在坊间还和一只猫绑定在一起了，在通俗文本和专业论文中都有关于薛定谔的猫的论述，绘声绘色且不乏添油加醋，此乃科学恶俗化的范本。

薛定谔与猫的联系，源起他1935年的题为 *Die gegenwärtige Situation in der Quantenmechanik*（量子力学的现状）一文。在第五节 *Sind die Variablen*

---

[*] 建议教量子力学的老师抽空读读德布罗意1925年的 *Recherches sur la théorie des quanta*（量子理论研究，长达105页）和薛定谔1926年的 *Quantisierung als Eigenwertproblem*（量子化是本征值问题，长达140页），也都有英文版。读完这两篇文章再上讲台不迟。

wirklich verwaschen?（变量真变模糊了吗）中，薛定谔引入了一个用猫为角色之一的模型来阐述他关于量子力学的观点。这是一篇长文，对量子力学的内在逻辑有清醒的批判，愚以为是量子力学史上的一篇标志性文章，可惜薛定谔播下的是龙种，却被别人给孵化出了"薛定谔的猫"这样不朽的超级跳蚤，想来令人唏嘘。1935年，在有了薛定谔方程（1926）、泡利方程（1927）、狄拉克方程（1928）、冯·诺依曼测量理论（1930）后，量子力学大体上已是初步发育成熟了。在量子力学取得了令人惊讶不已的系列成就后，薛定谔，其实差不多同时期还有爱因斯坦，要对量子力学进行深刻的检讨，是自然而然的事情。

量子力学之第一步是用动量与位置的量子化条件实现能量量子化（的解释）。狄拉克量子化条件 $[x, p] = \mathrm{i}\hbar$ 同经典力学的泊松括号有关，数学上同傅里叶分析有关，可理解为以特殊的共轭方式将两个物理量给捆绑起来了。相应地，海森堡1927年注意到了由此而来的力学量不确定性问题，到1929年罗伯特森（Howard Percy Robertson，1903—1961，当时还是外尔在普林斯顿的助手）给出了 $\Delta x \Delta p \geq \hbar / 2$ 的形式。必须指出，这个关系式里的大于号来自对另一项为正的量的省略，而那一项的值有时却是主导性的，对海森堡不确定性原理的拔高与滥用都源于对思想源头的忽视（参见拙作《物理学咬文嚼字》卷二）。对于无限深方势阱和谐振子，那里的动量涨落和位置涨落都是同步变化的，读者可自行验证。

把量子力学说成是相对于经典力学的革命纯粹是无知。薛定谔这样的懂经典物理的量子力学奠基人自然不会有这种糊涂认识。在量子力学中，状态的经典概念后来被抛弃，其变量完备集中最多一半被精心挑选出来的才会被赋予确定的值。模型在量子物理中的作用不能如在经典物理中那样是决定性的。薛定谔指出："经典模型在量子力学中扮演着Proteus*的角色。其每一个决定因素都可因形势需要成为感兴趣的对象，获得某种实在性——一会儿是这个，一会儿是那个，但瞬时状态最多也就是允许其变量完备集能获得清晰的图像而已。"此外，按照冯·诺依曼的测量理论，处于叠加态之系统的某个物理量，其单次测量值对应其一个本征值（是确定的、清晰的），多次测量其本征值随机出现，但分布由状态的波函数，即薛定谔方程的主角 ψ 函数，所决定。不过，薛定谔认为 ψ 函数就是个Gedankending（想象出来的存在）、Denkbehelf（帮助思考的抓手、辅助物）、期待的标签（Katalog der Erwartung），担不起那么大的责任。用 ψ 函数作为工具，在一个清晰的图像中表达所有变量的模糊（Verwaschenheit，指量子力学的不确定性），一定程度上是不可能的。

用 ψ 函数描述的模糊若限制在原子层面还好，原子核外电子云就是个 ψ 函数带来的模糊图像。但是，将这种模糊、不确定性用于可触摸、可见的事物上时，那种"叠加而模糊"的标签（指不确定性）就错了。这样会带来荒唐的理解。薛定谔用原子核α衰变这个原子层面的事件加上α粒子被探测到以后锤子砸碎药瓶毒死了一只倒霉的猫这样的可触摸、可见的事件所构造的模型来阐述他的思想，这就有了引出"薛定谔的猫"的那段经典论述：

> 也可以构造**滑稽**的情形。将一只猫同如下的阴间机器（要保证猫不会直接接触到）一起关进钢制盒子里："在一个盖革计数管里放有少量的放射性物质，少到一个小时也许发生一次原子衰变事件也许啥也没发生的程度；如果发生了原子衰变事件，则触发计数管，进而通过一个中继设备触

*   Proteus，普罗特乌斯，希腊神话里的人物，能随心所欲改变自己的面貌，这里可能是说其有多种可能的样子（capable of assuming many forms）。薛定谔用Proteus来比喻微观实在性。

发一只小锤子，小锤子敲碎一个盛有氢氰酸的玻璃泡。设想这个系统被闲置一旁达一个小时，如果其间没有原子衰变发生，则可以说猫还是活的。第一次原子衰变就会将猫毒死。整个系统的 ψ 函数将这样描述，在其中活猫和死猫的状态（请允许我这么说）等权重地混合或者叠加。"

这类情形的典型之处是，一个初始时限制在原子领域的不确定性转化成了可以通过直接观察来决定的粗线条的（猫存在的）不确定性。这阻止我们简单幼稚地把含混不清的模型当成现实的图像。不是（模型）包含了什么不清楚或者充满矛盾的内容，那只是因为抖动或者聚焦不佳所得到的模糊照片同云雾的照片之间的区别。

这段具有重要历史意义的论述不长，为了避免我上述翻译的不准确而引起误解，不妨照录如下供读者参详：

Man kann auch ganz burleske Fälle konstruieren. Eine Katze wird in eine Stahlkammer gesperrt, zusammen mit folgender Höllenmaschine（die man gegen den direkten Zugriff der Katze sichern muß）: in einem Geigerschen Zählrohr befindet sich eine winzige Menge radioaktiver Substanz, *so* wenig, daß im Lauf einer Stunde *vielleicht* eines von den Atomen zerfällt, ebenso wahrscheinlich aber auch keines; geschieht es, so spricht das Zählrohr an und betätigt über ein Relais ein Hämmerchen, das ein Kölbchen mit Blausäure zertrümmert. Hat man dieses ganze System eine Stunde lang sich selbst überlassen, so wird man sich sagen, daß die Katze noch lebt, *wenn* inzwischen kein Atom zerfallen ist. Der erste Atomzerfall würde sie vergiftet haben. Die ψ-Funktion des ganzen Systems würde das so zum Ausdruck bringen, daß in ihr die lebende und die tote Katze（s. v. v.）zu gleichen Teilen gemischt oder verschmiert sind.

Das Typische an diesen Fällen ist, daß eine ursprünglich auf den Atombereich beschränkte Unbestimmtheit sich in grobsinnliche Unbestimmtheit umsetzt, die sich dann durch direkte Beobachtung *entscheiden* läßt. Das hindert uns, in so naiver Weise ein „verwaschenes Modell "als Abbild der Wirklichkeit gelten zu lassen. An sich enthielte es nichts Unklares oder Widerspruchsvolles. Es ist ein Unterschied zwischen einer verwackelten oder unscharf eingestellten Photographie und einer Aufnahme von Wolken nnd Nebelschwaden.

薛定谔这篇文章的要旨，在于讨论量子力学的不完备性。他特别指出，**量子力学的波函数担不起描述存在的责任**。那句"那只是因为抖动或者聚焦不佳所得到的模糊照片同云雾的照片之间的区别"来比喻量子力学不确定性同经典意义下的不确定性之间的不同，确实是神来之笔，也是我们理解量子力学时应该注意的内容。可惜，后来一些做量子力学研究的以及消费量子力学的人，眼里只看到了那个模型里倒霉的猫却无视薛定谔的思想。薛定谔的猫后来有了又死又活、你不看它不知道该死还是该活的形象，成了量子力学摆脱不掉的噱头。这个理解同薛定谔的本意完全是南辕北辙。薛定谔这个经典力学功底深厚的老牌学者，在很多对量子力学略有兴趣的人那里被塑造成了不着调的形象，真是冤枉。"薛定谔的猫"是无良学者的挚爱，它甚至被当成了哲学问题。

6. 物理视角下的What is life?

薛定谔为人所称道、也可说是具有奠基性意义的另一个成就体现在他的《生命是什么？》一书上，其由1943年他在都柏林三一学院的讲座结集而成。书名*What Is Life?—The Physical Aspect of the Living Cell*，副标题可译为"活细胞的物理观"或者"物理视角下的活细胞"，由此可以想见这是一位理论物理学家纯粹从物理的角度对生命起源的思考。

谈论生命这个专业以外的话题，薛定谔的借口是，"We have inherited from our forefathers the keen longing for unified, all-embracing knowledge.（我们从祖先那里继承了对统一、全面之知识的热望）"。他认为学者要注意事物的universal aspect（全貌），可以尝试进行对知识的综合。这几个讲座的主旨，是要阐述清楚盘旋在生物与物理学之间的一些基本思想，回答"how can the events in space and time which take place within the spatial boundary of a living organism be accounted for by physics and chemistry（如何用物理和化学来解释发生在活的机体所限定的空间内的那些时空事件）"的问题。虽然当前对此还是无能为力，但薛定谔相信生命过程遵循物理规律，物理学家从他那相对来说简单、清楚又卑微的科学（comparatively simple and clear and humble science）出发是能够对理解生命有所贡献的。

薛定谔凭借他理论物理学家的敏锐目光，认识到理解生命的关键落在原子的排列上。"The arrangements of the atoms in the most vital parts of an organism and the interplay of these arrangements differ in a fundamental way from all those arrangements of atoms which physicists and chemists have hitherto made the object of their experimental and theoretical research.（在机体之最具生命力的地方的原子排列及其相互间的协作同物理学家和化学家至今作为其实

验和理论研究对象中的原子排列有根本的区别。）"而这种"统计结构"上的差异（the difference in "statistical structure"）很小，只有那些被灌输了"物理和化学的定律是统计的"的观念的物理学家才能注意到。

薛定谔指出，生命一定是大数原子之上发生的事情。薛定谔问，为什么原子那么小？这是因为那个能认识到原子存在的生命必须是大数原子的产物，相较而言原子必然就显得小了。也就是说，原子同生命之间的"小与大"的关系，实际上是一个"一与很多"的关系！统计力学的知识告诉我们，大数原子构成的体系，能避免对单个原子影响巨大的响应。感官要是对原子层面的影响个个都响应，那还能有个啥子功能哟（heavens, what would life be like）！薛定谔进一步想到，感知只能是orderly thing applied to orderly things（有序的东西作用于有序的东西之上），因为生命中所产生的明确行为甚至在人类层面所表现出的思想必然是某种有序的东西。感官过程必须遵循基于原子统计的物理规律（physical laws, which rest on atomic statistics）。生命过程中起作用的物理规律必定是统计的。

那时候染色体作为遗传物质已为生物学家所确认，薛定谔赞扬染色体是规则编码和执行力，或者说是设计师规划图与匠人手艺，的合而为一。（They are law-code and executive power — or, to use another simile, they are architect's plan and builder's craft in one.）薛定谔指出："... the most essential part of a living cell — the chromosome fibre may suitably be called an aperiodic crystal ... Yet, compared with the aperiodic crystal, they（periodic crystal）are rather plain and dull.（……活细胞的最关键组成部分，即染色体牵丝，也许更应该称为准周期性晶体……同准周期性晶体相比，它们〔周期性晶体〕太过单调乏味。）"在准周期性晶体中，"every atom, and every group of atoms, plays an individual role, not entirely equivalent to that of many others（每

一个原子，每一个原子团，都扮演一个独特的、与它者不完全等价的角色）"。"... which（aperiodic crystal）shows no dull repetition, but an elaborate, coherent, meaningful design ... which, in my opinion, is the material carrier of life（……它〔准周期性晶体〕没有单调的重复，而是具有精致的、关联的、有意义的设计……在我看来，它是生命的物质载体）."薛定谔自信地宣称："We believe a gene — or perhaps the whole chromosome fibre — to be an aperiodic solid.（我们相信，基因，甚至可能整个的染色体牵丝，是一个准周期的固体。）"生命之物质载体的可能结构，而且是一个全新的概念，由薛定谔这样的具有植物学家学渊源的理论物理学家率先提出，个人觉得，这非常符合逻辑。

薛定谔在1943年关于准周期性晶体的论述属于纯粹的假想，然而到了1984年，薛定谔此一思想的伟大得到了验证。1984年，被晶体平移对称性排除的5 (10) 次转动对称性在Al-Mn合金的电子衍射花样中被首次发现，具有准周期结构的有序固体有了具体的实现，并被命名为准晶（quasicrystal）。此后，具有8次、12次转动对称性的有序固体被相继发现，从而掀起了研究准晶的热潮。准晶的研究，除了带来对三维物理空间中的固体的新认识以外，关于任意维空间中堆砌问题的几何学更是获得了大量的新知识，笔者甚至也在该领域收获一些小小的研究成果——我找到了黄金分割数、白银分割数和白金分割数的统一表达式。2011年，谢希特曼（Dan Shechtman，1941—）因准晶研究获得了诺贝尔化学奖。

薛定谔在这本书里提到了负熵（negative entropy）的说法，这一点让笔者难以理解。这种低级的基本概念错误，按说他不该犯的。熵是个广延物理量，不为负。熵变可能是负的。薛定谔的这个做法当时就遭到了物理学家的激烈批评。薛定谔辩解说，他要强调有序，故而他将玻尔兹曼熵公式

$S = k\log W$ 中的 W 用 $\frac{1}{W}$ 替换，这样得到的是负熵。有些人不读薛定谔的原文，单把负熵的概念拿出来显摆自己对怪力乱神的偏好，是被薛定谔给带到沟里去了。

7. 文化学者

　　薛定谔是二十世纪伟大的思想者，从科学家和文化学者两个角度来看都是。薛定谔学术论文以外的论著，与《生命是什么？》一样具有广泛影响的、由讲座结集而成的，还有《自然与希腊人》（1954）、《科学与人文》（1951）、《思维与物质》（1958）、《我的世界观》（1961）这几本小册子，因其思想之丰富、表述之优雅而备受赞誉。彭罗斯坦言深受其影响：

"I find a remarkable work, of a similar force and elegance concerned with the nature of reality and with the ways in which reality has been humanly perceived since antiquity." 彭罗斯将薛定谔关于量子力学的哲学同爱因斯坦的一起都归于"客观的"一类。这言外之意，懂的人都懂。

　　约在公元前七世纪希腊人开始了对宇宙的描述，此为欧洲思想的开端。此时的希腊人不再相信事物背后有神性的力量，而是寻求一种"知识的"解释——宇宙是可以被认识的。希腊精神始终是欧洲文化的生命底色，近代西方文化的形成是以复兴希腊古典文艺和理性哲学传统为前提的。欧洲中小学一般都有希腊语和拉丁语课程，欧洲的文化人将希腊精神当作精神的源泉。黑格尔认为，只要一提到希腊，受过教育的欧洲人就有一种"家园之感"。由是观之，薛定谔这样的理论物理学家、哲学家，曾认真考察过自然与希腊人、科学与人文的关系，也就不足为奇了。按照薛定谔的说法，科学就是以希腊的方式思考世界（thinking about the world in the Greek way）。

1940年代，物理学在经历了相对论、量子力学的建立所带来的喧嚣以后迎来了一个相对平静的时期，科学的发展给人类社会带来了进步，也为科学的概念自身带来了危机，其中之一是此前的把作为认识主体的人同要认识的对象割裂开来的习惯在量子力学诞生后变得不是那么合理了。薛定谔向古希腊哲学寻求解答。他认为当前的科学与形而上学的冲突在古希腊时代并不存在，回到古希腊可以带着现代的观点、知识去考察那时候知识是如何发生的，可以从古希腊人的洞见中直接获得一些启发。在梳理古希腊哲学史的过程中，可以学习在那个年代是什么因素引导他们获得了那样的观点的。回到古代思想者的出发点，能看清楚我们当前的问题所在，至少是能看清后来的思想偏见是从哪儿来的，找到恶习的源头；藉此可以获得思想的自由，弱化过去科学的历史进程施加于我们的束缚。通过回到古希腊，发现当前束缚我们思考的一些科学范畴并非是自然的、逻辑的，而是人为的、历史的，因此是有可能予以变革的。

在《自然与希腊人》的系列讲座中，薛定谔探讨了理性与感性的竞争，回顾了爱奥尼亚学派、毕达哥拉斯学派、爱非斯学派以及斯多葛学派中诸多希腊先贤的思想和成就，探讨其对当前科学的意义。薛定谔最后确认了古希腊自然哲学留下的两大遗产，一是世界是可理解的观念，二是将观察者主体排除在外的世界图景，这后一点妨碍了对当代科学所遭遇的形而上学问题的回答。著名的哲学三连问，即我是谁、我从哪里来、我到哪里去（who I am, whence I came and whither I go），1925年38岁的、尚未成名的薛定谔就在笔记里这样问过自己，读来特别励志。这个哲学三连问，以不同表达方式多次出现在《自然与希腊人》中。《科学与人文》中几个讲座涉及更多的科学内容，比如连续的概念、形式的观念、量子化与连续性的冲突、波动力学中的一些权宜认识，等等。给笔者留下深刻印象的是薛定谔为了阐述形式（shape, form；德语的Gestalt）的意义而举的一个例子。薛定谔说他小时候父亲的书桌上有一个狗形的铁镇纸，他很喜欢，父亲去世后这个铁镇纸归了他，因此这个铁制的小狗就有了纪念意义。薛定谔认为其意义来自于其形式而非物质构成。如果把这个铁镇纸熔化了，它还是那块铁，但那个小狗没了。薛定谔的这个生动例子很容易引起人们关注关于形式与内容的哲学思辨，就笔者而言，笔者相信在数学和理论物理中，是形式而非内容具有决定性的意义。笔者建议将《生命是什么？》《自然与希腊人》《科学与人文》这三个小册子放在一起研读，也建议和罗素的《西方哲学史》放在一起参详，如此必有所得。当然了，如果是配合着薛定谔的《我的世界观》和《什么是自然规律》一起看，就知道这世界上从来没有科学与人文之间的隔阂。隔阂存在于没有能力看世界的人的执念中。另，爱因斯坦有 *Mein Weltbild*（我的世界图景）一书，与薛定谔的《我的世界观》旨趣相近。巅峰之上的高人，常常会惦记山峦基础的合理性与一致性，关注我们的知识从哪里来以及什么样的认识才算是自然规律等等基本问题，也是有趣。

顺便说一句，薛定谔从小热爱诗歌，1949年还出版过一本诗集。据说他曾跟玻恩说过，赞美他的诗作比夸奖他的学术论文更让他高兴。除了有实用价值的情诗以外，对自然的热爱和某种形而上的绝望感是薛定谔诗歌的两大主题。薛定谔的诗，坦白地说，德语文化界对其评价并不高。海森堡好像也喜欢写诗，其诗歌也未曾获得过好评——狄拉克就纳闷，一个人怎么可能既做得一手好物理又写得一手好诗呢。笔者浅见，薛定谔和海森堡的诗让人不敢恭维，除了这两位的性情不适合写诗以外，一个重要的原因是德语本就不适合写诗。

多余的话

　　薛定谔是近代物理学史上的一座巅峰。了解薛定谔的学术成就及其生平与研究过程对于一个学人的自我成长、一个国家如何培养学者具有可供羡慕的意义，如果不是可供借鉴的意义。一个科学巨擘的成长哪里需要多少条件呢？不过是生来是那块料子，还碰巧生在有教养的人家，长在有文化底蕴的地方，年轻时上个能算是大学的大学（比如与薛定谔有关的奥地利的维也纳大学、瑞士的苏黎世大学），成年后身边有几个可相互砥砺的杰出同侪（比如与薛定谔有关的外尔、爱因斯坦、玻恩等）罢了。

　　就物理学习而言，在懂物理的甚至是参与了物理创造的人身边学习，估计是个非常有效的路径。其实，最好的教育方式是熏陶。在一个有"作为好老师的大学问家（erudite as a good teacher）"胡乱出没的地方，比如马赫、玻尔兹曼等人胡乱出没的维也纳大学，喜欢物理的少年埃尔文不会在学习遇到挫折时感到无助，也不用担心自己太过优秀。一方面是怎么优秀可能也算不得优秀，另一方面"木秀于林，风必摧之"想来也不是哈布斯堡王朝地界上的德语文化传统，否则那里也不会出现影响人类文明甚巨的Vienna circle（维也纳圈子）。

　　薛定谔具体是如何倒腾出的量子力学波动方程是物理学史上的有趣话题。其特别之处在于薛定谔方程不是推导出来的，但也不是凭空而来的。既要在既有知识的基础上去猜测、拼凑、构造，又要对其加以升华（体现在薛定谔在论文中从最小作用量原理出发对得到方程的过程加以合理化），还要为其正确性找到支撑（关于氢原子问题的解）。**如果我们对物理学只是采取仰望的视角，那就谈不上解剖和研究，更**

谈不上主动去对其进行改造与创造。看来在我们的物理学教育中严肃认真地进行物理学的祛魅，似乎很有必要。对爱因斯坦、薛定谔这样的真物理学家，对物理学的祛魅丝毫无损于他们的形象——没有物理学成就的大物理学家才需要维护物理学的光环迷雾。1997年认识到那个给出洪特定则的洪特（Friedrich Hund，1896—1997）就是个邻村的大爷，对笔者关于物理学和物理学家的认识绝对有强烈的冲击效果，只是这强烈的冲击来得太晚了些。当然了，对笔者这样的朽木来说它来早了也没用。可是，这块土地上一直在一茬一茬地生长着优秀少年啊。长辈们若能为他们准备了启迪和笑脸，他们就会是未来的希望。

建议阅读

[1] Walter Moore. Schrödinger: Life and Thought. Cambridge University Press, 1989.

[2] Christian Joas, Christoph Lehner. The Classical Roots of Wave Mechanics: Schrödinger's Transformation of the Optical-Mechanical Analogy. Studies in History and Philosophy of Science Part B: Studies in History and Philosophy of Modern Physics, 2009, 40(4): 338-351.

[3] Ken Wilber (ed.). Quantum Questions: Mystical Writings of the World's Great Physicists. Schambhala Publications, 2001.

[4] Hans Reichenbach. Philosophic Foundations of Quantum Mechanics. Dover Publications, 2011.

[5] Longguang Liao, Zexian Cao. A Self-Similar Transformation for a Dodecagonal Quasiperiodic Covering with T-clusters. J. Phys. A, 2013, 46: 245205.

[6] Erwin Schrödinger. An Undulatory Theory of the Mechanics of Atoms and Molecules. The Physical Review, 1926, 28: 1049-1070.

[7] Erwin Schrödinger. Über das Verhältnis der Heisenberg-Born-Jordanschen Quantenmechanik zu der meinen. Annalen der Physik, 1926, 384 (8): 734-756.

[8] Graham Farmelo. It Must Be Beautiful: Great Equations of Modern Science. Granta Publications, 2002.

11　外尔

外尔是德国数学家、物理学家和哲学家，二十世纪最有影响的思想家。作为数学家，外尔是最后的数学全才之一；作为理论物理学家，他对量子力学、相对论都有根本性贡献，且创立了规范场论。外尔是一头闯入物理学世界的数学家大象。此外，他用优雅的文笔为我们阐述数学、物理以及作为其基础的哲学思想，留下了许多脍炙人口的深刻篇章。

本征值，黎曼面，量子力学，

群论，相对论，微分几何，旋量，

不变量，规范场论

The person I admire most is Hermann Weyl.

—Michael Atiyah[*]

1. 引子

康德的 *Kritik der praktischen Vernunft*（实用理性之批判）[**]一书中有这样的一句广为流传的话："Zwei Dinge erfüllen das Gemüth mit immer neuer und zunehmender Bewunderung und Ehrfurcht, je öfter und anhaltender sich das Nachdenken damit beschäftigt: Der bestirnte Himmel über mir und das moralische Gesetz in mir.（有两种东西，对它们的思考越是经常和持久，它们就越是以崭新的、不断增长的惊奇与敬畏充满心灵：这就是我头顶的星空和我心中的道德律令。）"参照这一段，我愿意这样写出我的一个感受："Drei Dinge erfüllen das Gemüth mit immer neuer und zunehmender Bewunderung und Ehrfurcht, je öfter und anhaltender sich das Nachdenken damit beschäftigt: Der bestirnte Himmel über mir und das moralische Gesetz in mir und die Weylsche Werke vor mir.（有三种东西，对它们的思考越是经常和持久，它们就越是以崭新的、不断增长的惊奇和敬畏充满心灵，这就是我头顶的星空、我心中的道德律令和我面前的外尔的著作。）"

外尔是个震古烁今的数理大家。余生性浅薄，初识外尔是通过他的小册子 *Symmetry*（对称）。进入新世纪的前几年里，笔者对对称花样和对称性理论产生了强烈的兴趣。在阅读的诸多对称性文献中，外尔的 *Symmetry* 一书引

[*]　我最佩服的就是赫尔曼·外尔。——迈克尔·阿提亚

[**]　中文译本名为《实践理性批判》，但这容易让笔者这样的糊涂人理解为去实践的"理性批判"。此处故意点明这是关于"实用理性"的批判。

起了我的注意，尤其是插图67，那是用线条描绘的成都文殊院窗棂的花样。这让我对外尔产生了极大的兴趣，用流畅的语言讲解对称性还引用了中国古建筑的例子，我猜他一定有一个有趣的灵魂。

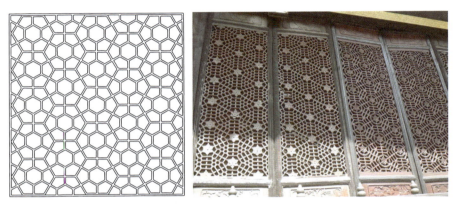

*Symmetry*一书插图及其所临摹的成都文殊院的窗棂

在日后的研究与教学中，我经常会在不同场合遇到外尔这个名字，也浏览（或者叫翻阅，但不能称为读过）了他所有的书籍以及部分文章。对于外尔的不断增长的惊奇与敬畏也就慢慢充满了我的心灵。撰写《磅礴为一——通才型学者的风范》一书，如果没纳入关于外尔的章节，那将是不可饶恕的疏忽。然而，本书交第一稿时，我却并没有这么做，因为我确切地知道理解外尔要比理解爱因斯坦、庞加莱等人更加艰难，勉为其难就没意思了。后来转念一想，反正过些年我也一样不能深入理解外尔，为什么要留下一个那么大的遗憾呢？于是，我匆匆地撰写了这一章，以期成为未来认真、深入介绍外尔的前奏。

2. 外尔小传

外尔（Hermann Weyl，1885—1955），德国数学家、物理学家和哲学家，二十世纪最有影响的思想家，因为学问太过深邃，故他是一般的学术世界里缺失的人物。愚以为，可以形象地说，外尔是一头闯入物理学世界的数学家大象。

外尔1885年出生于汉堡附近的一个小镇，父母都来自富足家庭。1904—1908年间，外尔在哥廷恩和慕尼黑两地学习数学和物理，其在哥廷恩大学的博士导师是数学大神希尔伯特（David Hilbert，1862—1943）。1908年，外尔以关于积分方程的研究获得数学博士学位。在哥廷恩教了几年书以后，外尔于1913年到了苏黎世的瑞士联邦理工（ETH）就任几何学教授。在那里，外尔和爱因斯坦熟识，当然也就第一时间熟悉了他的相对论，似乎可以说是爱因斯坦的影响让外尔成了一名理论物理学家。外尔为广义相对论的数学花了大量精力，尤其是在作为其基础的微分几何的拓展问题上。1921年，外尔在苏黎世遇到了在苏黎世大学任教的薛定谔，这可以说是为量子力学数学的拓展埋下了伏笔。外尔于1928—1929年间在普林斯顿大学作访问教授，1930年回到哥廷恩大学接导师希尔伯特的班。此前，哥廷恩大学曾于1925年召他回去接替克莱因（Felix Klein，1849—1925），但被他拒绝。1933年，外尔移居美国，在普林斯顿高等研究院一直工作到1951年退休。退休后的外尔往来于苏黎世和普林斯顿两地，1955年辞世。

外尔在哥廷恩上大学期间曾修习过胡塞尔（Edmund Husserl，1859—1938）的哲学课，

外尔

225

由此认识了胡塞尔的一个女弟子海伦娜（Helene Joseph，1893—1948），后来成了他的妻子。他们缔结了一段持续35年（1913—1948）的婚姻。不知道外尔对哲学的兴趣是否是那时就建立起来了，反正外尔深受胡塞尔的现象学哲学（phenomenological philosophy）的影响。外尔生性洒脱，终其一生他都追求自己做主的生活理想（Zeit seines Lebens fühlte er sich demokratischen Idealen verpflichtet）。

外尔是哥廷恩大学培养出来的学者，其一生都和哥廷恩的数学传统相联系，当时那是由希尔伯特、克莱因和闵可夫斯基（Hermann Minkowski，1864—1909）所代表的。愚以为哥廷恩数学传统的代表人物也要加上与外尔同时代的诺特（Emmy Noether，1882—1935），而此前则有高斯、黎曼和狄里希利（Gustav Lejeune Dirichlet，1805—1859）。在外尔所处的时代，数学家已不再追求庞加莱或者希尔伯特的那种贯通（universalism），而外尔则是最接近达到融会贯通境界的。后世的数学家阿提亚爵士（Sir Michael Atiyah，1929—2019）在1984年接受采访时曾感叹道："I have found that in almost everything I have ever done in mathematics, Hermann Weyl was there first.（我发现几乎所有我做过的数学，外尔都捷足先登过。）"

外尔一生著述颇丰，其著作目录如下：

1) *Die Idee der Riemannschen Fläche*（关于黎曼面的思想），1913；英文版为*The Concept of a Riemann Surface*

2) *Raum · Zeit · Materie*（空间·时间·物质），1918

3) *Das Kontinuum*（连续统），1918；英文版为*The Continuum*

4) *Mathematische Analyse des Raumproblems*（空间问题的数学分析），1923

5) *Was ist Materie?*（物质是什么？），1924

6) *Philosophie der Mathematik und Naturwissenschaft*（数学和自然科学的哲学），1927；英文版为*Philosophy of Mathematics and Natural Science*

7) *Gruppentheorie und Quantenmechanik*（群论与量子力学），1928；英文版为*The Theory of Groups and Quantum Mechanics*

8) *The Classical Groups：Their Invariants and Representations*（经典群），1939

9) *Elementary Theory of Invariants*（不变量理论基础），1936

10) *Meromorphic Functions and Analytic Curves*（亚纯函数与解析曲线），1943

11) *Symmetry*（对称），1952

12) *Riemanns geometrische Ideen*（黎曼的几何思想），1988

此外，外尔辞世后，后人于1968年编辑出版了他的4卷本全集（*Gesammelte Abhandlungen*）。外尔的著作内容不易懂，但读懂一点儿就大有收获，况且其文笔流畅，读来算是享受。

在外尔的学问与成就中，数学、物理和哲学的成分虽非浑然一体，却也不是泾渭分明。下文将外尔的成就分成数学的、物理的和哲学的，只是为了介绍的方便，不具有严格的意义。

3. 外尔的数学成就

外尔共写过200余篇论文，是那种出自个人机杼的、有思想的论文。对

11

大部分外尔的文章，硬要分辨其为数学的哪个领域或者是算数学还是算理论物理可能是不得体的。在他眼里，数学是一个有机整体，他对整个数学领域的进步都有影响，其耕耘的范围包括分析、拓扑、微分几何、微分方程、李群、表示理论、调和分析和分析数论等。有了贡献者水平的数学底子，特别是在微分几何、微分方程、李群和表示理论等领域，加上和爱因斯坦和薛定谔等人过从甚密，外尔参与近代理论物理的奠基是自然而然的事情。

外尔的数学生涯开始于分析，包括积分方程和谱理论。1910年外尔以奇性微分方程及其用本征函数的展开，即后来的自伴随算符的谱理论，获得私俸讲师资格（habilitieren）；1911年发表了*Über die asymptotische Verteilung der Eigenwerte*（本征值的渐近分布）一文，证明了在紧致域上拉普拉斯算子本征值的渐近分布，即Weyl law，1912年又用变分原理给出了新的证明。外尔后来不断回到这个问题，他还将之应用于弹性体系，得到了外尔猜想。本征值渐近分布，学量子力学的看到这个概念会眼睛一亮，这是量子力学数学的一大关啊，而外尔得到这些研究成果时量子力学这个词还没出现呢[*]。

关于拉普拉斯算子本征值的渐近分布，外尔在1915年指出其第一项正比于系统的体积，除了体积以外的其他参数不起作用，此乃物理学家，其中有大名鼎鼎的洛伦兹（Hendrik Antoon Lorentz，1853—1928），在提供了经典物理到量子物理桥梁的黑体辐射研究中首先猜测的一个结果。坦白地说，笔者虽然撰写过关于黑体辐射研究的长篇论文，对这一点却毫不知情。当然，黑体辐射、量子力学和拉普拉斯算子本征值凑到一起，这里的逻辑关系是契合的。

1913年外尔发表了小册子*Die Idee der Riemannschen Fläche*（关于黎曼面的思想），对黎曼面进行统一处理。此项工作的一个重要意义在于将复数

---

[*]　Quantenmechanik（量子力学）一词最早出现于1924年。

从复平面中解放出来。外尔用点集拓扑让黎曼面理论更加严格，为后来的流形研究树立了榜样。黎曼几何的外尔张量对于理解共形[*]几何非常重要。

1918年外尔出版了 *Raum · Zeit · Materie* 一书，此时他已经开始思考如何筑牢广义相对论的数学基础并加以扩展。同一年，外尔发表了关于规范场论的第一篇文章，那是从数学上将引力理论同麦克斯韦电磁理论结合起来的尝试，详情见下。也许不算巧合的是，同一年在哥廷恩出现了诺特定理，而这是规范场论的重要基础。

1923—1938年间外尔发展了用矩阵表示表述的紧致群理论。关于紧致李群他证明了基本的特征标表，这是理解量子力学的对称结构的关键。外尔还给出了旋量问题的阐述。外尔关于群论的工作，加上魏格纳和冯·诺伊曼的工作，奠立了量子力学的数学基础，见下。关于非紧致群及其表示，特别是海森堡^{**}群，也捎带着在1927年在外尔量子化的框架中给处理了。李群和李代数成了纯数学和理论物理的主流，外尔功不可没。

4. 外尔的物理成就

外尔的物理贡献在于相对论、量子力学，以及创立了基于相对论和量子力学的规范场论。环顾天下，有此能力与机遇故而享此荣耀者，仅此一人而已。爱因斯坦是量子力学、相对论和统计物理的奠基人；薛定谔是量子力学奠基人，做出了挽救规范场论的关键一步。这三人是终生的好朋友，且关于

---

* 关于conformal的翻译有点儿乱。conformal field theory被译成共形场论，而 conformal transformation被译成保角变换。

** 海森堡因对矩阵力学的贡献而作为量子力学奠基人之一而闻名。实际上，他提出同位旋和交换相互作用的概念才更见水平。

自然持比较一致的哲学观点，这实在是物理学的幸运。

4.1 群论与量子力学

如果将1925年底薛定谔构思波动方程算作新量子物理的起点，可以说外尔从一开始就参与了量子力学的创立。要确立薛定谔方程$ih\partial_t\psi = H\psi$的正当性，那得有一个能表明它还算靠谱的例子。薛定谔将他的方程应用于氢原子求解其定态波函数，不过那样得到的三变量的二阶微分方程的解，即便对于当时已是数学物理教授的薛定谔本人来说，也是很难的。这个工作是在外尔的帮助下才完成的，详情见下。

薛定谔1926年的量子力学奠基性论文的题目就是《量子化是本征值问题》，而算符的本征值问题可是外尔得出过定理的研究内容，简直是撞到他的枪口上了。量子力学数学的关键概念是希尔伯特空间，而希尔伯特就是外尔的导师。在量子力学中算符作用于波函数，那么在波函数不能得到具体形式的局面下如何研究其中的物理？这就得用群论来定性分析算符及其本征函数和本征值了，而这又撞到外尔的枪口上了。仅仅到了1928年，量子力学还羽翼未丰呢，外尔的《群论与量子力学》就出版了，算得上是第一时间赶出来的。外尔的《群论与量子力学》和维格纳（Eugene Wigner，1902—1995）1931年的《群论及其在原子谱量子力学中的应用》是从群论角度理解量子力学的经典，它们让量子力学有了点儿学问的样子，极大地促进了量子理论的发展。李群的表示论就是为量子力学量身定做的，而外尔在群表示论和算子谱理论的权威研究让他成了新物理学当仁不让的代言人。由于群论对于一些物理学家来说太难了，外尔他们当时的努力竟然被诬为群瘟（Gruppenpest）。后来的发展表明，群论是近代物理最有用的工具。这两本群论，加上1930年狄拉克（P.A.M. Dirac，1902—1984）的《量子力学原理》和1932年冯·诺伊曼的《量子力学的数学基础》，是量子力学在建立过程中就形成的经典著作，是理解量子力学之创造的第一手资料[*]。

　　外尔于1939年在普林斯顿期间出版了 *The Classical Groups*（经典群）此一经典著作。该书共分为10章，包括导论、矢量不变量、矩阵代数与群环、对称群与完全线性群、辛群、正交群、特征标、不变量的一般理论、再论矩阵代数，最后一章是补缀。外尔之所以写这本书，是因为他在1925年就得到了一个半单连续群的特征，他想用直接代数构造为所有重要的群得到类似的结果，而当其时他已掌握了所有的工具。学过一点儿群论的人，对外尔的 *The Classical Groups* 一书会特别有感觉。贯穿 *The Classical Groups* 一书的是不变量理论（invariant theory），故可以和他的 *Elementary Theory of Invariants*（不变量理论基础）一书参照着读。不变量这个概念会把克莱因、希尔伯特、诺特和外尔联系起来，会帮助我们理解什么叫"数学传统"。*The Classical Groups* 也被认为是反映了外尔对数学一体性的坚持，人们评价这本书值得一读再读十遍地读（It's the kind of book you read ten times.—Atiyah）。当然，这本书的序言比正文更有名气。论及书的风格，相较于那种给读者以把他们关入了一个照明充分的小屋子，其中每一个细节都凸显令人炫目的清晰而毫无阴影的那种印象，外尔写道："I prefer the open landscape under a clear sky with its depth of perspective, where the wealth of sharply defined nearby details gradually fades away towards the horizon.（我喜欢晴朗天空下有着深远景致的开阔地，那里众多细节明晰的近景渐渐融入地平线。）" "... The book is primarily meant for the humble who want to learn as new the things set forth therein, rather than for the proud and learned who are

---

[*] 　忽然明白某些地方的量子力学的教与学差在哪儿了。

already familiar with the subject and merely look for quick and exact information about this or that detail. （……本书主要是给那些谦卑的、想将其中内容当作新事物学习的而非那些骄傲又博学的、早已熟悉相关主题故而只是想找点儿关于这个或者那个细节之便捷、精确信息的人准备的。）"

4.2 广义相对论与规范场论

相对论与瑞士的苏黎世和德国的哥廷恩两个小镇有关。在苏黎世给出狭义相对论几何的闵可夫斯基是哥廷恩数学传统的领袖人物，第一个写出引力场方程的希尔伯特是哥廷恩数学传统的领袖人物。毕业于哥廷恩大学的外尔于1913年到了苏黎世的瑞士联邦理工。外尔与爱因斯坦交好，又秉承哥廷恩的数学物理传统，自然也会对相对论产生浓厚的兴趣。广义相对论涉及微分几何、不变理论、群论等数学，都是外尔的拿手戏。如同闵可夫斯基完善了狭义相对论的数学基础，外尔要完善和发展广义相对论的数学基础。爱因斯坦的广义相对论论文于1916年3月发表，1917年夏外尔即开设了广义相对论课程，1918年出版了名著 *Raum · Zeit · Materie*（空间·时间·物质），因为，如他所言："Es lockte mich, an diesem großen Thema ein Beispiel zu geben für die gegenseitige Durchdringung philosophischen, mathematischen und physikalischen Denkens.（它诱惑我关于这个主题给一个哲学的、数学的、物理的思想交相渗透的例子。）" *Raum · Zeit · Materie* 一书受真学物理的人的欢迎程度令人侧目，仅仅到了1922年即已出到了第五版，法语和英语译本也有了，被誉为不会过时的著作（见1991版序）。

Raum · Zeit · Materie 一书的副标题为 *Vorlesungen über Allgemeine Relativitätstheorie*（广义相对论教程），分为欧几里得空间、可测度的连续统、时空相对性和广义相对论四章，意在展开一个简单的基本思想（die

Entfaltung einer einfachen Grundidee）。一个数学家，在广义相对论创立不久便及时地提供了广义相对论的教程，详细阐述了流形、联络与曲率，还有它们的物理诠释。问题是，外尔是要发展这门学问，为这门学问夯实进而拓展其数学基础。这让我想起了外尔导师希尔伯特的一件逸事。当年希尔伯特受德国数学学会的指派撰写数论研究的报告，人家希尔伯特当时的境界竟然是要趁机为数论奠立基础（lay the foundation）。确实，对于广义相对论这种学问，不是外尔这样的数学家还真未必能正确估量其价值——爱因斯坦本人也不行。对付广义相对论这种学问，"… die Physik liefert die Enfahrungsgrundlage, die Mathematik das scharfe Werkzeug（……物理提供经验基础，数学提供锋利的工具）"，二者缺一不可。

外尔1918年的德语论文 *Gravitation und Elektrizität*（引力与电）在其文后即有爱因斯坦从物理角度的诘难，这让规范场论差点儿成了被洗澡水淹死的婴儿。然而幸运的是，经过薛定谔（1922）、伦敦（1927）、福克（1927）等人的工作，外尔最初的思想实现了同量子理论的结合，加上其1929年英文的 *Gravitation and the Electron*（引力与电子）和德文的 *Elektron und Gravitation I*（电子与引力I）这两篇文章，其意在建立一个囊括引力、电和物质的理论（eine Gravitation, Elektrizität und Materie umfassende Theorie），规范场论这门学问终于得以建立，最后经非阿贝尔规范场论发展到标准模型，其间的过程波澜壮阔。更多详情参见本书的薛定谔一章及拙著《云端脚下——从一元二次方程到规范场论》，有兴趣深入学习的读者请参阅规范场论方面的原文与专著。

1928年，英国物理学家狄拉克给出了（电子的）相对论量子力学方程 $i\hbar\gamma^{\mu}\partial_{\mu}\psi = mc\psi$，其中 m 是粒子质量，γ 是 4×4 的狄拉克矩阵，

$$\gamma^0 = \begin{bmatrix} I_2 & 0 \\ 0 & -I_2 \end{bmatrix}, \ \gamma^1 = \begin{bmatrix} 0 & \sigma_x \\ -\sigma_x & 0 \end{bmatrix}, \ \gamma^2 = \begin{bmatrix} 0 & \sigma_y \\ -\sigma_y & 0 \end{bmatrix}, \ \gamma^3 = \begin{bmatrix} 0 & \sigma_z \\ -\sigma_z & 0 \end{bmatrix}$$

可看作是从单位2×2矩阵I_2和泡利矩阵σ_x, σ_y, σ_z构造而来的*。这里的波函数ψ是复四分量的。将此方程中的质量m设为零，即得到所谓的外尔方程$\sigma^\mu \partial_\mu \psi = 0$，其中$\sigma^\mu = (I_2, \sigma_x, \sigma_y, \sigma_z)$，而波函数$\psi$是复二分量的。外尔方程是将狄拉克方程中的$m$设为零的结果，故被理解为描述质量为零的费米子的方程，相应的费米子被称为外尔费米子。1933年，泡利指出外尔方程破坏宇称对称性，但泡利1930年预言的中微子却被认为是无质量的，被当作了外尔方程要描述的对象。当然了，在中微子被发现以后，更多的研究结果表明它不仅有质量，而且有三种类型不同的中微子，且有振荡现象，所谓中微子是外尔费米子的说法自然也就破灭了。可以说，到目前为止，外尔费米子还是个没有任何现实基础的概念而已。

狄拉克方程来自电子的相对论质能关系$E^2 = (pc)^2 + (mc^2)^2$，虽然推导过程中狄拉克也是大胆施为，但应该说它还是有坚实的物理基础的。狄拉克方程导致了反粒子的概念，且很快得到了证实（参见拙著《惊艳一击》）。与此相反，外尔方程来自将狄拉克方程中的一项之系数m设为零，这样做当然没有什么物理基础。这种做物理的方法，未免显得上不了台面；没有物理基础的推导未能结出物理的果子，于情于理倒也说得过去。其实，要求存在无质量的外尔费米子，从概念上说还有许多困难。将一个已知方程中的一项系数设为零，这对数学家来说简直就是举手之劳。如果外尔做过这样的研究，得算是他人生的污点。有人愿意顽强地从外尔方程出发往下编故事是法律保障的自由，但以为大自然非要满足这个方程就让大自然太为难了。大自然没有义务满足某个人写下的方程，哪怕是外尔的方程也不行。

*　　狄拉克说是自己硬推导出来的。

更加有趣的是，关于外尔方程和外尔费米子的文章、书籍都说，是在1929年德文的《电子与引力I》一文中外尔得到外尔方程的，然而笔者翻遍原文也不见相关内容，其中曲折，值得进一步考证。

作为一个数学家，外尔似乎对物理理论该是什么样儿没有什么先验的负担。比如，关于左右对称，在1929年那篇经典论文中外尔就写道："Wir werden sehen, daß man mit zwei Komponenten auskommt, wenn die Symmetrie von links and rechts aufgehoben wird.（我们将看到，如果将左右对称性取消，则两个分量就够用了。）... Die Einschränkung 2 hebt die Gleichberechtigung von links und rechts auf.（限制条件2取消了左和右的平权。）"后来的外尔旋量就分为左手的和右手的。三十年后的物理学界为是否放弃左右对称性而经历的心灵挣扎，是物理学史上有趣的一页。

5. 外尔的哲学成就

哥廷恩的数学传统是包括哲学的。构建数学的基础，应该是哲学性的劳动。外尔熟悉古希腊哲学和德国古典哲学，大学时选修过胡塞尔的哲学课，据信他对物理的处理方式多基于胡塞尔的现象学哲学。外尔所著的*Was ist Materie?*, *Raum · Zeit · Materie*, *Philosophie der Mathematik und Naturwissenschaft*，以及 *Das Kontinuum*（连续统）*都是哲学味十足的名篇。后人编纂的*Mind and Nature*（思维与自然）收录的也是外尔的一些哲学思考。

在1918年的*Das Kontinuum*一书中，外尔使用罗素的分支类型论

---

*　　连续统的译法涉嫌同义反复。"统"字本身就是连续关系的意思。

（ramified theory of types）的较低层次发展了谓词分析的逻辑，他实际上是发展了经典运算的大部，但他既不使用选择公理也不使用反证，还避免使用康托的无限集合。这期间外尔采用的是费希特（Johann Gottlieb Fichte，1762—1814）的构造主义。在连续统中，可构造的点是分立的存在，而我们需要的不是那种作为点之集团的连续统，应该构造同物理意义自恰的连续统。该书出版后，外尔转向了布劳威尔（L. E. J. Brouwer，1881—1966）的直觉主义。后来，外尔又觉得布劳威尔的直觉主义对数学施加了太强的限制。1921年，外尔写了《关于数学新的基础危机》一文，在数学界引起了极大的骚动。约在1928年后，外尔就公开认为数学的直觉主义同他对现象学哲学的热情不相容。晚年的外尔认为数学是"符号构造（symbolic construction）"。

1949年，外尔放弃了数学的直觉主义的价值。在1949年英文版 *Philosophy of Mathematics and Natural Science* 中，外尔写道："Mathematics with Brouwer gains its highest intuitive clarity. He succeeds in developing the beginnings of analysis in a natural manner, all the time preserving the contact with intuition much more closely than had been done before. It cannot be denied, however, that in advancing to higher and more general theories the inapplicability of the simple laws of classical logic eventually results in an almost unbearable awkwardness. And the mathematician watches with pain the greater part of his towering edifice which he believed to be built of concrete blocks dissolve into mist before his eyes.（数学从布劳威尔那里获得了高度的直觉上的清晰。他成功地以一种自然的方式开启了分析的发展，一直保持住了比从前更加紧密的同直觉的接触。不可否认的是，为了寻求更加高级、更具一般意义的理论，运用经典逻辑的简单法则最终会导致令人难以容忍的糟糕局面。数学家

痛苦地看着他以为是用具体的板块建立起来的大厦之大部眼睁睁地消解在迷雾中。）"

　　德语的*Philosophie der Mathematik und Naturwissenschaft*出版于1927年，那一年外尔已对相对论的几何做了充分的研究、参与了1926年薛定谔量子力学波动方程解氢原子问题，泡利写出了他的两分量量子力学波动方程，而狄拉克的四分量相对论量子力学波动方程还要再等来年。在这本书里，外尔谈了他关于数学逻辑、公理、连续统、无限、几何*、时空、方法论、物质以及因果律等观念，而这些在笔者看来，是理解量子力学和相对论的关键。从笔者个人经历来看，缺乏对这些基本观念的思考是大学阶段学习量子力学和相对论时感到困惑的缘由。外尔的科学哲学是对我们科学家有益的学问，如他所言，die Beschäftigung mit der Philiosophie der Wissenschaften die Kenntnis der Wissenschaft selbst voraussetzt（**拿科学哲学说事儿要以科学知识本身为前提**）。如同莱布尼茨，对于外尔来说，数学是其哲学体系的有机组成部分。因为首先是个职业科学家，哲学家外尔的著作中多有实践痕迹的表述，或者说，他的哲学论述是技术性的。略举几例，供读者品味。Wir haben die Wahrheit nicht, sondern sie will durch Handeln gewonnen sein.（不是我们拥有真理，而是她可通过实践被获得。）Eine wahrhaft realistische Mathematik sollte, parallel zur Physik, als ein Zweig der theoretischen Konstruktion der einen realen Welt aufgefaßt warden.（真正现实的数学应该作为关于现实世界的理论构造的一个分支，其与物理平行，来理解。）Tatsächlich schreibt die allgemeine Relativitätstheorie nicht die Topologie der Welt vor, und so mag es

---

*　虽然初二就学过，但笔者打死也不敢说自己会欧几里得几何。牛顿能用平面几何证明平方反比力下行星运动的轨迹是圆锥曲线，外尔从欧几里得几何能看到自旋表示。信誓旦旦敢说会的，都是因为知道的少。

kommen, daß die Welt nicht bloß nach dem Unendlichen zu, sondern auch nach innen hinein unerreichbar Säume trägt. （实际上，广义相对论并没有规定世界的拓扑，故而可能是这样，世界不只是朝着无限之外也可能朝着内里携带着不可抵达的迟疑。）此书包含大量数学与物理的基础思想，有一定数学和物理知识储备的读者不妨读读，此处恕不详述。

多余的话

外尔作为一个职业数学家，但却对量子力学、相对论和规范场论都有根本性的贡献，原因不外有二：其一，这确实是理论物理，撞到他这个真数学家的枪口上了；其二，他和量子力学、相对论的物理学家奠基者们有亲密的接触。外尔研究广义相对论，因为爱因斯坦是他在瑞士联邦理工的同事，其扩展作为广义相对论基础的微分几何的努力最终导向了规范场论的创立，而碰巧那中间的关键一步来自量子力学。

外尔和同时期在苏黎世大学访问的薛定谔过从甚密，进而在学术上互有启发与襄助。1922年，薛定谔引入了虚因子

$$\gamma = \frac{h}{2\pi \sqrt{-1}}$$

救了外尔的规范场论。1926年，薛定谔构造了量子力学波动方程

$$i\hbar \partial_t \psi = H\psi$$

即薛定谔方程。将薛定谔方程应用于氢原子，得到了 $E \sim E_{nlm}$ 的结果，即氢原子中电子（就一个）的能量是三个量子数的函数。加上电子的

自旋，原子中的电子一般就有四个量子数，这四个量子数的取值方式决定了元素周期表的样子。关于这个小问题，今天的中学生都应该知道，参见拙著《量子力学——少年版》。解氢原子的薛定谔方程实际上是非常难的，这一点只要看看其定态波函数的表达式就知道了，

$$\psi_{nlm}(r, \theta, \varphi) = \sqrt{\left(\frac{2}{na}\right)^3 \frac{(n-l-1)!}{2n(n+l)!}}\ e^{-\frac{\varrho}{2n}} \left(\frac{\varrho}{n}\right)^l L_{n-l-1}^{2l+1}\left(\frac{\varrho}{n}\right) Y_l^m(\theta, \varphi)$$

其中$\varrho = 2r/a$，$a = 4\pi\varepsilon_0 h^2/me^2$是玻尔半径。一般的教科书中会记

$$\varrho = 2r/na$$

这使得波函数表达式$\psi_{nlm}(r, \theta, \varphi)$中量子数$n$被部分地隐藏了，这是不懂物理的表现。这个表达式很复杂，其中的函数L和Y分别是推广的拉盖尔函数和球谐函数*。一般教科书的作者照抄这个解，但会装出自己会解这个方程的样子来。殊不知作为维也纳大学数学物理教授到苏黎世大学访问的薛定谔自己为此也得求助于外尔。这一点，薛定谔在其1926年的经典论文第一部分的脚注中是明确鸣谢了的。一般教科书的作者假装也会解这个方程，估计是从没有读过原文的缘故。

外尔1924年出版了具有哲学意味实际上是学不分科**的*Was ist Materie?*（物质是什么？）一书，这是一个学会思考了的学者对自然存在的思考。不知道是不是受这本书的启发，反正20年后薛定谔出版了《生命是什么？》一书，一样的是学不分科式的著作，一样的是一个学会思考了的学者对自然存在的思考。可能薛定谔的书更贴近生活吧，故*What Is Life?*比*Was ist Materie?*更为流行。然而，论学问，尤其是涉及到学问的渊源，笔者可能会给予*Was ist Materie?*以更高的评

---

* 　球谐函数，听着莫名其妙吧？spherical harmonic function其实是球安装函数，即用这样的函数可以凑出一个球对称的分布来。harmony本义是安装到位。

** 　"学不分科"是作者在大学开设的一个讲座系列。

价。当然，把这两本书放到一起看会带来更大的收获。

至于规范场论，规范场论始于外尔1918年的《引力与电》一文，其初始动机是扩展广义相对论用的微分几何。希尔伯特第一个写出广义相对论场方程，比爱因斯坦早5天。外尔是希尔伯特的学生，是爱因斯坦的同事，好像就是通过外尔的介绍，希尔伯特才邀请爱因斯坦于1915年夏去哥廷恩讲学的。可以说，外尔参与广义相对论的进一步发展是自然而然的事儿。规范场论其后发展的硬核思想基础是1918年的诺特定理。诺特于1915年应克莱因和希尔伯特之邀到哥廷恩大学工作。虽然外尔和诺特可能在哥廷恩没有交集，但无疑地他们都是深受克莱因和希尔伯特影响的哥廷恩学派顶级人物。1918年，诺特的《不变的变分问题》和外尔的《引力与电》同时出现绝非偶然，是数学物理史上值得关注的大事件。

1954年出现的杨－米尔斯理论是对规范场论的提升与拓展。这里的主角杨振宁先生曾谈到："……当我还是中学生的时候，就从父亲那里接触到群论的基本原理，也常常被父亲书架上的一本斯派泽关于有限群的书中的美丽插图所迷住。"看看，人家是在中学生时代就接触到了群论，而且是通过斯派泽的书籍。群论是相对论、量子力学和规范场论的基础，先通群论对学习理论物理的益处，杨振宁先生可为一例。有趣的是，外尔在1952年的*Symmetry*一书的序言中赫然写道：

"Andreas Speiser's *Theorie der Gruppen von endlicher Ordnung* and other publications by the same author are important for the synopsis of the aesthetic and mathematical aspects of the subject. （斯派泽的《有限群理论》*以及该作者的其他著述对于〔对称性〕这一主题的美学与数学方

---

* 斯派泽的《有限群理论》是1937年出版的。

面的概览特别重要。）"杨振宁先生后来发展了规范场论，看来不是偶然的。

啰唆这么多，我特别想说，一个人要成为大学者，成长的环境太重要了。欲做学问者，须到学问家窝里去。如果你不明白这个道理，请好好理解维也纳圈子是什么意思。外尔的成就是在哥廷恩以外做出来的，可他依然是哥廷恩数学传统的标志性人物。在德国诗人海涅（Heinrich Heine，1797—1856）笔下，哥廷恩是一个以香肠和大学而闻名的城市。这个城市睥睨天下的气质，可以从刻在老市政厅入口处的一句拉丁语口号看出："Extra Gottingam non est vita, si est vita non est ita.（哥廷恩以外没有生活，有生活那也不是这里那样的。）"在外尔求学的时代，其导师希尔伯特是数学的旗帜、纯粹思想的神龛（shrine of pure thought），至于"全世界想学数学的人们打起背包，到哥廷恩去，那里有希尔伯特"的噱头，虽说出处可疑，毕竟有其发生的现实基础。第二次世界大战结束前，美英法盟军没有轰炸哥廷恩，算是强盗有文化的案例，也是因为哥廷恩太过令人肃然起敬了。

一个人能成为学术巨擘不是偶然的。大抵说来，他应该生来聪颖过人，导师也是学术巨擘级的，能教他深入的学问，引导他到学问的前沿。由此看来，老师们要不遗余力地教多、教深，才算是合格的，这也是一个教师的起码良知。至于学生们能走多远，那要看学生们自己的造化。成巨擘的人，心思只可在学问本身。这样看来，他还应该是富足的，物质上与精神上都富足，心无旁骛，不会为了生活所迫违心去做根本算不上研究的研究。

关于数学和物理的关系，我总觉得一个人只有实现了物理学家and数学家的运算才可能实现理解数学or物理的结果。实际上，从牛顿、拉格朗日、欧拉、贝努里们、哈密顿、格拉斯曼、庞加莱、希尔伯特、外尔、诺特到眼前的阿诺德、阿提亚、彭罗斯等人，一个大数学家没有对物理学的基础性贡献简直是不可想象的。反过来，好的物理学家，如狄拉克、薛定谔、钱德拉塞卡、李政道先生、杨振宁先生等，其数学水平也不是一般意义的数学爱好者能比的。外尔的一句

"In some way Euclid's geometry must be deeply connected with the existence of the spin representation. （欧几里得几何肯定以某种方式同自旋表示的存在深度关联。）"让我浑身一颤，当然这主要是因为我数学差的原因。

外尔是数学家、物理学家和哲学家，也是文采斐然、风格独特的作家，其文笔优美、顽皮，有人甚至夸奖他的文风是诗意的。多么深沉、严肃的内容，外尔都能写出优美的文字来，并且灌注入思想，因此让人觉得读来是个享受。外尔1939年在普林斯顿出版 *The Classical Groups* 一书时在序言中为自己英语不流利而道歉：

The gods have imposed upon my writing the yoke of a foreign tongue that was not sung at my cradle.

"Was dies heissen will, weiss jeder, Der im Traum pferdlos geritten,"

（神给我的写作加上了外语的枷锁，那不是为在摇篮中的我歌唱的语言。"那是什么样的感觉呢，梦到自己胯下无马还纵横驰骋的人都知道"）这让英语是native language（母语）的人都无地自容。同一年，谈及抽象代数同拓扑学的竞争，外尔写道："In these days the angel of topology and the devil of abstract algebra fight for the soul of each individual mathematical domain.（这些日子里，拓扑学的天使和抽象代数的魔鬼在为每一块数学地盘的灵魂而打斗！）"嗯，天使、魔鬼，还为了灵魂在打斗，这数学就显得比较热闹。

不知道数学、物理和哲学的思想在外尔的灵魂里是怎样打斗的，激烈而且和谐？

建议阅读

[1] Emmy Noether. Invariante Variationsprobleme（不变的变分问题）. Nachr. D. König. Gesellsch. D. Wiss. Zu Göttingen, Math-phys. Klasse, S., 1918: 235-257.

[2] Andreas Speiser. Die Mathematische Denkweise. Springer, 1952.

[3] Hermann Weyl. Invariants. Duke Mathematical Journal, 1939, 5(3): 489-502.

[4] Hermann Weyl. Gruppentheorie und Quantenmechanik（群论与量子力学）. S. Hirzel, 1928. 英文版为The Theory of Groups and Quantum Mechanics, Dover, 1931.

[5] Hermann Weyl. Gravitation and the Electron. PNAS, 1928, 15(4): 323-334.

[6] Hermann Weyl. Elektron und Gravitation I（电子与引力I）. Z. Phys.,1929, 56: 330-352.

[7] Hermann Weyl. Über die Neue Grundlagenkrise der Mathematik（关于数学新的基础危机）. Springer Mathematische Zeitschrift, 1921, 10: 45-66.

[8] Hermann Weyl. Mind and Nature. Princeton University Press, 2009.

[9] Hermann Weyl. Philosophy of Mathematics and Natural Science. Princeton University Press, 1949.

[10] Eugene Wigner. Gruppentheorie und ihre Anwendungen auf die Quantenmechanik der Atomspektren（群论及其在原子谱量子力学中的应用）. Vieweg, 1931. 英文版为Group Theory: and Its Application to the Quantum Mechanics of Atomic Spectra, Academic Press, 1959.

[11] John von Neumann. Mathematische Grundlagen der Quantenmechanik. Springer, 1932.

[12] Michael Atiyah. Hermann Weyl 1885—1955. The National Academy Press, 2002.

12 　彭罗斯

彭罗斯，当前健在的通才型学者，英国数学家、物理学家、哲学家，极富艺术气质。艺术上彭罗斯受埃舍尔的启发，又以自己的几何知识启发了埃舍尔。他早于准晶的发现给出了具有5次对称性的彭罗斯铺排花样，为准晶被接受奠定了心理基础。他是罕有的精通量子场论、广义相对论和宇宙学的数学家，发明了自旋网格和扭量理论，证明时空奇点的出现是广义相对论理论不可避免的结果。他的众多科学作品影响了世界的思考，其中《通向实在之路》内容渊博，有教人谦虚的特殊功效。

彭罗斯铺排，彭罗斯三角，

彭罗斯楼梯，时空奇点，

代数几何，旋量，扭量理论

Ανθρωπος μικρὸς κόσμος.*

1. 引子

笔者大学时修过固体物理，知道二维、三维的晶体里只允许1, 2, 3, 4和6次转轴，5次转动对称性与平移对称性相冲突故而不存在。到了1987年读研究生，课上要介绍研究前沿，就听说了准晶的概念。1984年发现的准晶，就是因为合金样品的电子衍射花样出现了10次对称的斑点才被注意到的。由此又知道了在1974年就有数学家给出了一种具有5次转动对称性的二维平面铺排花样（tessellation），不过用的是两种形状的砖（tiles），且被当成是数学游戏。如下图所示，两种角度和边长都特别的（和5以及黄金分割数 $\phi = 0.5 \times 5^{0.5} - 0.5$ 有关的）四边形，分别称为风筝和飞镖（kite & dart），能够实现整体上有5次转动对称性的铺排花样。这让我注意到了彭罗斯铺排（Penrose tiling）的概念。

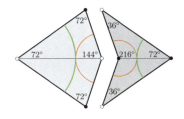 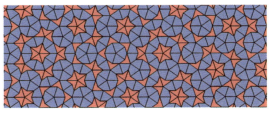

彭罗斯铺排

---

*　　　每个人都是一个小宇宙。

245

后来，进入九十年代，笔者又注意到了一本作者为彭罗斯的新书*The Emperor's New Mind*（皇帝的新脑）。这书名显然是化自安徒生的童话故事 *The Emperor's New Clothes*（皇帝的新衣），那显然是要讽刺什么的了。偶然间笔者还注意到了荷兰版画家埃舍尔的一些作品，由此知道了名为彭罗斯三角和彭罗斯阶梯的"不可能的物体"（下图）。彭罗斯三角试图表现的是 impossibility of purest form，笔者为之着迷不已，把它选为了个人课题组的 logo。

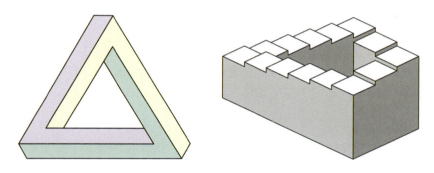

彭罗斯三角与彭罗斯阶梯

及至做了教授，笔者时不时会做点儿准晶方面的课题，也喜欢读关于任意维晶体、代数几何与几何代数、广义相对论与宇宙学的著作，彭罗斯的名字就一直不停地出现在眼前。其实，彭罗斯作为当代最有影响力的数学家、物理学家、哲学家，学数学、学物理的哪有不知道彭罗斯的呢？

2. 彭罗斯小传

彭罗斯（Roger Penrose，1931—），牛津大学荣休教授，出身于英国埃塞克斯的一个科学、文化艺术世家。彭罗斯1958年在剑桥大学获得数学博士学位，师从几何学大家霍奇（W. V. D. Hodge，1903—1975）*以及几何和代数学家托德（John A. Todd，1908—1994），博士论文为*Tensor Methods in Algebraic Geometry*（代数几何的张量方法），这似乎是他一生成就的底色。彭罗斯毕业后先是在伦敦的Bedford（贝德福德）学院当助理讲师，又到剑桥的圣约翰学院当研究人员，1959—1961年在美国的普林斯顿和叙拉古大学，1961—1963年回到伦敦的国王学院从事研究。1964年在伦敦大学的Birkbeck（伯贝克）学院期间，彭罗斯的研究从纯数学转向了宇宙学，1965年1月即发表了那篇划时代的论文*Gravitational Collapse and Space-time Singularities*（引力坍缩与时空奇点），革新了用以分析时空性质的数学工具。1967年彭罗斯发明了将闵可夫斯基时空里的几何对象映射到度规记号为(2, 2)的四维复空间中的扭量理论，1971年发明了后来形成圈量子引力理论中的时空几何的自旋网络（spin network）概念。

彭罗斯是个极具艺术家气质的科学家。1954年，彭罗斯在阿姆斯特丹看到了埃舍尔的名为"不可能的物体"的展览，受其启发构造了彭罗斯三角，并和埃舍尔建立起了联系。反过来，埃舍尔又受到了几何学家彭罗斯的启发，其后期的作品

晚年的罗杰·彭罗斯

---

* Hodge star operator, Hodge duality（霍奇对偶性）就来自该人。

Waterfall（瀑布）、*Ascending and Descending*（升降）显然和彭罗斯阶梯有关，见下图。彭罗斯三角、阶梯，以及彭罗斯铺排，都可以作为纯粹艺术作品看待，这可能与其出身于艺术世家有关。彭罗斯的爷爷是艺术家J. Doyle Penrose，叔叔是艺术家Roland Penrose，婶子Lee Miller是著名摄影师，其同辈人也多从事艺术。

埃舍尔的作品 *Ascending and Descending*

彭罗斯的部分著作罗列如下：

1) *The Emperor's New Mind: Concerning Computers, Minds, and the Laws of Physics*（皇帝的新脑：关于计算机、思维与物理定律），1989

2) *Shadows of the Mind: A Search for the Missing Science of Consciousness*（思维的阴影：找寻缺失的意识科学），1994

3) *The Road to Reality: A Complete Guide to the Laws of the Universe*（通向实在之路），2004

4) *Fashion, Faith, and Fantasy in the New Physics of the Universe*（关于宇宙之新物理中的时尚、信仰与狂想），2016

5) *Cycles of Time: An Extraordinary New View of the Universe*（时间的轮回：关于宇宙的超常新观点），2010

6) *The Nature of Space and Time*（时空本性），with Stephen Hawking，1996

7) *The Large, the Small and the Human Mind*（尺度大小与人类意识），with Abner Shimony，Nancy Cartwright, and Stephen Hawking，1997

8) *White Mars: or, The Mind Set Free*（白色火星，或曰心灵的解放），with Brian Aldiss，1999

9) *Techniques of Differential Topology in Relativity*（相对论中的微分拓扑技术），1972

10) *Spinors and Space-Time*（旋量与时空）: Volume 1, Two-Spinor Calculus and Relativistic Fields（第一卷，两旋量计算和相对论场），with Wolfgang Rindler，1987

11) *Spinors and Space-Time*（旋量与时空）: Volume 2, Spinor and Twistor Methods in Space-Time Geometry（第二卷，时空几何里的旋量和扭量方法），with Wolfgang Rindler，1988

由于彭罗斯的极大影响力，彭罗斯的著作有多种语言的译本。上述列表中的前4种著作都有中译本。

3. 作为数学家的彭罗斯

彭罗斯对数学的贡献首推彭罗斯铺排，这是一项开创性的工作，让人们认识到抛弃了平移对称性的非周期性铺排可覆盖整个空间的可能性。彭罗斯铺排有很多变种。准晶于1984年在合金样品中被发现，这极大地推进了不同

12

维度空间铺排此一古老问题的研究。相关研究的一个出人意料的结果是，任何一个n维空间里的准周期结构，一定是$2n$维空间里周期结构的投影。

彭罗斯是个用旋量（spinor）研究物理的内行，他进而发明了扭量理论（twistor theory）。某种意义上说，扭量是旋量这个概念的拓展。笔者以为，这反映的是自格拉斯曼《扩展的学问》问世以来数学物理的一贯精神。一个2×2的酉阵，形式为

$$U = \begin{pmatrix} a & b \\ -b* & a* \end{pmatrix}$$

其中$aa* + bb* = 1$。若有二复分量的量$\begin{pmatrix} \xi \\ \zeta \end{pmatrix}$按照

$$\begin{pmatrix} \xi' \\ \zeta' \end{pmatrix} = \begin{pmatrix} a & b \\ -b* & a* \end{pmatrix} \begin{pmatrix} \xi \\ \zeta \end{pmatrix}$$

的方式变换，此即是旋量。物理上，时空变换的洛伦兹群可用2×2的酉阵表示，相应的那种旋量就具有特别的物理意义。要求物理的2×2矩阵是复的、酉的，是个对物理理论很强的约束。1967年，彭罗斯发明了扭量理论，扭量将闵可夫斯基时空（即$R^{3,1}$空间）里的几何对象映射到度规记号为 (2, 2) 的四维复空间中。在狭义相对论中，一般地，记闵可夫斯基时空M中的点的坐标为$x^\alpha = (t, x, y, z)$，其度规记号为 (1, 3)，引入2-分量的旋量指标$A = 0, 1$和$A' = 0', 1$，则点的坐标可以记为

$$x^{AA'} = \begin{pmatrix} t-z & x+iy \\ x-iy & t+z \end{pmatrix}$$

这是狭义相对论的常规做法。作为拓展，非投影扭量空间T是这样的四维复矢量空间里的对象，其坐标为$z^\alpha = (\omega^A, \pi_{A'})$，其中$\omega^A, \pi_{A'}$都是外尔旋量。外尔旋量是反对易的，是一个自狄拉克方程逐步衍生而来的概念。彭罗斯相

信全纯（holomorphic）的扭量能反映时空的最基本结构。彭罗斯关于旋量、扭量在物理学中应用的阐述，见于他的两卷本*Spinors and Space-Time*（旋量与时空），其中第二卷就是《时空几何里的旋量和扭量方法》。这本书，有意于研究广义时空几何的读者朋友可以试着挑战一下。

彭罗斯的数学水平更多地体现在对广义相对论和宇宙的研究中。

4. 作为业余物理学家的彭罗斯

作为数学家的业余物理学家彭罗斯，其学问之严谨给笔者留下了深刻的印象。兹举一例。相对论的核心是洛伦兹变换，

$$t' = \beta\left(t - \frac{vx}{c^2}\right)$$
$$x' = \beta(x - vt)$$
$$y' = y$$
$$z' = z$$

其中 $\beta = 1/\sqrt{1 - v^2/c^2}$。由洛伦兹变换，有所谓时间膨胀、长度收缩的说法，进而有一个运动的球在静止观察者看来会变扁的说法。这个说法在相对论专著中泛滥了几十年。然而，这里面有个问题，就是这些结论是拿洛伦兹变换的前两式

$$t' = \beta\left(t - \frac{vx}{c^2}\right)$$
$$x' = \beta(x - vt)$$

说事儿得来的，而洛伦兹变换是关于 (3, 1) 维时空的不变变换！数学要讲究

完备性。这种拿四个分量中的两个的变换来说事儿的做法，说明相关的数学没学到家。数学的精髓没学到家的，会时刻露出马脚来，比如会习惯性地认为 $1x = x$（13岁的麦克斯韦没有这个习惯，所以他轻松地得到了卵形线的方程），会把傅里叶展开写成

$$f(x) = a_0 + \sum_{n=1} [a_n\cos(nx) + b_n\sin(nx)]$$

的样子而不管算符本征函数构成空间的完备性问题。彭罗斯就没犯这种糊涂，对他来说，洛伦兹变换作用的对象是度规记号为 (3, 1) 的4-维时空里的几何体，应该始终按照4-维的几何体对待。由是观之，一个运动的物理三维球，其在静止观察者那里造成的视觉效果依然是个圆，只是有了转动而已。其实，从洛伦兹变换是共形（保角）变换这个事实来看，上述结论，用彭罗斯（1959年）的原话说，就是显然的（all this is evident from the symmetry）。以笔者的马后炮定式来看，洛伦兹群有六个生成元，都是关于转动的，则洛伦兹变换作用于运动的几何体的

唯一结果是带来一个时空转动，这称为 Penrose-Terrell effect。

　　彭罗斯对物理学的宏观把握，可从《通向实在之路》一书观之。兹将该书章节照录如下：

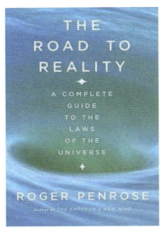

Chapter 1　The roots of science（科学的根由）

Chapter 2　An ancient theorem and a modern question（一个古老定理与一个当代问题）

《通向实在之路》一书的原版封面

---

[*]　把calculus译成微积分是有问题的。该书中论及calculus的章节可能只涉及微分。calculus就是计算，differential calculus是微分运算，导数是derivative（衍生对象，意义要广泛得多），而积分是integration。英文谈论calculus这门学问时要用the calculus。

全书共约1100页，前16章382页是数学准备，这本书几乎就是关于理论物理的全貌。

作为对彭罗斯物理学成就的世俗肯定，彭罗斯被授予了2020年度诺贝尔物理学奖。理论物理学家科恩（Walter Kohn，1923—2016）于1998年获得诺贝尔化学奖，让这位干了一辈子理论物理、连酱油和醋都分不清的理论物理学家一夜之间成了化学家，科恩说他当时的心情是哭笑不得。在得知获奖的当天早晨，科恩服从电视台的安排在校园摆拍，竟然有两个化学系女生过来道贺并说待会儿要考化学有个问题想问问他，更是让他吓出了一身冷汗。笔者瞎猜，彭罗斯在获知自己获得了诺贝尔物理学奖的时候估计心情也是哭笑不得。彭罗斯的获奖理由是，因为发现黑洞形成是广义相对论的扎实预测（for the discovery that black hole formation is a robust prediction of the general theory of relativity）。大致可以这么理解，如果爱因斯坦的广义相对论是对的，彭罗斯的工作——数学工作，表明形成黑洞这件事就是**难免的**，获奖理由中的robust prediction或可作如此解。

彭罗斯获奖的工作发表于1965年初，题为*Gravitational Collapse and Space-Time Singularities*（引力坍缩与时空奇点），不足三页。彭罗斯考虑时空的奇点，不是具体地求解方程，而是从一般对称性着眼加以考察——要不说他是数学家呢。彭罗斯要讨论没有预设对称下的时空坍缩问题。他得到的结论是，在出现引力坍缩的局域，一旦出现俘获面（trapped surface），奇点就不可避免，与初始时物质分布的对称性（用柯西超表面 C^3 表示）无关（the argument will be to show that the existence of a trapped surface implies — irrespective of symmetry — that singularities necessarily develop）。该篇文章的关键为一个物质坍缩进入奇点的示意图（下页图），至于得到结论的过程，人家就在文章结尾处甩出这么一句："Full details of this and other related results will be given elsewhere.（此处的以及其它相关的结果之详

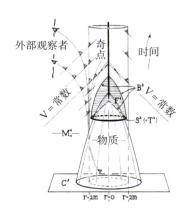

物质坍缩进入奇点的过程，时间方向朝上。
此图乃典型的彭罗斯风格，他后来的著作中常见这种插图

细论证会在别处给出。）"如今如果有人敢这么写论文，估计不懂行的杂志编辑直接就给拒了，连送审的机会都没有。

彭罗斯也尝试过统一量子论与引力论。有趣的是，彭罗斯似乎对量子叠加（就是线性代数里的矢量相加）态的概念情有独钟。彭罗斯认为一个量子叠加态只在时空曲率改变足够大时才会导致态的约化（state reduction）。这能是一个将引力接入量子力学的合适地点吗？彭罗斯似乎希望是的。笔者不懂，不敢妄议。

5. 科学作家

彭罗斯一直笔耕不辍，其将科学通俗化的成就见于其1989年的《皇帝的新脑：关于计算机、思维与物理定律》、1994年的《思维的阴影：找寻缺失的意识科学》、2010年的《时间的轮回：关于宇宙的超常新观点》，以及

2016年的《关于宇宙之新物理中的时尚、信仰与狂想》等书籍。为了忠实反映彭罗斯的本意，这里的书名我都是逐字翻译的（原文见上文），顾不得达与雅。光看书名，你会觉得总透着一股子瞧不上谁的劲儿，当然，俺可说不上来他那是对谁瞧不上。

彭罗斯认为，人脑的工作方式不是算术的（arithmetic），不可能由图灵机以及当前实用的电子计算机来模拟[*]。思维的计算理论是错的，而人工智能的计算实现是缺乏根基的。当前的计算机是决定论的系统，只是在执行算术运算，靠计算的物理实现人工智能从根本上说不可行。不过，在《思维的阴影》一书中，彭罗斯认为量子力学也许有助于理解意识，量子状态的坍缩在脑功能中起着重要的作用。他认为神经元里的微管支持量子叠加态，微管的量子态坍缩可能是意识的关键，而这个坍缩是超越计算性问题的，属于不可计算的物理机制。对于彭罗斯的这些观点，笔者不敢苟同。愚以为，即便是所谓的量子计算，其实也不可能模拟人脑。这里有个逻辑闭环式的问题：人脑到底能不能想明白人脑是怎么运行的？或者说，生命是否有能力回答"what is life"这个问题？当然，我们可以说，我们既然已经问出了这个问题，那离回答它还会远吗？

彭罗斯对量子力学的轻信，与他对相对论的批判式发展，形成强烈的对比，这可能与他的数学背景有关。相对论是有成体系的数学的，但量子力学没有。容作者大胆放言，量子力学从公理体系的角度来看，没有走向完备性的迹象。

《关于宇宙之新物理中的时尚、信仰与狂想》一书源自彭罗斯2003年在普林斯顿大学的三个演讲。书分四章，分别是*Fashion, Faith, Fantasy*和*A new physics for the universe*? 时尚、信仰与狂想这样的题目看着很文艺，但

[*]　人类是个电中性的存在。人脑行为也不可能通过接电极、做CT扫描得到理解。

257

内文谈论的问题可是量子测量、广义相对论、大爆炸理论、弦论、超对称、宇宙熵、扭量之类的时髦话题，而且是毫不客气地拿公式说话的。自然，该书贯穿着彭罗斯特别中意的几个概念，外尔曲率、共形（conformity）、奇点、热力学第二定律，它们织成了他的共形轮回宇宙学（conformal cyclic cosmology）图景。彭罗斯总结了他几十年来的物理思考，批判了当下的物理学流行病。他认为狄拉克强调的数学之美与简单性其实没有客观性：

"This mathematical simplicity, or elegance, or however one should describe it, is a genuine part of nature's ways, and it is not simply that our minds are attuned to being impressed by such mathematical beauty.（数学的简单性，或者优雅，或者随便叫什么，就是自然行为方式的一部分，而不是〔因为〕我们的思维已被调适到会被那样的数学之美所感染。）"彭罗斯注意到物理的两种不同文化。一个是相对论的文化，是原理的文化。相对论的文化特征是保持等价原理和广义不变性，圈变量的量子引力理论也是把广义不变性放在首位。其实，笔者想补充一句，热力学才是原理文化的滥觞。另一种物理是弦论代表的文化。弦论来自粒子物理和量子场论，其主要问题就是要驯服发散（rendering divergent expressions finite），为此所采用的方式方法与优雅、自洽这些过去对理论的要求相去甚远。到最后，弦论要乞灵于人择原理去限制它作为理论所提供选择之众多，彭罗斯说"this is a very sad and unhelpful place for a theory to find itself（这个弦论对理论来说是个悲哀的、毫无助益的场所）"。这本书写成时，老先生已是85高龄，其观念已是深思熟虑，故而本书除了文笔优雅以外，行文也是格外流畅。就其作为一本书而言，这本书得算是优雅的经典（classics of elegance）。然而，笔者的观点是，对数学、物理没有敬畏感也没有深厚基础的朋友最好不读，这本书极易让人产生随意采撷一些自己根本消化不了的观点去招摇的冲动。

多余的话

彭罗斯显然是个具有独立人格魅力的科学家。谈到自己是否是个标新立异的人,彭罗斯断然否认。他觉得他是个保守的人。对相对论他是保守的,觉得如果爱因斯坦的理论会告诉我们有怪异的存在,那就那样好了(If Einstein's theory tells us that there must be weird objects ..., then so be it.);对量子力学他是保守的,对几乎所有的量子力学非常奇特的暗示他都是完全接受的(fully accepting of almost all of its very peculiar implications);对于高空间维度的理论,他拒绝这类理论的态度也是很保守的(very conservative in my rejection of these ideas)。彭罗斯说,坚守洛伦兹4-空间是反映他内心保守的另一个例子(adherence to Lorentzian 4-space as another example of my inner conservatism),那些高维理论把他吓坏了。嗯,确实,对于数学结构与维度关系(比如三维世界矢量是四元数的虚部;旋量是2×2酉阵的作用对象,等等)没有一点儿感觉的科学家是高维空间物理理论的主要推手。胆大,手上从不沾物理的灰,加上其实不懂数学,确实够吓人的。跟这些人相比,彭罗斯这样的拓展广义相对论、拓展量子力学数学(从旋量到扭量)的人自然算是思想保守派,这个说法非常有说服力。

彭罗斯获诺奖也是个有趣的话题。以彭罗斯的学问,他当然是无需诺贝尔奖加持的。从彭罗斯的 *The Road to Reality* 中看不出他对自己1965年初的那篇文章特别在意。就科学逻辑自身而言,出现了trapped surface,就一定出现singularity,那也不过是在谈论数学而已。大自然的实在是否会表现出广义相对论的奇点,爱因斯坦是持否定态度的,而彭罗斯的结论并不可以当作充分条件来理解。关于实在的观点，彭罗斯的一些建议是大胆的，但正如他自己所言，他也总是保守的。笔者以为，学问大加上有良知，这是彭罗斯抱持保守思想的基础。

笔者撰写本篇时，惊悉同样伟大的诗人物理学家温伯格（Steven Weinberg，1933—2021）辞世。温伯格、彭罗斯是极罕见的同时精通量子场论和广义相对论（宇宙学）的学者。不谋全局者，不足谋一域；不知全局者，想必也是不打算知一域的。天若眷顾人类，未来还会降生温伯格、彭罗斯这样的物理学家吧！

建议阅读

[1] Roger Penrose. The Apparent Shape of a Relativistically Moving Sphere. Proc. Cam. Phil. Soc., 1959, 55: 137-139.

[2] Roger Penrose. Gravitational Collapse and Space-Time Singularities. Phys. Rev. Lett., 1965, 14(3): 57-59.

[3] Paul Dirac. Spinors in Hilbert Space. Plenum Press, 1974.

跋

呼唤Polymath

绝妙的思想会被遗忘，但不会消失。

——普布里乌斯·西鲁斯

    煎熬一年有余，《磅礴为一》终于可以杀青了。掷笔于案，笔者心中涌起两点感慨。人啊，有点儿自知之明吧，不要做自己力所不能及的事情。人努力时的痛苦表情难看，那带着痛苦表情做出来的活儿估计也没什么美感。有天分的人，随手施为便成杰作，令旁观者不由得折腰。不过，这话也可以反着说，人啊，做点儿自己力所不能及的事情吧。虽然力有不逮难免时时有捉襟见肘的尴尬，但最终会有收获、有进步。这收获与进步的价值判断不在多少，在层次的高低。

    《磅礴为一》是笔者"科学教育'一'字系列"的第三本。同《一念非凡》和《惊艳一击》相比，这本书的准备过程尤为艰难。我必须再次招认，本书是勉为其难之作，弄懂其中任何一个主角的成就或著作对笔者来说都是

mission impossible。然而，我又确实急着想告诉乡亲们世间有了不起的通才型学者甚至通才型天才（polymath or even polymath genius）的存在，他们看似轻描淡写得来的成就驱动了我们这个世界的进步。他们是天上的星辰，遥不可及但其智慧的光芒能够驱散盘踞在我们内心深处的愚昧。如果我们的少年们早早沐浴过这些科学巨擘的智慧光芒，他们中的某个或某些个说不定就会在某个不经意的时刻心中掠过拒绝平庸的念头。我们身在阴沟，要涵养抹去身上泥泞的勇气与自觉。拉丁谚语云，in magnis et voluisse sat est（伟大之事，仅仅有个念头也挺好的），嗯，睿智！我一个普通人，为了未来的少年们能有几个不那么普通的，也是操碎了心。

作品有它自己的命运。一本书面世后，就与作者无关了。很少有作者指望自己的作品是杰作，他在创作的过程中早已被对自己的失望情绪给击溃了。他若是痴心未泯，可能已经在用新的构思麻醉自己了。四卷本的承诺才见其三，为求圆满哪顾得上才疏学浅的窘迫，读者满意自是不敢指望的。海棠无香，也不可以辜负春天，还得开不是。

歌曰：樱桃那个好吃树难嗨栽，
　　　花开就算无果，妹妹呀，也要开哎。
　　　百灵灵那个小鸟绕天个飞，
　　　心里头有谁，妹妹呀，就超越谁。
　　　心里头有谁，妹妹呀，就超越谁。

曹则贤
2021年8月10日于北京

图书在版编目（CIP）数据

磅礴为一：通才型学者的风范 / 曹则贤著. —— 北京 ：外语教学
与研究出版社，2021.12（2022.11 重印）
ISBN 978-7-5213-3283-4

Ⅰ. ①磅… Ⅱ. ①曹… Ⅲ. ①科学家－生平事迹－世界－通俗读物
Ⅳ. ①K811－49

中国版本图书馆 CIP 数据核字 (2021) 第 278832 号

出 版 人　王　芳
项目负责　刘晓楠　顾海成
项目策划　何　铭
责任编辑　何　铭
责任校对　刘晓楠
装帧设计　李　高
出版发行　外语教学与研究出版社
社　　址　北京市西三环北路 19 号（100089）
网　　址　http://www.fltrp.com
印　　刷　北京华联印刷有限公司
开　　本　710×1000　1/16
印　　张　17
版　　次　2022 年 1 月第 1 版 2022 年 11 月第 2 次印刷
书　　号　ISBN 978-7-5213-3283-4
定　　价　99.00 元

购书咨询：（010）88819926　电子邮箱：club@fltrp.com
外研书店：https://waiyants.tmall.com
凡印刷、装订质量问题，请联系我社印制部
联系电话：（010）61207896　电子邮箱：zhijian@fltrp.com
凡侵权、盗版书籍线索，请联系我社法律事务部
举报电话：（010）88817519　电子邮箱：banquan@fltrp.com
物料号：332830001

记载人类文明
沟通世界文化
www.fltrp.com